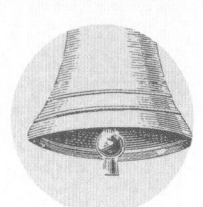  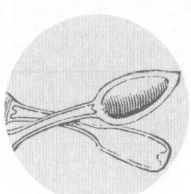 

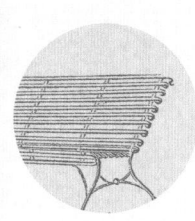     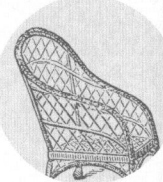

LANDLEBEN
ZWISCHEN SCHAFEN
UND BAUERNGÄRTEN

KATHARINA BODENSTEIN,
JUTTA SCHNEIDER UND MICHAEL WILL

LANDLEBEN
ZWISCHEN SCHAFEN
UND BAUERNGÄRTEN

THORBECKE

Für die Schwabenverlag AG ist Nachhaltigkeit ein wichtiger Maßstab ihres Handelns. Wir achten daher auf den Einsatz umweltschonender Ressourcen und Materialien. Dieses Buch wurde auf FSC®-zertifiziertem Papier gedruckt. FSC (Forest Stewardship Council®) ist eine nicht staatliche, gemeinnützige Organisation, die sich für eine ökologische und sozial verantwortliche Nutzung der Wälder unserer Erde einsetzt.

Bibliografische Information der Deutschen Nationalbibliothek
Die Deutsche Nationalbibliothek verzeichnet diese Publikation in der Deutschen Nationalbibliografie; detaillierte bibliografische Daten sind im Internet über http://dnb.d-nb.de abrufbar.

© 2011 by Jan Thorbecke Verlag der Schwabenverlag AG, Ostfildern
www.thorbecke.de · info@thorbecke.de

Gestaltung: die Basis, Wiesbaden
Druck: Himmer AG, Augsburg
Hergestellt in Deutschland
ISBN 978-3-7995-3569-4

INHALT

VORWORT

Der Wunsch ländlich zu leben und sich eine Idylle zu schaffen, ist bei vielen Menschen tief verwurzelt. Es ist das Gefühl, sich und seinen Lieben einen Ort zu schaffen, an dem Muse bleibt, sein Leben mit allen Sinnen zu genießen: Wo wir den Duft von Rosen und Kräutern einatmen, selbst geerntetes Obst und Gemüse weiterverarbeiten und uns im Umfeld mit Schafen, Hühnern und Ziegen erleben und uns eins mit unserer Umwelt fühlen. Es ist der Wunsch, sein Leben selbst zu bestimmen, es zu vereinfachen und auf unsere eigene Kraft zu vertrauen. Es sind die zahlreichen Wege dorthin, die uns viel Freude schenken und unsere Lebensqualität erhöhen! Dieses Buch lädt Sie dazu ein, sich inspirieren zu lassen, Ideen Schritt für Schritt individuell umzusetzen und zu erfahren, dass es sich lohnt, das Leben in und um unser Zuhause in die eigenen Hände zu nehmen.

Die Renaissance ländlicher Handwerkstechniken im Wohnumfeld ist der Einstieg in dieses Buch. Das Vorstellen verschiedener Materialien und Techniken, um sein Haus nach ländlicher Lebensart zu verschönern, gehören ebenso dazu wie das Entdecken alten Handwerks beim Zubereiten von Speisen und Getränken. So finden sich Anleitungen zum Filzen, Buttern und Käsen ebenso wie das Brot backen und Bier brauen. Die im Buch dargestellten Anleitungen sollen auch Ungeübte einladen, Erfahrungen zu sammeln.

Um das Leben im Garten zu zelebrieren, ist es angenehm, sich gemütliche Sitzplätze am Haus, geschützt unter einem Baum, mitten im Grünen, in Lauben und Pavillons oder am Wasser einzurichten. Außerdem ist dem Outdoor-Kochen im Garten ein Kapitel gewidmet, in dem das Betreiben einer Freiluftküche ebenso beschrieben wird wie der Bau eines Brotbackofens.

Der ländliche Garten ist wie ein unerschöpfliches Feld, auf dem es immer Neues zu entdecken gibt. Im Kapitel Gartenglück erleben Sie beispielsweise die Welt der Kräuter. Als Helfer der Menschen spendieren sie uns unzählige Aromen, tragen zu Gesundheit und Wohlbefinden bei und lassen sich im Garten meist ohne große Ansprüche kultivieren. Oder das faszinierende Miteinander im Bauerngarten, in dem sich Pflanzen in schöner Eintrachtigkeit gegenseitig fördern – die richtigen Kombinationen vorausgesetzt. Das sinnliche Erleben im Garten soll bei allem Hintergrundwissen, das dieses Buch praxisnah vermitteln will, nicht zu kurz kommen: Beispielsweise ist das Wiederentdecken alter Rosensorten eine wunderbare Erfahrung ebenso wie das Anlegen von Gartenbereichen mit duftenden Pflanzen, die uns mit ihren Aromen betören.

Im Kapitel Leben mit Tieren finden Sie zwei- und vierbeinige Begleiter wie Federvieh, Ziegen, Schafe und Schweine, die bereits unsere Vorfahren schätzten und die heutzutage oftmals wieder in unser Lebensumfeld einziehen: So ist das Halten von Hühnern im Garten Trend und auch Ziegen, Schafe, Esel und Schweine erfahren wieder mehr Aufmerksamkeit. Daneben finden Sie im Kapitel Leben mit Katzen und Hunden auch praktische Tipps, wie sich diese Haustiere in unseren Gärten wohl fühlen. Nicht zu vergessen sind unsere Wildtiere wie Vögel, Igel, Schmetterlinge und Fledermäuse, die auf unseren Schutz angewiesen sind. Diesen können wir ihnen mit oft einfachen Hilfen bieten.

Als Biologin und Redakteurin in einer Gartenzeitschrift für biologisches Gärtnern und naturgemäßes Leben sowie in meinem Wohnumfeld begleiten mich die vorgestellten Themen seit vielen Jahren. Auf zahlreichen Reisen hatte ich das Glück, Menschen zu begegnen, die sich beispielsweise für den Erhalt ihres ländlichen Lebensumfelds einsetzen; darunter waren Kräuterkundige ebenso wie Rosenliebhaber, Bäuerinnen mit ihren Nutzgärten und Menschen, die mir alte Handwerkstechniken vermittelten, sowie Kleintierhalter. Ihnen allen danke ich für ihre Inspirationen und Erfahrungen, die Sie mir in Gesprächen weitergaben.

Katharina Bodenstein

LEBEN IM HAUS

LÄNDLICHES WOHNEN – GEMÜTLICHES FLAIR

Wer sich heutzutage in einem Haus oder in einer Wohnung ländlich einrichten möchte, hat sicher gestaunt, wie zeitlos schön die Ausstattung und die Inneneinrichtung alter Landhäuser auf uns wirken. Es sind natürliche Baumaterialien wie Holz, Stein und gebrannter Ton sowie natürliche Putze und sanfte Naturfarben, die uns mit ihrer zeitlosen Natürlichkeit begeistern. Wände, Decken und Fußböden geben den Rahmen für altes Mobiliar, ländliche Stoffe und Wohnaccessoires. Wer sich auf diese Weise einrichtet, muss sich nicht stilistisch auf eine Epoche festlegen, da es in den Häusern unserer Vorfahren eine Mischung von geerbten und neu dazu gewonnenen Gegenständen gab. Auf diese Weise entwickelte sich ein gewachsenes Ambiente von allein, das uns mit seinem zwanglosen, gemütlichen Charme

faszziniert. Wer gezielt nach ländlichem Wohnflair sucht, kann sich auch vom Stil in anderen Ländern inspirieren lassen wie Skandinavien, Italien, Frankreich, England oder Amerika.

Böden, Decken und Wände – Vielfältig und mit Charakter

Fußböden aus soliden, natürlichen Materialien haben seit dem Beginn ihrer Entwicklung, die etwa im Mittelalter einsetzte, eine lange Geschichte. Je nach Region gibt es unterschiedliche Vorlieben wie Holzdielen, Fliesen, Steinplatten oder Backsteine: glatte Ziegelsteine ohne Fugen, die lose oder fest in Mörtel verlegt wurden; Steinplatten, von Kalkstein bis Schiefer, die von unzähligen Füßen in sanften Wellen abgelaufen wurden; farbenfroh glasierte und gemusterte Keramik- oder unglasierte Tonfliesen, die Räumen Charakter verleihen. Mitunter sind es sogar Flusskiesel, die um Feuerstellen

Mosaiken aus Stein, Keramik und Glas finden sich in alten Häusern auf Böden und Wänden in großer, oft landestypischer Vielfalt. Sie erleben seit Jahren eine Renaissance und sind vor allem im Nassbereich praktisch und schön.

angelegt wurden und eine ganz eigene Ursprünglichkeit vermitteln.

Manchmal verbergen sich alte Böden unter mehreren Lagen Teppich oder Linoleum oder wurden mit vielen Schichten verschiedener Farben überdeckt, sodass es spannend ist, sich zum alten Belag vorzuarbeiten. Ist dieser erst einmal freigelegt, nimmt man Unvollkommenheiten gerne in Kauf, wobei sich fehlende Klinker, Fliesenstücke oder Hölzer über Baustoffhändler historischer Materialien beziehen lassen (siehe Anhang). Beim Freilegen alter Böden achten Sie auf die Beschaffenheit darunter. Mitunter müssen alte Böden demontiert werden, um feuchtigkeitsdämmende Schichten einzubauen.

Alte Holzdielen wie aus Fichte, Tanne oder Eiche zeigen ihre warmen Holzstrukturen am natürlichsten, wenn Sie diese nach dem Schleifen ölen, wachsen, lasieren oder bleichen. Mittlerweile können Sie historische Dielenbretter erwerben und diese geschickt in ein modernes Wohnumfeld integrieren. In Skandinavien sind solche Dielenböden dank des Waldreichtums typisch. Früher rieb man die Böden mit feuchter Sandpaste ab, um sie zu reinigen. Auf diese Weise bleichte das Holz in hellen und matten Farbtönen aus. Wer dies nachahmen möchte, beizt Hölzer ab, bleicht diese oder reibt sie mit Kalkpaste ein. Dies sind Maßnahmen, die das Holz schützen und zugleich dessen Maserung hervorheben.

Decken besitzen einen großen Einfluss auf die Gesamtwirkung eines Raumes, wobei es in Landhäusern vor allem solche aus Holz sind, die unbehandelt oder in zarten Tönen lasiert oder gebeizt, sanfte Strukturen zeigen. Holzbalken, die Decken unverkleidet unterfangen, wirken unbehandelt und grob besonders urtümlich und mancher Besitzer eines neuen Hauses lässt sich grob geschnitzte Stützen einziehen. Wem seine Balken zu wuchtig erscheinen, kann diese mit Kalkfarben oder Holzlasuren mehr oder weniger durchscheinend bemalen, um sie weniger dominant wirken zu lassen.

Viel von der gemütlichen Ausstrahlung eines Raums hängt von der Gestaltung der Wandflächen ab. Innenwände alter Häuser können die verschiedensten Oberflächen besitzen wie Kalkputz, Holz, Gips, Lehm, Fliesen, Stein oder Holz. Wer ein älteres Gebäude instand setzt, sollte immer auch herausfinden, wie die Wand innen aufgebaut ist. Denn der Innenaufbau entscheidet über die Wandverkleidung und muss auf diese abgestimmt sein. Es kursieren beispielsweise Geschichten von frisch gebackenen Hausbesitzern, die schwere Bauschäden an ihren Lehm-Stroh-Wänden hervorriefen, indem Sie diese mit einer Schicht wasserdichter, nicht atmungsaktiver, moderner Farbe strichen.

Als Grundputzmaterial ist bis heute Kalkputz beliebt. Dieser wird direkt aufs Mauerwerk etwa 2–3 cm dick aufgetragen, um Unebenheiten auszugleichen. Dabei erzeugt man, je nach verwendeter Technik wie Kratz-, Reibe- oder Kellenstrichputz, verschiedene Oberflächen. Wer glatte Wände besitzt, kann den Eindruck eines strukturierten Putzes nachahmen, indem er eine dünne Schicht Gips oder Spachtelmasse mit einem breiten Messer oder Spachtel auf der Wand verteilt. Ist diese Schicht getrocknet, können Sie eine wasserlösliche, farbige Grundierung auftragen, diese trocknen lassen und dann mit einem anderen Pinsel eine weiße oder leicht getönte Farbe auftragen, indem Sie zuvor einen Großteil der Farbe im Pinsel abwischen und diesen dann zart über die Wand streichen. Diese Prozedur wiederholen Sie so oft, bis die gewünschte wolkige Struktur erreicht ist.

Kalktünche diente Jahrtausende lang als Anstrich von Putz, Mauerwerk und Holz. Mit ihrer Lebendigkeit, Tiefe und Leuchtkraft übertraf sie moderne, synthetische Anstrichfarben. Die

Farbe bestand aus in Wasser gelöschten Kalkbrocken, dem Kalkteig, der mit Wasser und witterungsbeständigen Substanzen wie Talg oder Leinöl vermischt wurde und an der Wand zu einer milchartigen, deckenden Tünche trocknete. Zugemischte Pigmente aus lokal vorhandenen Erden ergaben warme Farbtöne, die durch ihr sanftes Ausbleichen lebendig und reizvoll wirkten. Bis zum 20. Jahrhundert waren vorgemischte Anstrichfarben selten. Es gab übers Land ziehende Maler, die ihre Farben jeweils aus lokal vorrätigen Materialien zusammenstellten.

Einen ganz anderen Eindruck vermittelt Holz: Holzvertäfelungen wie in Speisezimmern oder entlang von Treppenaufgängen erzeugen eine heimelige Atmosphäre. Die Hölzer blieben entweder unbehandelt oder wurden gewachst, geölt oder angestrichen. Besonders beliebt waren Milch- oder Buttermilchfarben, die in ein oder zwei Schichten direkt aufs trockene Holz aufgetragen wurden. Der Anstrich zauberte einen seidig schimmernden, warmen Glanz in den Raum, duftete angenehm, war preiswert, jederzeit erhältlich, einfach zu mischen und aufzubringen – daher erleben diese Farben derzeit eine Renaissance. Das Resultat waren wunderschöne Weißtöne in vielen Nuancen, die satt und dauerhaft das Holz schützten und auch fürs Mobiliar verwendet wurden. Diese sogenannten Kaseinfarben stellten unsere Vorfahren durch das Abtönen von Buttermilch oder entrahmter

Die türkis angestrichene Holzvertäfelung zaubert eine heimelige und zugleich fröhliche Atmosphäre in dieser Stube, während die unverkleideten Deckenbalken für urtümliches Flair sorgen.

Milch her, der sie lokale Erd- oder Pflanzenpigmente beimischten. Etwas untergerührter Kalk schützte zusätzlich vor Pilzen auf dem Holz und vor Insekten. Kaseinfarben mit sehr authentischen Farbtönen sind im Fachhandel erhältlich.

Bereits in früherer Zeit fanden Hausbewohner Geschmack am Verzieren ihrer Wohnräume. Etwa seit dem Mittelalter zierten fantasievolle Muster und Bilddarstellungen Wände, Böden, Möbel und Textilien. Es gab regionaltypische Bilddarstellungen und Techniken, doch zeigte sich hier auch die persönliche Geschmacksnote der Hausbewohner. Die beiden verwendeten Grundtechniken waren die Volksmalerei und das Schablonieren. Lange Zeit zierten Schablonen-

malereien vor allem gekalkte Wände und heute erlebt diese alte Technik eine Renaissance, da uns moderne Methoden die Umsetzung erleichtern. Materialien für Schablonen sollten nicht feuchtigkeitsempfindlich sein und sich flexibel an die Wand anpassen, wobei umso sorgfältiger gearbeitet werden muss, je kleinteiliger das Motiv ist. Es gibt Schablonierpinsel mit kurzen, harten Borsten, mit denen Farbe leicht in die Freiflächen der Schablone getupft wird. Schablonierfarbe können Sie auch mit einem Schwamm auftragen, was besonders auf großen Flächen lebhaft wirkt. Weitere Effekte erzielen Sie, indem Sie beispielsweise Schablonen statt mit Farbe mit Gips ausfüllen, um plastische Wirkungen zu erzielen. Sehr hübsch wirkt die passende Abstimmung von Mustern auf den Wänden mit denen auf Mobiliar und auf Stoffen.

Vor allem für Küche und Bad fanden unsere Vorfahren Gefallen an handgefertigten Wandfliesen, die die Wände in Nassbereichen schützten. Damals waren die Fliesen häufig klein, quadratisch, recht- oder gelegentlich auch achteckig. Klassische Fliesenbeläge besaßen meist einen oberen Abschluss in Gesimsform. Viele alte Wandfliesen hatten auch verschnörkelte Bordüren und Dekore. Heute gibt es sie mit Mattglasuren versehen oder hochglänzend sowie von Hand bemalt. Die Auswahl an unterschiedlichen Stilrichtungen ist riesig, wobei auch italienische, holländische und antike Fliesen einem die Auswahl schwer machen. Sehr beliebt sind orientalische und andalusische Fliesen in farbenfrohen Mustern, die auch den Wandbrunnen im Garten sowie Mauern an Terrassen und Freiluftküchen zieren.

Eine schier unendliche Vielfalt an Farben, Formen und Mustern erreichen Sie mit Mosaiken aus Glas, Marmor, Kiesel, Steinbruch oder Fliesen, die man mit Fantasie und Geschick selbst fertigen kann. Die Mosaikteile werden entweder mit Kleber bestrichen und direkt auf eine Trägerplatte geklebt oder in ein Mörtelbett ge-

Fußböden aus soliden Materialien wie aus gebrannten Ziegelfliesen, aus Steinplatten sowie massive Holzdielen werden im Verlauf vieler Jahrzehnte sanft wellig abgelaufen.

setzt. Dabei gilt es stets, Kleber, Fugenmasse und Untergrund auf das ausgewählte Material abzustimmen. Als wetterfeste Unterlagen für den Außenbereich eignen sich beispielsweise dünne Granitplatten gut, die als Wandmosaik Mauern schmücken. Mosaiken werden nach dem Legen in ein Mörtelbett mit Fugenmasse eingefasst. Diese ist in verschiedenen Farben im Fachhandel erhältlich, wird aus Pulver angerührt und mit einem Spachtel auf das gelegte Mosaik aufgetragen. Wer Mosaikmaterial selbst anfertigt, braucht eine Mosaikzange zum Zuschneiden von Keramikfliesen, während sich für Tiffany- und Fensterglas ein Glasschneider empfiehlt.

Möbel – Schmuckstücke finden und verschönern

Kleider- und Geschirrschränke, Tische, Stühle, Truhen und Kommoden wurden von Generation zu Generation weitergegeben. Die heimeligen Schmuckstücke fertigten in der Regel Schreiner aus der Region, indem sie heimische Hölzer wie Kiefer, Buche, Eiche oder Tanne dafür verwendeten. Dabei stand der Nutzwert des von Hand gefertigten Mobiliars im Vordergrund, doch gänzlich schmucklos war es meist trotzdem nicht: Es war mit Volksmalereien aus der Region verziert, mit Farben gestrichen, gewachst oder lasiert, es trug Holzverzierungen oder war

In diesem Bett ruhten schon die Ururgroßeltern. Die liebevolle Freihandmalerei am Kopfteil blieb über Generationen erhalten. Das florale Muster an der Wand wurde aufgestempelt.

mit Schnitzarbeiten verschönert. Da es im Laufe von Jahrzehnten oft viele Eigentümer hatte, war es die Regel, dass es sich jeder Besitzer nach eigenen Vorstellungen verschönerte: Auf diese Weise erhielten beispielsweise solide Stühle und Tische immer neue Anstriche, sowohl um abgenutzte Stellen am Holz zu verbergen, als auch aus purer Lust am Dekorieren oder um dem jeweils herrschenden Zeitgeist zu huldigen. Heutzutage freuen sich viele, wenn sie Gebrauchsspuren am Holz entdecken. Denn was gibt es Gemütli-

SHABBY CHIC FÜR STUHL UND KOMMODE

Wer einfaches, unbehandeltes Mobiliar wie einen Stuhl oder eine Kommode besitzt, kann den beschriebenen Abnutzungseffekt selbst herstellen:

- *Tragen Sie verschiedene Kaseinfarbschichten ungleichmäßig auf das unbehandelte Holz auf, lassen diese jeweils trocknen und reiben dann die Farbe mit feuchtem Schmirgelpapier so lange ab, bis tiefer liegende Schichten oder sogar die Holzmaserung sichtbar werden.*

  Die „abgenutzten" Stellen müssen den Bereichen entsprechen, an denen ein Stuhl besonders beansprucht würde. Überlegen Sie daher vor dem Anstrich an welchen Stellen die Hauptbeanspruchung für das Möbelstück liegt. Vergessen Sie beispielsweise nicht an die abgescheuerten Stellen nahe dem Fußboden zu denken, ebenso wie an abgesplitterte Farbe an Ecken und Kanten.

- *Wer das Abblättern von Farbe hervorrufen will, kann sich mit folgendem Trick behelfen: Streichen Sie an den gewünschten Stellen Möbelwachs auf, das in Waschbenzin aufgelöst wird. Letzteres dient als Verdünnungs- und Lösungsmittel und ist im Malerfachgeschäft erhältlich.*

- *Künstlich gealterte Möbel, die mit Ornamenten und Mustern wie blumigen Motiven bemalt werden, können hübsch aussehen. Dazu wenden Sie die Schabloniertechnik an oder üben sich in der Freihandmalerei. Wer Schablonen verwendet, passt diese in Größe und Proportion dem Möbelstück an.*

cheres, als einem Tisch anzusehen, dass an ihm in den vergangenen Jahrzehnten gesellig beieinander gesessen wurde. Auch Stühle und Kommoden, die mit verschiedenen Farben gestrichen wurden, können reizvoll aussehen, wenn sie ihre unterschiedlichen Schichten an verschiedenen Stellen offenbaren, sodass ein Muster ausgebleichter Farbtöne entsteht und an einigen Stellen die Holzstruktur zutage tritt. Solche Möbel wirken für sich und lassen sich mit moderner, sachlicher Einrichtung kombinieren, da sich dann das gebrauchte Unikat hervorhebt.

Das Anmalen von Möbelstücken will gut überlegt sein, und für den Anfang ist es oft besser, mit einfachen Holzstühlen anzufangen, um ein Gefühl dafür zu entwickeln, wie sich die Anstriche verarbeiten lassen und wie sie mit den Farben von Wänden, Böden und anderen Einrichtungsgegenständen harmonieren. Wer noch auf der Suche nach schönem, ländlichem Mobiliar ist, sollte sich auf Antiquitäten-, Trödel- und Second-Hand-Märkten in der näheren Umgebung umsehen oder den Kontakt zu regionalen Schreinern suchen, die vielleicht nach alten Mustern schöne Landhausmöbel entwerfen oder alte Möbel restaurieren.

Textiles – Vorhänge, Kissen, Decken

Ländlichen Naturtextilien wie Wolle, Leinen, Baumwolle und Sisal kann eine Dauerbeanspruchung so leicht nichts anhaben, sie gewinnen mit den Jahren sogar an Charakter: Die Patchwork-Wolldecke beispielsweise, die an kühlen Abenden Klein und Groß wärmt; die Vorhänge aus Baumwollmusselin, die anders als ihre starren Kunstfaser-Verwandten immer fein fallen oder die Sitzecke aus Polsterleinen, das zwar nach vielen Jahren etwas verknautscht aussieht, doch immer noch magisch anzieht. Naturtextilien altern zwar auch, aber mit Würde – und mit einer kleinen Verjüngungskur werden sie erstaunlich schnell wieder frisch: Leinen erstrahlt nach dem Kochen wieder blendendweiß, Baumwolle reagiert mit neuer Frische auf einen Hauch von Stärke und beide lassen sich problemlos waschen. Drell, Musselin und ungebleichter Nessel heißen die Stoffe, die sich wunderbar selbst färben lassen, ebenso wie Baumwollsamt oder schmal gerippter Cord oder Chintz. Letzterer steht seit Beginn des 20. Jahrhunderts wie kaum ein anderer Stoff für den englischen Landhausstil: Der mit blassen Rosen oder anderen Pflanzen bedruckte Baumwollstoff wirkt romantisch und kostbar.

Mit dem Landhausstil verbinden wir das gute, alte Karomuster: Die klaren Blockkaros in Rot, Dunkelgrün, Blau oder Gelb, die sich auf weißem Untergrund zeigen, künden wie kein zweites Muster von ländlicher Lebensart und finden sich auf Tischdecken, Vorhängen, Hussen und Bettbezügen ebenso wieder wie auf Sommerkleidern junger Mädchen.

Für den typischen Landhausstil ist es üblich, verschiedene Muster und Stofftypen miteinander zu kombinieren. Wer sich immer wieder wundert, wie diese miteinander harmonieren, kennt vielleicht folgenden Trick noch nicht: Meist ist es ein einfaches Leitmotiv oder viele Weiß- oder Cremetöne oder andere neutrale Zusätze, die helfen, verschiedene Muster zusammenzuführen. Ist das Leitmotiv Rot, findet es sich immer wieder in verschiedenen Textilien wie Patchwork-Decke, Kissen und Lampenschirm wieder, wirkt aber niemals erdrückend, da der Raum selbst beispielsweise einfach und neutral gehalten wird.

Wichtiges textiles Gestaltungselement eines Raumes sind die Vorhänge. Sie schützen seit jeher vor ungewollten Einblicken und filtern das einfallende Tageslicht. Wer einen fließenden, unbeschwerten Eindruck vermitteln möchte, drapiert seine Fenster großzügig und locker mit weich fallenden Stoffen wie solchen aus Leinen oder Baumwolle. Wer Schutz vor neugierigen Blicken braucht, aber möglichst viel Tageslicht hereinlassen möchte, verwendet hauchdünne Stoffe wie Chiffon, Gaze oder Batist, die den ganzen Tag vor dem Fenster bleiben können. Schwere Vorhangstoffe wie Nessel, Chintz und Samt helfen beim Abdunkeln. Wer das Glück hat, alte Stoffe zu besitzen oder auf Trödelmärkten zu finden, braucht nur etwas Fantasie, um sie als Vorhang zu verwenden. So kann eine alte Spitzentagesdecke, die mit Schlaufen an einer Vorhangstange befestigt wird, Fenster charmant umspielen. Halbhoch gekürzt und mit einer Stange mittig im Fenster aufgehängt, gewährt sie in Küchen- oder Badfenstern Sichtschutz. Auch aus leinenen Geschirrhandtüchern lassen sich Jalousien und Vorhänge fertigen – eine Tatsache, die einst als Zeichen von Armut gegolten hätte. Vorhänge befestigen Sie besser mit Ringen oder Schleifen an Vorhangstangen, da Faltenbänder, die auf Stoffe aufgenäht werden und den Faltenwurf vorgeben, oft zu exakt wirken. Schlaufenbänder aus Vorhangstoff halten die Stoffe aufs Schönste zurück und können mit Ösen, die man an die Schlaufen näht, an Wandhaken wie solchen aus Kupfer oder Metall befestigt werden.

Stimmen Sie die Muster und Farben von Stoffen immer auf die im Raum ab, wobei es hübsch wirkt, wenn sich Muster und Farben auch im Raum beispielsweise bei den Sitzkissen wiederholen. Sehr verspielt und romantisch sind um Vorhangstangen lässig drapierte Stoffe in Girlandenform.

Kissen setzen Akzente und geben einem Raum den letzten Pfiff: Dabei können Sie bereits vorhandene Muster im Zimmer wie die von Vorhängen und Bettüberwürfen aufgreifen oder neue Akzente setzen, indem Sie beispielsweise eine Farbe stärker hervorheben. Kissen aus Spitze, Batist und mit Stickereien versehen liegen beispielsweise leger auf einem Bett, während solche aus Chintz und Seidensamt sich hübsch machen, wenn sie mit Troddeln verziert Sofa und Sessel zieren.

Ob Tagesdecke, Bettüberwurf oder Kuscheldecke für kalte Tage – auch unsere Vorfahren hatten den Wunsch, sich mit Decken zu wärmen, wobei hierzu auch Stoffreste zusammengenäht wurden. Noch heute sind selbst gefertigte Decken einzigartig und liebevolle Geschenke für besondere Anlässe. Vielleicht liegt zu Hause ein schöner Stoff, aus dem sich eine Tagesdecke schneidern lässt, und wenn das Material nicht ausreicht, dann könnten Sie den Saum oder Rand aus einem anderen Stoff ansetzen. Alte Spitze, Baumwolle und Leinen sowie Bettlaken aus weißem Pikee findet man oft in ausgewählten Textilgeschäften und auf Trödelmärkten. Ist das Material am Rand ausgefranst, können Sie diesen einfach abschneiden oder mehrere verschiedene Stoffe zusammennähen. Hübsch ist ein Materialmix wie Wollstoff, in den mittig ein gefütterter Karostoff eingenäht wird. Selbstgefertigte Decken aus Flickwerk, sogenannte Patchworkdecken oder Quilts, sind vor allem in Amerika ein wesentliches Merkmal ländlicher Wohnkultur. Traditionell werden für Patchworkdecken verschiedene Baumwollstoffe zu Mustern und Streifen zusammengenäht. Dabei sind der Fantasie keine Grenzen gesetzt und man kann Stoffe, Muster und Farben miteinander mischen oder Stoffreste aus Kleidungsstücken verwenden, an die man eine persönliche Erinnerung hat. Wichtig ist immer, die Stoffe vorher zu waschen, damit sich die Decken nachher nicht unschön verziehen. Außerdem ist es sinnvoll, sich vorher ein Farbschema zu überlegen, wobei auch das wilde Mischen von Mustern und Farben meist wunderbar miteinander harmoniert.

Eine andere Möglichkeit, Stoffreste zu verarbeiten, sind Flickenteppiche. Sie sind ein Sinnbild für die Resteverwertung unserer bäuerlichen Vorfahren. Alte, unbrauchbar gewordene Stoffreste wurden in Streifen geschnitten und zu ansehnlichen, vielfarbigen und strapazierfähigen Gewebe neu verknüpft. Mitunter brachte man auch die Stoffreste zu Leinenwebereien, die einem die Arbeit abnahmen. Denn für das Weben von einem Quadratmeter Teppich braucht man auf alten Webstühlen etwa eine Stunde, ohne die Vor- und Nacharbeiten wie das Knüpfen und Putzen des fertigen Stücks mitzurechnen. Und während es heutzutage Baumwoll-Flickenteppiche beinahe zum Nulltarif in gängigen Einrichtungshäusern gibt, sind solche aus Wolle, die hierzulande in alter, ländlicher Tradition gefertigt werden, nach wie vor etwas Besonderes (siehe Anhang). Wer auf gute Qualität achtet, setzt auf stabile Webkanten, die dafür sorgen, dass der Teppich flach liegen bleibt, ohne sich zu wellen.

SELBER SCHNEIDERN LEICHT GEMACHT

Quadratische und rechteckige Kissenbezüge aus Stoffen wie Chintz, Baumwolle oder Leinen sind leicht selbst anzufertigen; dabei nehmen Sie als Füllung stets ein fertiges Kissen:

- *Die Größe der Kissenfüllung abmessen und zwei entsprechend quadratische oder rechteckige Stoffstücke zuschneiden. Rechnen Sie eine allseitige Nahtzugabe von 15 mm ein.*

- *Versäubern Sie die Kanten mit dem Zickzackstich, damit sie später nicht ausfransen.*

- *Legen Sie die beiden Stoffteile rechts auf rechts übereinander und nähen eine Kante von beiden Seiten etwa 50 mm weit zu, sodass die Mitte für einen Reißverschluss offen bleibt.*

- *Die Öffnung schließen Sie mit Heftstichen und bügeln die Naht auseinander. Nun den Reißverschluss mit Stecknadeln festmachen, anheften und von der rechten Seite aus annähen.*

- *Die anderen drei Kissenseiten von links zunähen. An den Ecken die Nahtzugabe einkürzen.*

- *Den Bezug auf rechts drehen und die Ecken, wenn nötig, mit einer Nadel nach außen drücken.*

- *Wer möchte, näht von Hand an den Ecken Troddeln an oder fasst den Rand mit einer Fransenborte ein.*

FILZEN UND FÄRBEN

Aus robustem Filzwerk fertigten unsere Vorfahren Schuhe, Jacken oder Sitzkissen. Die Technik kannten vermutlich schon die Menschen aus der Steinzeit und Wissenschaftler gehen davon aus, dass das Filzen schon lange vor dem Weben bekannt war. Zum Filzen braucht man nur heißes Wasser und Wolle, die von Hand ständig bearbeitet wird. Aus der rauen und robusten Wolle von Bergschafen entstanden stabile Taschen und Schuhe, während heutzutage die feine und weiche Merinowolle besonders beliebt ist. Filz ist atmungsaktiv, temperaturausgleichend und kann große Mengen Feuchtigkeit aufnehmen, ohne dass er sich feucht anfühlt.

Auch das Färbehandwerk ist uralt, bereits unsere Steinzeitvorfahren kannten es, da sie feststellten, dass Blätter, Blüten, Wurzeln und Beeren Farben hinterlassen. Mit Pflanzen und Tierextrakten färbten germanische und keltische Völker ihre Kleidung, wobei die Farben Rot und Blau beliebt waren. Im Mittelalter gab es die Farben von Gelb, Orange über Rot zu Blau bis hin zum Grau. Wer heutzutage Farben aus der Natur verwendet, sollte damit nur Naturstoffe wie Wolle und Leinen färben. Die Stoffe dürfen keine chemischen Anteile enthalten, da sie sonst fleckig würden. Als Beize, die übrigens in dunklen Gläsern aufbewahrt werden sollte, benutzt man heute gern Weinstein und Alaun (aus der Apotheke), wobei Vogelmiere und Bärlapp letztere ersetzen können. Die Menge an Beizmittel beeinflusst die Intensität der Färbung. Färbepflanzen und genaue Anleitungen dazu gibt's im Fachhandel (siehe Anhang).

FILZEN LEICHT GEMACHT

- Wolle auslegen: Eine Schablone aus Noppenfolie um rund ein Drittel größer als in der später gewünschten Größe des Werkstücks (wie eine Stuhlauflage oder einen Schal) zuschneiden. Auf eine Auto-Gummimatte mit Rillen eine Noppenfolie legen, darüber einen Vorhangstore aus Polyester breiten, dann die Schablone darauf legen. Nun Wollstreifen aus Schafwolle dachziegelartig überlappend auf die Schablone legen und am Rand etwa 2 cm überstehen lassen. Eine zweite Lage um 90 Grad versetzt auflegen, dann die Wolle mit einem Wäschesprenger durchfeuchten.

- Werkstück einseifen: Mit den Händen flüssige Schmierseife auf dem Werkstück sanft von außen nach innen reiben, bis feiner Schaum gebildet wird.

- Filzen: Dazu das Werkstück mitsamt untergelegter Noppenfolie in der Gummimatte fest aufrollen und überschüssiges Wasser mit einem Schwamm aufnehmen. Achten Sie darauf, das Filzstück von allen Seiten aufzuwickeln, damit die Form erhalten bleibt.

- Walken und Spülen: Das Werkstück auf einem Handtuch auf die Gummimatte legen, mit warmen Seifenwasser (etwa 65 °C warm) einspritzen und von allen Seiten druckvoll im Handtuch aufrollen. Diee Arbeitsschritte werden sooft wiederholt, bis sich der Filz nicht mehr dehnt. Dann wird dieser mit Essigwasser gespült und kann trocknen.

FÄRBEN LEICHT GEMACHT

Es gibt unterschiedliche Rezepte, die sich in den Mengenangaben der Pflanzen und Beizen unterscheiden. In Färbetabellen kann man genaue Zusammenstellungen für bestimmte Farbtöne ersehen, sollte jedoch immer auch Abweichungen einrechnen. Vom unten beschriebenen Grundverfahren weicht das Färben mit Indigo stark ab.

Gelb mit Färbeginster: Als Beize nimmt man 15 g Alaun und 6 g Weinstein. Für die Färbedroge 70–75 g Ginsterspitzen (Genista tinctoria) fein schneiden, über Nacht einweichen, eine Stunde lang kochen und durch ein Baumwolltuch filtrieren. Die abgefilterte Flüssigkeit auf 5 l auffüllen.

Helles Rot mit Färberkrapp: Als Beize nimmt man 22 g Alaun und 4 g Weinstein. Für die Färbedroge 50 g gemahlenen oder zerkleinerten Färberkrapp (Rubia tinctorum) in der Nacht vor dem Färben locker in ein Mullsäckchen schichten und in 3 l Wasser einweichen. Zum Färben auf 5 l aufgießen und das Krappsäckchen im Wasser lassen. Krapp nicht über 70 °C erhitzen, da er sonst braun färbt.

- Waschen: Zunächst die Wolle, Stoffe oder Garne waschen und trocknen, dann das trockene Färbegut abwiegen.

- Vorbeizen: Beizmittel in heißem Wasser lösen, Wasser und zu färbendes Material wie Baumwolle kochen, anschließend herausnehmen (am besten mit einer Zange, unbedingt Handschuhe tragen – auch später beim Färben) und vorsichtig ausdrücken. Grammangaben für Beizmittel sind ungefähre Angaben, oft empfiehlt es sich, lieber etwas weniger zu nehmen und dann nachzubeizen.

- Färben: In einem großen Topf oder Kessel wird die eigentliche Färbedroge aufgekocht. Sobald diese auf etwa 30 °C abgekühlt ist, gibt man das Färbegut hinzu und lässt es wieder eine halbe bis eine ganze Stunde kochen. Das Material dabei sanft unters Wasser drücken, nicht rühren. Sobald Stoff oder Wolle in der Flüssigkeit abgekühlt sind, nimmt man sie heraus, spült sie mit kaltem Wasser ab, bis dieses klar ist, und hängt das Material zum Trocknen auf. Wer nachbehandeln möchte, macht dies gleich nach diesem Schritt, ohne auszuspülen, gibt die entsprechende Beize direkt in die gewünschte Färbebrühe und kocht eine weitere Stunde.

Wohnliche Dekoration – Arrangements aus der Natur

Bei Streifzügen durch Garten und Natur finden sich natürliche Materialien, die sich im Landhaus – aber natürlich nicht nur dort – zu stimmungsvollen Dekorationen arrangieren lassen. Als Gefäße dienen Emaillekannen, Zinkwannen, Steinguttöpfe, Steinvasen, Weiden- oder Spankörbe oder Spülsteine. Frisches Erntegut aus dem Garten wirkt zwanglos angeordnet am Natürlichsten, wohingegen strenge Strukturen wie Getreideähren in formalen Anordnungen gut hervorgehoben sind.

Im Frühjahr sind es frisch geschnittene, blühende Zweige von Weide, Weißdorn und Birke, Körbe voller Primeln und kleiner Osterglocken, die im Moos gebettet sind und die im Haus die Wiederkehr der Vegetationszeit feiern. Mitunter findet man noch Primelkörbchen mit gebogenem Holzhenkel, wie sie einst von den Bauern aus Haselnussholz gefertigt wurden.

Hübsch sind auch mit Rindenstückchen und Ästen verkleidete Glasvasen, in denen vorwitzige Frühlingsblüher wie Tulpen und Narzissen herauslugen. Dazu einfach Rinde, auch solche voller Moos und Flechten, sowie dünne Äste mit einer Hand ans Gefäß halten und mit der anderen Hand mit Draht umwickeln.

Im Frühsommer begeistern uns legere Blumensträuße von der Wildblumen-Frühlingswiese mit Wiesensalbei, Kartäusernelke, Akelei oder Seifenkraut, die mit ihrem natürlichen Charme überzeugen. Aus dem Bauerngarten kommt beispielsweise der Farbdreiklang Rot-Weiß-Blau dank Margeriten, Mohn und Glockenblumen.

Sommerarrangements überzeugen mit meist kräftigen Farben und leuchtend frischen bis üppig glänzenden Grüntönen. Aus dem sommerlichen Bauerngarten ernten wir haltbare Schnittblumen, von denen viele fein duften wie Bartnelken und Levkojen.

Mediterrane Kräuter verwöhnen uns auch im Haus mit ihren Düften, Farben und Strukturen, beispielsweise als Lavendelsträußchen oder als Kräutersträuße, die kopfüber gebündelt von der Decke baumeln.

links: Blumensträuße aus ländlichen Gärten wirken in einfachen Gefäßen wie aus Ton oder Emaille natürlich und leger.

rechts: Im Winter spendieren Immergrüne wie Fichte, Tanne und Wacholder ihre Zweige für Kränze, denen Frost und Kälte nichts ausmachen. Dieser hier wurde mit bunten Blechförmchen aus dem Sandkastenkuchenzubehör geschmückt.

Unsere Großmütter bastelten aus Lavendel feine Duftflaschen, indem sie frische Blütenrispen aufeinanderlegten, sie unterhalb der Rispen mit einem langen Satinband zusammenbanden, die Stiele einzeln über das Band bogen, sodass diese die Blüten umschlossen. Dann banden sie die Stiele mit einer Schnur zusammen, die später entfernt wurde. Anschließend wurde das Satinband oben durchgefädelt und einmal über, einmal unter den Stielen solange geflochten, bis die Lavendelrispen eingeflochten waren. Das Band wurde an den Stielen unten mit Schlaufe zum Aufhängen verknotet und die Stiele auf eine einheitliche Länge gebracht.

Auf Streifzügen am Wasser entlang kommen Fundstücke ins Haus wie Kiesel, Treibholz und Muscheln, die sich in einer flachen Steinschale vereinen, um auf einem Kaminsims, zusammen mit Kerzenhaltern und Familienfotos, zu stehen oder im blau-weiß gefliesten Badezimmer einen Hauch von Meeresbrise zu erzeugen.

Im Herbst grüßen warme Sommerfarben aus dem Bauerngarten: Dahlien, Sonnenhut, Chrysanthemen, Sonnenblumen und Herbstastern finden sich in üppigen Sträußen wieder, während zu ihren Füßen Maiskolben, Kürbis und Hopfendolden liegen.

Getrocknete Getreideähren, die gebündelt auf dem Fenstersims stehen, zeigen dauerhaft ihre schönen Strukturen.

Im Winter sind es Immergrüne wie Stechpalmen, Buchs, Efeu sowie die Zweige von Nadelgehölzen, die uns zu Gestecken, Kränzen und dekorativen Winterarrangements verhelfen. Daneben wirken getrocknete Samenstände wie die Samenkapseln vom Mohn sowie Lampionblumen und Disteln, die mit Gewürzen wie Zimtstangen, getrockneten Orangenscheiben und Sternanis stimmungsvolle Verbindungen eingehen.

Küche, Kachelherd und Kachelofen – Gemütliche Wärme

Küchen mit ländlichem Charme, die Wärme und Behaglichkeit ausstrahlen und geselliger Treffpunkt sind, erleben eine Renaissance. Neben großzügiger, offener Raumgestaltung kommen natürliche Materialien zum Einsatz, die das Flair einer solchen Küche ausmachen: Heimische Hölzer, Natursteine, Terrakotta, Keramik, Stahl und Flechtwerk wirken schlicht und edel und sind harmonisch kombinierbar. Klar gestaltete Küchenfronten und dezente Schmuckelemente lassen die Materialien wirken. Form, Farbe und Oberflächengestaltung haben großen Einfluss auf die Gesamtwirkung der Küche. So haben Fronten aus Naturholz – gewachst, geölt oder gebeizt – klare Oberflächenstrukturen, während lackierte Fronten glatt wirken und mit einer Arbeitsplatte aus Naturholz oder Naturstein wie Granit oder Schiefer einen schönen Kontrast ergeben. Massive Arbeitsplatten aus robusten heimischen Hölzern wie Eiche, Esche, Fichte oder Tanne zeigen unverwechselbaren Charakter und nach Jahren Abnutzungserscheinungen, die uns

Ländliche Küchen mit viel Holz sind behaglich. Alte und neue Möbel finden hier zu einem harmonischen Ganzen.

an vergangene Kochabende erinnern. Küchen mit klarer Formensprache und mit hochwertigen Materialien fügen sich hervorragend in alte Gemäuer ein, wobei Natürlichkeit Trumpf ist. Eine kleine Auswahl an Küchenstilen hilft bei der Entscheidung:

- Alpenländische Landhausküche: Oft werden massive Hölzer verwendet wie Eiche, deren Holzmaserung gut zum Vorschein kommt. In solchen Küchen darf eine Eckbank nicht fehlen – urige Küchen mit dem Flair österreichischer Skihütten lassen sich gut mit Holzdielenböden und grob verputzten Wänden kombinieren. Daneben sind ländlich gemusterte Vorhänge und Tischdecken sowie alte, gusseiserne Backformen oder andere Küchengerätschaften, die man zur Dekoration aufhängt, in solchem Ambiente stimmig.

- Nordisch kühler Landhausstil: Bei den Küchenfronten dominieren helle Farben wie Grau, Weiß oder Hellblau sowie Kassetten- oder Rahmenformen. Bei den Arbeitsplatten sind Hölzer in Staboptik oder Natursteinplatten gefragt. Eine solche Küche kommt gut vor einer holzgetäfelten Wand zur Geltung, die in hellen, klaren, kühlen nordischen Farben wie Eisblau gestrichen wird.

- Herrschaftlicher Kolonialstil: Wer es prächtig liebt, setzt bei den Fronten auf aufgesetzte Rahmen, auf Kranzleisten, Pilaster und gedrechselte Säulen. Zu solchen Küchenfronten passen Porzellanknöpfe sowie geflochtene Hänge- oder Bügelgriffe. Satte Wandfarben und schmückende Wandbordüren ergeben ein stimmiges Ganzes.

- Küchen mit südlichem Charme: Die Fronten zeigen sich in abgetönten Weißnuancen oder in warmen Pastellfarben, die Kanten sind sanft gerundet, als Arbeitsplatten eignen sich traditionell solche aus Stein wie Marmor, als

Wand- und Bodenbelag bieten sich Terrakotta und Steinfliesen an. Korb- und Flechtwerk in allen Variationen ersetzen Regale und Schubkästen. Charmante Stimmung kommt auf, wenn Sie Oberflächen mit selbst gefertigten Mosaiken versehen: Verzieren Sie damit den Beistelltisch, die Wand über einer Küchenarbeitsplatte oder über der Spüle. Cremeweiße oder in warmen Erdtönen gestrichene Wände verleihen den Küchen ein warmes, behagliches Flair.

Moderne Landhausküchen können lückenlos von Wand zu Wand geplant werden oder mit offenen Elementen gestaltet sein. Oft ist es die Kombination von Alt und Neu, die für Flair sorgt. Wer seine Küche plant und einrichtet, sollte beim Auswählen geeigneter Materialien und Accessoires auf die Besonderheiten in seiner Region achten. In vielen Dörfern gibt es Betriebe, die nach traditionellem Vorbild töpfern, weben, schmieden, Glas blasen. Diese kunsthandwerklichen Erzeugnisse passen in jede Kücheneinrichtung. Sie sind nicht allein Ausdruck des individuellen Geschmacks, sondern dokumentieren die Verbundenheit der Menschen mit ihrer Region, ihrer Tradition und Geschichte.

Auch Kachelherde werden wiederentdeckt, da sie die Gemütlichkeit vergangener Tage in den modernen, ländlichen Haushalt zaubern. Sie rücken das gesellige Beisammensein wieder in den Mittelpunkt des Hauses. Mit Kachelherden lassen sich einzelne Funktionen wie Backen, Kochen, Warmhalten, Warmwasser bereiten und Heizen auf unterschiedliche Weise kombinieren. So wie einst werden Feuerraum und Heizgaszüge aus massiven Schamottesteinen gebaut. Dieses Material speichert Wärme sehr lange und gibt diese als Strahlungswärme in den Kachelmantel ab. Mitunter kann ein angrenzender Kachelofen mit einem Kachelherd beheizt werden. Meist ist in diesen eine gemauerte Feuerung eingebaut. Die Rauchgase umströmen dabei

über Züge die Herdplatte und das Backrohr, ehe sie in den Schornstein abziehen oder den Kachelofen mit Rauchgasen beheizen. Wer beispielsweise backen will, leitet mit einer Umschaltklappe die Heizgase um das Bratrohr. Außerdem können in Kachelherden Elektro- und Gasgeräte, Kochfelder, Arbeitsplatten und Spüle integriert werden. Auf Wunsch werden die Herde in die zentrale Warmwasserversorgung mit eingebunden. Dazu muss der Herd an den Wasserkreislauf des Hauses angeschlossen und zuvor mit einer speziellen Wassertechnik ausgerüstet werden. Wer sich solch einen Kachelherd zulegt, kann über zukünftige Stromausfälle und Energiekrisen hinwegsehen und sich über sein autarkes, altmodisches und zugleich modernes Heiz- und Kochsystem freuen. Daneben gibt es sogenannte Durchheizherde. Diese sind Kochstelle und

Heizkörper für angrenzende Räume zugleich. Über die Durchheize des Herdes wird der Kachelofen beheizt, der in einem benachbarten Raum zur Küche steht. Wer sich für einen Kachelherd interessiert, wendet sich am besten an einen Ofen- und Luftheizungsbauer in der Umgebung, der den Herd individuell planen kann.

Und wer noch einen alten Kachelofen hat, kann sich glücklich schätzen. Alte Kachelöfen waren einst im gesamten Alpengebiet üblich und verbreiteten sich von dort europaweit. Noch heute finden Ofenfreunde Liebhaberstücke in verlassenen Bauernhöfen ebenso wie in russischen Datschen und in skandinavischen Bürgerhäusern. Nach alter Hafnermanier (Ofenbaumanier) wurden landauf, landab Öfen aus Lehm gebaut und die Kacheln direkt darauf gesetzt, ohne Ver-

Wer solch ein Prunkstück besitzt, darf sich glücklich schätzen, da alte Kachelöfen eine ganz besondere Atmosphäre verbreiten. Sorgsam renovierte Modelle sind gefragt wie nie, vielleicht weil sich viele von ihnen auch in zeitgemäß eingerichtete Wohnräume harmonisch einfügen.

wendung von Chemikalien und von heute üblichem Feuerzement. Die Öfen damals besaßen zwischen den Kacheln meist keine Fugen, weshalb die alten Öfen bis heute eleganter aussehen als ihre modernen Nachfolger mit breiten Fugen. Die Öfen sorgen für ein gesundes Raumklima und haben meist einen guten Wirkungsgrad, da die Holzscheite bei großer Hitze verbrennen und die Wärme über die Kacheln lange abstrahlt. Es gibt sie nicht nur in rustikalen Formen, vielmehr ist die stilistische Vielfalt alter Öfen enorm. Besonders beliebt sind schlichte, elegante Modelle, die sich in jeden Wohnstil einfügen. Es gibt Ofenbaumeister, die sich ganz der Renovierung dieser alten Schätze verschrieben haben und die das Innenleben des Ofens den heutigen Standards anpassen.

Wer sich einen Kachelofen zulegt, sollte Folgendes beachten: Kachelöfen brauchen eine Weile, bis sie warm werden, da sie aus relativ viel Masse bestehen. Meist sind es sogenannte Grundöfen, deren Feuerraum direkt von Schamottematerial und den Kacheln umgeben ist. Sind diese vollkeramischen Speicheröfen einmal aufgeheizt, geben sie die Wärme langsam und kontinuierlich an die Umgebung ab. Außerdem sollten Sie immer auf ausreichend Frischluftzufuhr achten, die diese zur Verbrennung brauchen. Es erfolgt ein ständiger Austausch mit der Raumluft, sodass auch Gerüche, Kohlendioxid und Staub in den Schornstein gelangen. Kachelöfen erwärmen gleichmäßig den ganzen Raum, sie geben ihre Strahlungswärme nicht nur an die unmittelbare Umgebung ab.

Dank der Erfindung des Eisengusses im 14. Jahrhundert wurden die ersten kastenförmigen Öfen mit eisernen Kaminplatten entwickelt. Dieses „neuere" Modell ist genietet und höchstens hundert Jahre alt.

LÄNDLICHE KÜCHE – ZUBEREITEN, EINMACHEN UND LAGERN

Kochen, Braten und Garen – Alte Techniken neu entdeckt

Nicht nur beim Einrichten einer ländlichen Küche kann man von vergangenen Zeiten lernen: Wer beim Kochen, Braten und Garen auf Methoden von einst setzt, erhält wunderbar zartes, mürbes Fleisch, feines Gemüse und Soßen voll Aroma.

Das Garen bei Niedrigtemperatur war in den Küchen unserer Vorfahren weit verbreitet. Es gab schwere, gusseiserne Bräter mit gut schließendem Deckel, in denen Fleisch wie Keule und Brust sowie Gemüse schmorten. Die schweren Töpfe speichern nicht nur die Hitze beständig und lange, sie geben diese auch an die zu garenden Speisen gleichmäßig ab. Auf diese Weise gelingt das Essen immer: Je langsamer alles schmort, umso besser ist das Ergebnis. Im Topf durften Wurzelgemüse wie Pastinaken, Karotten und Petersilienwurzeln ebenso wenig fehlen wie Zwiebeln, Tomaten und aromatische Kräuter wie Thymian, Majoran, Rosmarin und Lorbeer. Sie spendieren ihr Aroma für feine Soßen, die meist keine zusätzliche Bindung mehr benötigen. Fleisch wird herrlich zart und entwickelt ein unvergleichliches Aroma.

Ein weiterer Vorteil beim Garen mit Niedrigtemperatur ist, dass man das Essen schon lange bevor beispielsweise die Gäste kommen in den Ofen schiebt und sich auf diese Weise entspannt auf seinen Besuch freuen kann.

Auch der Römertopf ist schon lange bekannt: Er geht auf die Idee unserer Vorfahren zurück, Fleisch im Lehmmantel im offenen Feuer oder in Feuergruben zu garen – eine Methode, die Beduinen bis heute praktizieren. Heutzutage ist der Römertopf ein innen glasierter Tontopf, den es in verschiedenen Ausführungen mit Deckel gibt. Vor dem Benutzen wird er etwa zehn Minuten mit Wasser befüllt, damit sich die Tonporen damit sättigen und später dem Braten keinen Saft entziehen. Der Tontopf ist bis heute ein gut gemeintes Geschenk, das Mütter auch kochtechnisch unerfahrenen Söhnen und Töchtern beim Auszug mit auf den Weg geben. Im Tongefäß lässt sich auch wunderbar Brot lagern und sogar backen!

GAREN IM RÖMERTOPF

Zunächst wird das Fleisch bei mittlerer Temperatur angebraten, danach werden Zwiebeln, Wurzelgemüse und hartlaubige Gemüse im Bratfett kurz mit angeröstet und mit etwas Wein, Brühe oder Wasser abgelöscht. Dann setzen Sie den Deckel auf, schieben den Braten in den Ofen und erwärmen ihn bei rund 150 °C so lange, bis das Fleisch mürbe ist. Dies ist, je nach Fleischsorte und -größe, nach ca. 3½–4 Stunden der Fall. Falls der Topf länger im Ofen bleibt, kann nicht viel passieren. Wichtig ist nur, dass Sie öfters nachsehen und darauf achten, dass nicht zu viel Flüssigkeit im Bräter kocht, da sonst das Fleisch leicht zäh wird. Der Boden sollte aber von Flüssigkeit bedeckt sein, damit nichts anbrennt.

Eine weitere lang bekannte Methode, die dabei auch noch Energie spart, ist die Kochkiste. Sanft garen, kühlen oder Joghurt bereiten – dies alles gelingt damit. Dabei ist die Methode simpel, der Effekt enorm. Unsere Großeltern kennen sie womöglich noch, die Kochkiste. Bereits im Jahr 1909 ist folgende Empfehlung im Buch „Ich kann kochen", erschienen im Ullstein Verlag, nachzulesen: „Die Kochkiste ist eine nicht zu große, gut schließende Holzkiste mit Deckel, in deren Innenraum zwei Töpfe mit Isolierung hinein passen."

RINDFLEISCH IM SCHMORTOPF

6–7 Schalotten

300 g Möhren

1 l trockener Rotwein

1 Tasse guter Weinessig

1 Bouquet garni (Thymian, Lorbeer, Petersilie)

3–4 zerdrückte Wacholderbeeren

1 TL frisch gemahlener schwarzer Pfeffer

2 kg Rindfleisch von der Hüfte oder Schulter

200 g Speck

Öl zum Anbraten

3 Knoblauchzehen

1–2 TL Zesten einer unbehandelten Orangenschale

1 Lorbeerblatt

1 Pr Muskat

Salz, Pfeffer

300 ml Fleisch- oder Gemüsebrühe

3 Schalotten und die Möhren klein schneiden, den Wein mit Essig, Kräutern und Gewürzen mischen und das in große Würfel geschnittene Fleisch einige Stunden darin zugedeckt marinieren. Abtropfen lassen, trocken tupfen und Marinade beiseitestellen. Den Backofen auf 150 °C vorheizen.

Restliche Schalotten und Speck würfeln, im Schmortopf mit etwas Öl anbraten. Das Fleisch anbraten und mit der Marinade (mitsamt Gemüse und Gewürzen) ablöschen.

Knoblauch schälen, zerdrücken und mitsamt der Orangenschale zugeben. Lorbeer, Muskat, Salz, Pfeffer und Gemüsebrühe ebenfalls zufügen. Darauf achten, dass das Fleisch mit Flüssigkeit bedeckt ist, dann etwa 4 Stunden im Backofen garen.

ZARTER FISCH

1 Tasse Wasser

1 Schuss Essig

Salz

1 Zwiebel

2 Gewürznelken

1 Lorbeerblatt

50–100 g Butter

700 g Fisch

Aus Wasser, Essig, Salz, der in Scheiben geschnittenen Zwiebel und den Gewürzen einen Sud bereiten und etwa 20 Minuten auf dem Herd köcheln.

Dann den Sud über den im Topf liegenden, mit Butterflocken belegten Fisch gießen und bei 150 °C gut eine halbe Stunde im Backofen garen.

Alternativ können Sie den Fisch auch pur ohne den Sud bei gleicher Temperatur garen.

Früher war es selbstverständlich, sparsam mit Energiereserven wie Holz oder Kohle umzugehen. Daher packte man Speisen, die auf dem Herd aufgekocht waren, abseits von diesem warm ein. Beispielsweise in einem Korb oder in einer Kiste, die mit Isoliermaterial wie Wolle, einer Decke oder mit Stroh gefüllt war. Diese Technik machten sich Generationen von berufstätigen Frauen seit Ende des 19. Jahrhunderts zunutze, ehe die Methode in den vergangenen Jahrzehnten in Vergessenheit geriet. In Kriegszeiten war es sogar üblich, warme Töpfe ins Bett zu stellen, damit diese die Schlafstätte gleich mitwärmten – eine Technik, die bei Campern bis heute verbreitet ist, indem sie beispielsweise Nudeln im Schlafsack gar ziehen lassen, um die einzige Kochstelle für das Bereiten des Sugos frei zu halten. Im Wasser, das im Topf aufgekocht wurde, können Nudeln, Reis, Kartoffeln, rote Linsen und Gemüse wie Paprika und Karotten garen: Rechnen Sie etwa mit der doppelten bis dreifachen Zeit wie sonst, bei Wassertemperaturen zwischen 70 und 95 Grad.

Das physikalische Prinzip hinter der Kochkiste ist einfach: Es beruht darauf, dass ein Gegenstand, der von schlechten Wärmeleitern umgeben ist, seine Temperatur lange unverändert beibehält. Der Vorteil dieser Methode liegt auf der Hand: Sie spart nicht nur Energie, es bleiben viele wertvolle Inhaltsstoffe vor allem in feinem Gemüse und im Fisch erhalten. Wenn sie die Töpfe in die Kiste stellen, sollten diese nur zu gut zwei Drittel gefüllt sein, um ein Überschwappen zu vermeiden.

Die Kochkiste können Sie auch zum Kühlen verwenden. Dazu Kühlelemente in die Kiste geben und die Lebensmittel gut verpackt darüber legen. Auch hier bleibt die Temperatur lange konstant.

Das Prinzip Kochkiste macht man sich auch in Solarkochern zunutze, wobei hier das Sonnenlicht als Wärmelieferant dient: Sonnenlicht gelangt durch einen schräg stehenden Deckel in eine mit Aluminiumfolie ausgeschlagene, gut isolierende Kiste und gart das Kochgut bei gleichmäßiger Temperatur – eine Methode, die in Afrika und in Lateinamerika seit Längerem erfolgreich praktiziert wird.

Brot backen und Bier brauen – Traditionen leben wieder auf

Feuer machen, Ofen schüren, Teig bereiten, Laibe formen, einschießen und wieder herausholen – die Tradition des Brotbackens ist Jahrtausende alt. Bei dieser Tätigkeit hatte jeder Beteiligte seine genau festgelegten Handgriffe zu erledigen, die von den Älteren an die Jüngeren weitergegeben wurden. Dabei konnte das Backen ganz in der Hand der Frauen liegen, oder es wurden Arbeitsschritte von Männern übernommen – dies war von Familie zu Familie und je nach Region unterschiedlich. Die Tradition lebt vielerorts wieder auf, da alte Backhäuser wieder

instand gesetzt und betrieben werden und in vielen Dörfern Brotbacköfen entstehen.

Brot ist eines der ältesten von Menschen zubereiteten Nahrungsmittel: In Teilen Afrikas wird heute noch Brot gebacken wie vor rund 7000 Jahren, als die ersten Bäcker Getreidekörner zwischen Steinen zerrieben und daraus Fladen backten. Die Körner ernteten die Menschen damals, indem sie die Ähren zwischen den Händen rieben, später wurden Dreschflegel benutzt. Die auf diese Weise gewonnenen Körner wurden in Steinen, die eine ausgewaschene Vertiefung besaßen, zerrieben oder zerstampft. Der entstandene „Schrot" wurde mit Wasser oder mit Milch verquirlt, bis ein dicker Brei entstand. Dieser wurde meist in Fladenform gebracht und gebacken. Noch heute ernährt dieses urtümliche Brot weltweit täglich Millionen Menschen. Das Zubereiten dieses Nahrungsmittels erfolgt – wie einst – meist unter freiem Himmel am offenen Feuer, als Mehl verwenden die Brotbäcker gemahlene Weizen-, Mais- oder Hirsekörner. Der Teig wird oft auf einem Backstein, einem Grillblech oder einem Backblech gebacken.

Die Herstellung von Sauerteig ist seit 5000 Jahren überliefert und gelang bereits den alten Ägyptern. Brotbacköfen sollen in Anatolien erfunden worden sein und bereits im alten Athen kannten Menschen über 70 verschiedene Brotsorten. Hierzulande war das Bäckerhandwerk im Mittelalter eine Zunft. Das Privileg, Brot zu kaufen, war eher den Adeligen vorbehalten – ein Grund, weshalb in den Dörfern Backhäuser entstanden. Über Jahrhunderte entwickelten sich viele verschiedene Brotrezepte: Allein in Deutschland gibt es über 200 verschiedene, oft nur regional verbreitete Brotsorten.

Dabei unterscheidet man zwischen Hefe- und Sauerteigbrot. Frische Hefe oder Trockenhefe lässt den Teig aufgehen und verleiht dem Hefebrot ein mildes Aroma. Helle Mehle mit hohem

Ausmahlungsgrad sind für diesen Brottyp sehr gebräuchlich. Beim Sauerteigbrot wird der Teig durch Essigsäure-, Milchsäure- oder durch Hefepilze in Gärung gebracht. Dieser Prozess macht das Brot locker und verhilft dem Laib zu angenehmem Geschmack und einer langen Haltbarkeit. Wegen seinem Beitrag zu einer gesunden Ernährung in aller Munde ist das Vollkornbrot: Getreide wie Weizen, Roggen und Dinkel schrotet man am besten frisch, ehe es an die Zubereitung des Teiges geht. Auf diese Weise bleiben wertvolle Bestandteile des Korns wie Vitamine, Spurenelemente, Fettsäuren, Eiweiß und Mineralstoffe unverändert erhalten. Vollkornbrot können Sie aus Sauer- oder Hefeteig herstellen.

Für höchsten Brotgenuss sind folgende Ratschläge hilfreich:

• Brot nach dem Backen abkühlen lassen, am besten auf einem Kuchengitter, da es dann rundum gut auskühlt. Kastenbrot nach dem Backen immer aus der Form nehmen, da es sonst seitlich und am Boden weich wird.

• Brot muss trocken und zugluftfrei gelagert werden. Hohe Feuchtigkeit fördert den Befall mit Schimmelpilzen. Brot wurde, um es vor Schmutz und vor unerwünschten Mitessern wie Mäusen zu schützen, in Gestellen, in luftigen Körben, in Brotdosen und -töpfen gelagert. Viele geben den Laib zusätzlich gern in Leinenbeutel, da er darin nicht austrocknet und trotzdem von allen Seiten Luft bekommt. Brot besser nicht im Kühlschrank aufbewahren, dort wird es schnell hart und trocknet aus. Ansonsten gibt man es besser in eine Papiertüte, die wiederum in einen Kunststoffbeutel gepackt wird. Wenden Sie diese Lagermethode nur kurzfristig an.

• Frisch gebackenes Brot lässt sich meist nach einer Ruhezeit gut schneiden, spätestens nach 12 Stunden.

• Wenn Sie es möglichst lange genießen wollen, trennen Sie den Laib mittig in zwei Hälften und schneiden abwechselnd von beiden Hälften Scheiben nach Bedarf. Die Hälften zum Aufbewahren fest aneinanderdrücken.

• Brot, das nicht mehr ganz frisch ist, in feuchten Küchenhandtüchern einschlagen und im Ofen kurz aufbacken.

• Wer tiefgefrorenes Brot auftaut, tut dies am besten bei Raumtemperatur.

Eine andere alte Tradition ist ebenfalls im Kommen: Seit einigen Jahren erfreuen sich kleinste Brauereigasthäuser wieder steigender Beliebtheit, da man an solchen Orten meist hervorragendes Bier mit unverwechselbarem Aroma genießen kann. Doch auch für den eigenen Hausgebrauch ist es interessant, Bier selbst herzustellen.

Wer Bier braut, befindet man sich in einer Jahrtausende alten Tradition, die sogar älter als die der Weinbereitung ist. Das alkoholische Getränk wird aus Wasser, Gerste, Hefe und Hopfen zubereitet, wobei sich je nach Bierart die Mengen der Inhaltsstoffe unterscheiden. Neulinge in der Kunst des Brauens können fertigen Malzextrakt und Hopfenpellets für die ersten Versuche erwerben oder auch selbst geernteten Hopfen verwenden. Im Handel sind meist japanische Hopfenzüchtungen, die frisch, getrocknet oder als Pellets angeboten werden, doch auch heimischer Biohopfen schmeckt. Hopfen macht Bier dank seiner Bitterstoffe haltbar und aromatisch. Früher verbraute man statt Hopfen auch Kräuter wie Wermut und Rosmarin. Hauptinhaltsstoff im Bier ist Wasser, das möglichst weich sein, d. h. einen geringen Härtegrad besitzen sollte.

Wer statt Malzextrakt Gerste selbst vorbereitet, weicht diese 3–4 Tage in warmem Wasser ein, gießt es dann ab und lässt die Getreidekörner rund 10 Tage ausgebreitet liegen, bis diese gekeimt haben. Dann werden die Körner getrocknet und geröstet, anschließend mit Hopfen und Wasser aufgekocht und die Hefe beigemengt. Diese Mischung beginnt zu gären und wird anschließend in Fässer abgefüllt.

Bei den Hefen unterscheidet man ober- und untergärige Bierhefen: Während die obergärigen Bierhefen bei Temperaturen von 15 bis 21 °C vergären, arbeiten die untergärigen Hefen bei Temperaturen von 5 bis 12 °C. Obergärige Hefen bilden im Verlauf des Gärprozesses Sprossverbände und steigen im Gärfass an die Oberfläche des Jungbieres, während untergärige Hefen sich am Ende der Gärung auf dem Gefäßboden absetzen.

Obergärige Biere sind beispielsweise Düsseldorfer Alt, Kölsch, Bayrisches Weißbier (Weizenbier), Malzbier, die englischen Biertypen Ale, Porter und Stout, wohingegen Bockbier, Doppelbock, Dunkel, Hell, Lagerbiere, Märzen, Münchener Biere und Pilsener untergärige Biere sind.

ROGGEN-SAUERTEIG-BROT

380 g Roggen-Sauerteig
260 g Roggenmehl
260 g Dinkelmehl
250 ml Wasser
1 EL Zucker
1 TL Salz

Alle Zutaten solange verkneten, bis sich der Teig von der Schüssel löst.

Dann den Teigballen an einem warmen Ort mit einem Küchentuch zugedeckt ruhen lassen, bis er sein Volumen etwa verdoppelt hat. Das Brot ca. 1 Stunde bei 200 °C im elektrischen (ohne Umluft) oder Brotbackofen backen. Die Temperatur darf während der Backzeit schwächer werden, bis auf 175 °C.

Sauerteig selbst gemacht: 100 g Roggenmehl mit 100 ml Wasser vermischen, 48 Stunden stehen lassen, das Gleiche zugeben, weitere 24 Stunden stehen lassen, den Vorgang ein weiteres Mal wiederholen. Den Sauerteig im Schraubglas im Kühlschrank aufbewahren. Er hält sich 14 Tage und kann vor dem nächsten Backen einfach mit der entsprechenden Menge Mehl und Wasser verlängert werden. Zum Backen dem Sauerteig noch ½ Würfel frische Hefe zugeben. Fertigen Sauerteig gibt es in Naturkostläden, in Reformhäusern, mitunter auch beim Bäcker.

LANDBROT MIT HEFE

2 kg Weizen-Roggenmischung
1 gestrichener TL Honig
¾ Würfel Hefe
2½ EL Salz
1,2 l Wasser

Mehl in eine große Schüssel geben, mittig eine Mulde formen und darin aus Honig, zerbröselter Hefe und 2 EL Mehl den Vorteig bereiten. Den Teig ca. 4–5 Stunden bei Raumtemperatur ruhen lassen.

Dann das Salz und das handwarme Wasser zugeben und einen geschmeidigen Teig kneten.

Den Teig etwa 3 Stunden auf die doppelte Größe aufgehen lassen. Kräftig, mit beiden Händen, etwa 5 Minuten lang erneut kneten.

2 große oder 3 kleinere Brote formen, noch einmal eine Viertelstunde ruhen lassen, bei 220 °C in den Brotbackofen schieben und rund 1 Stunde backen. Wer keinen Brotbackofen hat, kann die Teiglaibe bei gleicher Temperatur (ohne Umluft) im Elektroofen backen. Dabei darf die Temperatur während der Backzeit schwächer werden, bis auf 175 °C.

Einschnitt oder nicht: Bis heute machen viele Bäcker auf dem Brotlaib ein Kreuz. Ursprüngliche sollte dies böse Mächte fernhalten, damit das Brot besser aufgeht. Viele Hobbybäcker verzichten auf den Einschnitt, da sie es spannend finden zu beobachten, ob und wo sich der Riss bildet.

OBERGÄRIGES BIER BRAUEN IM DETAIL

9 l Wasser
15 g Hopfenpellets
1,5 g Bierhefe (obergärig)
1,5 kg Malzextrakt aus Gerste

Wasser in einem großen Topf erhitzen, Hopfen zugeben und rund 1 Stunde ziehen oder sanft köcheln lassen.

Den Sud aus Hopfen über ein Sieb, in dem ein Tuch aus Baumwollgaze liegt, abgießen und auf 50–60 °C abkühlen lassen.

Nun den Malzextrakt zugeben und sorgfältig unterrühren.

Mithilfe einer sogenannten Bierspindel die Stammwürze messen. Aus dieser berechnet sich der Alkoholgehalt: Alkoholgehalt (Vol %) = 0,4 x Stammwürze. Die Stammwürze sollte bei etwa 14 % liegen, andernfalls ist der Gehalt an Malzextrakt entsprechend zu verändern.

Die Flüsigkeit abkühlen lassen und bei maximal 30 °C die Hefe zugeben.

Die abgekühlte Mischung in einen Gärungsbehälter aus Kunststoff oder einen Glasballon umfüllen, Gärverschluss aufsetzen und das Gefäß bei Zimmertemperatur (15–21 °C) aufstellen.

Der Gärungsprozess dauert etwa 2–4 Tage. Wenn die Gasentwicklung nachlässt und sich die Hefe langsam am Boden absetzt, wird mit der Bierspindel die Restwürze ermittelt. Sie sollte bei 6–7 % liegen. Ist der Gehalt niedriger, wird vor dem Abfüllen mit etwas Zucker nachgeimpft (½ TL pro 0,5-Liter-Flasche). Liegt die Restwürze über 7 %, lassen Sie das Bier weiter gären.

Das Bier in ein Fass mit Deckel und Zapfhahn umfüllen. Wer Bierflaschen verwendet, füllt schräg ein, nur bis zur Flaschenschulter, und entgast nach 2–3 Tagen, indem der Klickverschluss vorsichtig geöffnet wird. Insgesamt erhalten Sie etwa 8 l Bier.

Das Bier etwa 4 Wochen bei 5–15 °C reifen lassen, damit es gut bekömmlich ist. Es hält sich etwa 3 Monate bei 10–15 °C und schmeckt kühl, bei etwa 8 °C, am besten.

In Deutschland dürfen 200 l Bier pro Erwachsenem im Jahr steuerfrei gebraut werden. Wer selber braut, muss ein Braubuch führen, seine Aktivitäten beim zuständigen Zollamt angeben und darf das Bier nicht verkaufen.

Für Anfänger gibt es Bierbrau-Sets, mit denen Ungeübte einfach und unkompliziert zum frisch gezapften Bier kommen (siehe Anhang). Wer Bier selbst braut, braucht folgende Ausrüstung: einen großen Edelstahltopf, in dem die Zutaten aufgekocht werden, Filter mit Gazetuch, eine Gärungsflasche aus Glas, in der die Gärung stattfindet, und ein Kunststofffass oder Bierflaschen mit Klickverschluss, um das Bier abzufüllen. Die Größe der Gefäße richtet sich nach der Menge des Bieres, das Sie brauen. Zusätzlich wird Folgendes benötigt: Sterilisierungsmittel, Gärröhrchen, Bierspindel, Abfüllschlauch aus Kunststoff und ein langstieliger Löffel.

Käse, Yoghurt und Butter – Feines aus Milch

Das Herstellen von Käse ist eigentlich eine Wissenschaft für sich, obwohl es vom Grundprinzip einfach ist. Als Rohmaterial dient Milch vom Bauernhof, Vorzugsmilch oder nicht homogenisierte Milch, welche, mit Labessenz oder Labpulver versetzt, den Käse gerinnen lässt. Dazu kommen Säuerungskulturen aus guter Buttermilch oder Dickmilch. Die Käsegerinnsel werden gepresst, damit alle Milch entfernt wird, gewürzt und in bestimmte Formen gebracht. Je nachdem, welche Art von Milch man verwendet, entstehen verschiedene Produkte. Als Käseformen eignen sich mit Löchern versehene Behältnisse wie Senfkübel, Tongefäße oder Kunststoffbehälter, z. B. Mascaronebecher.

- Stellt man den Käse aus frischer, nicht abgerahmter Milch her, so erhält man Rahmkäse. Verwendet man abgerahmte süße Milch, ergibt dies einen Süßmilchkäse. Hat man abgerahmte, saure Milch benutzt, erhält man Sauermilchkäse.

- Sogenannte Handkäse oder Bauernkäse sind Sauermilchkäse, welche mit Salz und Kümmel vermischt überall auf den Markt kommen. Allgemein bekannte Erzeugnisse sind der Mainzer, Harzer und Nieheimer Käse.

- Ist der Käse geformt, so kommt er beispielsweise in die Keller zum Reifen. Dabei verändert sich das Eiweiß im Käse, was zur Ausprägung spezieller Aromen führt. Gleichzeitig findet in der Käsemasse eine Gärung statt. Auch hierbei entstehen geringe Mengen riechender Substanzen wie Buttersäure und die nicht riechende Kohlensäure. Durch Letztere entstehen die Löcher, welche wir im Schweizer Käse sehen.

links: In diesem Backhaus ist das wöchentliche Werk vollbracht: Mit dem Holzschieber hat die Landfrau in ihrer Schwarzwälder Arbeitstracht duftende Laibe aus dem Ofen geholt und zum Auskühlen auf Holzbretter gelegt.

mitte: Bier selbst zu brauen ist gar nicht so schwer und schmeckt frisch gezapft einfach herrlich.

FRISCHKÄSE

2 l Milch
4 EL Dickmilch oder 10 EL Buttermilch
½ Labtablette

Wer pasteurisierte Milch verwendet, die weniger als 4 Tage haltbar ist, erwärmt diese auf 75 °C und lässt sie dann auf 25 °C abkühlen. Rohmilch wird auf 25 °C erwärmt.

Dickmilch in die Milch rühren und den Topf von einer Decke ummantelt 3 Stunden in einem Korb stellen.

Auf 25 °C nachwärmen, die in etwas Wasser gelöste Labtablette zugeben und alles 5 Stunden stehen lassenDen Käse mit einer Schöpfkelle ausschöpfen, in eine Form geben und mit einem Deckel beschweren, damit weitere Flüssigkeit austritt. Nach etwa 6 Stunden kann man die Form auf einen Teller stürzen. Nochmals 4 Stunden stehen lassen, dann die Form abziehen.

ZIEGENKÄSE MIT KNOBLAUCH

2 kleine Knoblauchzehen
2 Bund Basilikum
1 Petersilienzweig
1 Zweig Rosmarin
1 rote Chilischote
1 EL weiße Pfefferkörner
500 ml Olivenöl
Schale von 1 unbehandelten Zitrone
Saft von ½ Zitrone
1 Lorbeerblatt
6 kleine Ziegenkäse

Knoblauch schälen, 3 Minuten in kochendes Salzwasser geben, abtropfen.

Basilikum, Petersilie und Rosmarin abzupfen. Chilischote waschen, entkernen, in dünne Streifen schneiden. Pfefferkörner hacken.

Alle Zutaten mit dem Ziegenkäse in ein gut verschließbares Glas geben und 10 Tage an einem kühlen Ort ziehen lassen.

EINGELEGTER SCHAFSKÄSE

500 g Schafskäse
500 g rote Zwiebeln
3 Knoblauchzehen
100 g schwarze Oliven
60 g grüne, gefüllte Oliven
2 EL Kräuter der Provence
600 ml Olivenöl
250 ml Weißwein
50 ml Essig-Essenz (25 %)
1 TL Pfefferkörner

Käse in 2–3 cm große Würfel schneiden, Zwiebeln und Knoblauchzehen abziehen. Schwarze Oliven entsteinen. Zwiebeln, Knoblauchzehen, schwarze und grüne Oliven in Scheiben schneiden.

Zutaten mit Kräutern in einer Schüssel gut miteinander verrühren.

Olivenöl mit Weißwein, Essig-Essenz und Pfefferkörnern vermengen, über die Zutaten geben und mit den Schafskäsewürfeln in saubere Gläser schichten.

Gläser verschließen, Käse 10–14 Tage im Kühlschrank durchziehen lassen.

RICOTTA

2 l Vollmilch
250 ml Buttermilch, Joghurt oder saure Sahne
1 Pr Salz

Vollmilch mit den anderen Zutaten vermischen und unter Rühren 2–5 Minuten köcheln lassen.

Ein Sieb mit einem Musselintuch auslegen und den Käse auspressen. Die Käsekugel kühl stellen.

Wer es würziger mag, erhöht den Buttermilchanteil, z. B. bis auf das Verhältnis Milch:Buttermilch von 2:1. Wer statt Buttermilch reine Molke nimmt, bekommt einen besonders sämigen Käse. Das Verfahren wenden Sie wie bei Frischkäse beschrieben an.

Auch die Herstellung von Joghurt ist eine einfache Kunst, die z. B. hervorragend in der Kochkiste gelingt (siehe oben). Wer keine hat, macht es wie folgt: Polstern Sie einen alten Einkaufskorb mit kleinen Kissen aus, legen die Gläser mit Joghurt hinein und gebe noch ein kleines Kissen darauf. Den Korb stellen Sie nahe einer Heizquelle wie einem Kaminofen oder im Heizungskeller auf. Der Joghurt gelingt auch im Backofen, in Thermosgefäßen oder in speziellen Joghurtbereitern.

Neben der Käse- und Joghurtherstellung ist es vor allem das Butter schlagen, das bis heute ein Markenzeichen echten Landlebens ist. Ein Butterfass war einst das zentrale Handwerkszeug, um Rahm zu schlagen. Mit kleinen, hölzernen, tief gekerbten Löffeln klatschte man die Butter in die gewünschte Form – ein Geräusch, das allerorten aus Melkstuben zu vernehmen war. Einst hatte jede Bauersfrau ihre eigenen Butterformen, als Markenzeichen, wenn sie diese auf Märkten verkaufte. Für den Hausgebrauch können Sie Butter mit einem Rührgerät herstellen. Oder aber Sie versuchen es mit Muskelkraft: Dafür die Sahne in ein weithalsiges Schraubglas oder einen Schüttelbecher geben und solange schütteln, bis der Rahm fest wird. Nun den Inhalt durch ein feines Sieb abgießen: Die Butter liegt nun im Sieb, in dem Glas ist die Buttermilch. Die Butter im kalten Wasser kühlen und kneten, bis sie gleichmäßig fest wird.

Am besten schmeckt die selbst geschlagene Butter auf dunklem Sauerteigbrot oder frischen Brötchen. Trendig wird es, wenn Sie die Butter mit Kräutern oder Blüten aromatisieren. Hier die besten Tipps (Die Mengenangaben beziehen sich immer auf 100 g Butter):

• Kräuterbutter: 2–3 EL fein geschnittene Kräuter wie Majoran, Thymian, Basilikum und Oregano mit der Butter verkneten. Fein gehackter Knoblauch oder 1–2 TL Senf runden den Geschmack ab.

JOGHURT SELBST GEMACHT

1 l Milch
2–4 EL Joghurt (nicht wärmebehandelt)
2 EL Milchpulver

Die Milch auf über 90 °C erhitzen, aber nicht kochen. Dann auf Handwärme abkühlen. 2 große Schraubgläser mit der Milch füllen, jeweils 1–2 EL Joghurt und je 1 EL Milchpulver einrühren, die Gläser fest zuschrauben und für etwa 8 Stunden in die Kochkiste bzw. neben eine Wärmequelle stellen. Nun hat man einen fast stichfesten Joghurt, der im Kühlschrank noch fester wird und dort beinahe 2 Wochen hält. Falls der Joghurt noch zu flüssig ist oder sich Molke oben abgesetzt hat, können Sie diese über ein Sieb oder ein Baumwolltuch abseihen.

Für den nächsten Ansatz etwas vom Joghurt aufheben, die Kultur reicht für 5–7 Anwendungen.

SELBST BUTTERN

• *500 g süße Sahne (je höher der Fettgehalt, desto höher die Butterausbeute; bei 35 %iger Sahne etwa 180 g Butter) mit dem Rührgerät aufschlagen, bis sich Butterflocken bilden. Weiter schlagen, bis ein Butterklumpen entsteht.*

• *Flüssigkeit ablaufen lassen, dann den Klumpen in Eiswasser legen und immer wieder ausdrücken (z. B. mit Hilfe eines Leinentuchs) bzw. kneten, bis keine Flüssigkeit mehr austritt.*

• *Eine Holz-Butterform in eiskaltes, kräftig gesalzenes Wasser legen und den Butterklumpen so hineinpressen, dass er leicht aus der Form ragt.*

• *Die Butter auf einem trockenen Holzbrett gleich wieder „abziehen", sodass sie daran kleben bleibt.*

• *Das Butterstück in gesalzenes Wasser legen. Dies zieht die Restflüssigkeit heraus.*

oben: Butter pur aus gutem Rahm schmeckt wunderbar, wobei das Untermengen klein geschnittener, frischer Kräuter und Blüten wie hier Thymian und Salbeiblüten feine Geschmackserlebnisse beschert.

rechts: Der Winter kann kommen! Eingemachtes wie Gläser voll Tomaten steht bereit.

• Bärlauchbutter: 3 EL klein geschnittene Bärlauchblätter mit Butter und 1 EL Olivenöl mischen, mit Salz und Pfeffer abschmecken.

• Estragonbutter: 1 Bund klein geschnittener Estragon, etwas Zitronensaft und Salz unter die Butter mischen.

• Schnittlauchbutter: ½ Bund fein geschnittenen Schnittlauch, Butter und Salz verkneten.

• Blütenbutter: 4 EL frische Blüten, z.B. von Schnittlauch, Kapuzinerkresse, Ringelblume, Thymian, Salbei, Lavendel oder Rosmarin unter die Butter rühren.

• Gelbe Curry- oder Kurkumabutter: Die Gewürze nach Belieben unter die Butter mischen, eventuell auch zusammen mit Kräutern und Blüten.

Einkochen und Säuern – Haltbares aus dem Glas

Die Methode, Obst, Gemüse und Fleisch durch das Einkochen oder Einmachen haltbar zu machen, ist einfach und uralt: Man füllte Nahrungsmittel in Einmachgläser mit Gummiring und Bügelverschluss, die man im Wasserbad auf Temperaturen von 75–100 °C so lange erhitzte, bis Keime zuverlässig abgetötet waren. Wenn Glas und Inhalt erkalten, zieht sich die Luft im Inneren des Gefäßes zusammen; es entsteht ein Unterdruck, der den Deckel mitsamt Gummiring fest anzieht.

Beim Einschichten von Obst und Gemüse füllen Sie dieses immer bis zum Rand ein, da es beim Einmachen etwas zusammensackt, Fleisch zieht sich nur wenig zusammen. Stoßen Sie das Glas immer wieder leicht auf einem Tisch auf, dann

TOMATEN – HALTBARES SUGO

2 kg Tomaten
30 g Salz
2 l Wasser

Zunächst ritzen Sie die Tomaten über kreuz ein, geben sie 1 Minute in kochendes Wasser und ziehen dann mit einem scharfen Messer die Haut ab.

Anschließend schichten Sie die Früchte in Gläser, dabei können Sie diese mit einem Holzstiel etwas zurechtdrücken.

Dann das Salz im Wasser lösen, die Gläser damit auffüllen, zuschrauben und im Wasserbad etwa 40 Minuten bei 90 °C einkochen.

Tipp: Wer ein Passiergerät zu Hause hat, ka nn die enthäuteten Tomaten auch passieren und dann einkochen. Kräuter und Gewürze gibt man besser erst dann zu, wenn man ein Sugo bereitet.

MILCHSAURES ROTKRAUT

2 kg Kraut
20 g Meersalz
3 Lorbeerblätter
2 Äpfel
Salzwasser (28 g auf 2 l Wasser;
alternativ Gemüsesaft)
4 EL Molke

*Fein gehobeltes Kraut mit Meersalz in einer Schüssel stampfen,
dann mit Lorbeer und den gehobelten Äpfeln in Gläser geben und
gut festdrücken.*

Salzwasser bzw. Saft und Molke zugeben und gut verschließen.

1 Woche warm stehen lassen.

sackt der Inhalt etwas ein und Luftblasen entweichen. Anschließend wird das Glas mit Wasser aufgefüllt und der Deckel aufgesetzt, ehe es ins Wasserbad geht.

Beim Einkochen ist Reinlichkeit oberstes Gebot. Gläser und Gummiringe sollten Sie am besten auskochen, brüchige Ringe austauschen und die warmen Gläser auf sauberen, trockenen Baumwolltüchern verkehrt herum trocknen lassen.

Wer keinen Einmachtopf hat, kann Gläser voll Beeren-, Stein- und Kernobst im Backofen einmachen: Dazu die Gläser auf ein Backblech mit Rand stellen. In das Blech rund 1 l Wasser gießen und dann den Ofen etwa 1 Stunde lang auf 80–100 °C erhitzen. Steigen im Inneren der Gläser Luftblasen auf, dann ca. 5 Minuten weiter erhitzen, anschließend den Ofen ausschalten und die Gläser eine halbe Stunde im geschlossenen Ofen stehen lassen.

Die Gläser wollen kühl, luftig, trocken und nicht zu hell stehen wie im Vorratskeller. Allzu große Kälte wäre für das Konservierte von Nachteil. Fürs Einmachen eignen sich vor allem Beeren- und Steinobst sowie Tomaten gut. Nachteil des Einkochens ist, dass durch das Erhitzen wertvolle Inhaltsstoffe wie Vitamine verloren gehen.

Beim Einsäuern wandelt sich Zucker im Gemüse in Milchsäure um, die das Nahrungsmittel konserviert. Das Einsäuern gelingt gut in Gläsern mit Verschluss und meist unter Zugabe von Molke. Diese kann man kaufen oder selbst gewinnen, indem man feste, saure Milch im Wasserbad leicht erwärmt.

Zum Einsäuern eignen sich besonders gut Weiß- und Rotkohl, Rote Bete, Brokkoli, Gelbe Rüben, Bohnen, Gurken, Sellerie, Zwiebeln, Tomaten, Wirsing, Rettich und Kohlrabi. Das gewaschene Gemüse wird zerkleinert, in Gläser gefüllt und mit einem Holzlöffel leicht angedrückt. Dann wird das Ganze mit einer Wasser-Meersalz-Lösung übergossen, jedoch kann auf die Zugabe von Salz auch verzichtet werden. Je nach Geschmack kommen auch Gewürze ins Glas: Dill, Estragon, Bohnenkraut, Lorbeer, Kümmel, Koriander, Knoblauch, Senfkörner oder Nelken. Die Gewürze verbessern nicht nur das Aroma, sie liefern auch wertvolle Spurenelemente. Nach den Gewürzen kommt eine entsprechende Menge Molke (250 ml auf 10 l) ins Gefäß, dann wird alles gut verschlossen und das Behältnis 1 Woche warm in der Küche stehen gelassen, bis die Gärung einsetzt. Wenn der Prozess abgeschlossen ist, kann das Gemüse verzehrt oder verschlossen einige Monate kühl gelagert werden. Für ein längeres Haltbarmachen empfiehlt sich dann das Einkochen.

Obst einkochen – Konfitüren, Gelees und Chutneys

Heutzutage gibt es tausendundeins interessante Rezepte für Konfitüren, Gelees und Chutneys – und letztlich macht auch fantasievolles Experimentieren Spaß: Von Rosengelee mit Weißwein, Aprikosenkonfitüre mit Lavendel bis hin zu Wildpflanzengelees mit Lindenblüte und Gundermann – die Bandbreite an verschiedenen Geschmacksstoffen ist enorm und oft sind es frische Kräuter aus dem Garten, Wildpflanzen und Gewürze, die dem Ganzen schwungvollen Pfiff geben.

Das Bereiten süßer Aufstriche ist einfach, es sind nur die Zutaten Obst, Zucker und mitunter etwas Wasser oder Fruchtsaft, die nötig sind. Für Konfitüre wird das Obst zunächst mit etwas Wasser weich gekocht, dann zusammen mit Gelierzucker oder reinem Apfelpektin und Zucker bei mittlerer Hitze gerührt, bis es anfängt sprudelnd zu kochen. Befüllen Sie den Topf immer nur gut zur Hälfte mit Einmachgut, da es beim Aufkochen stark aufschäumen kann. Meist sind es dann nur wenige Minuten, bis man die Flüssigkeit in saubere, heiß gespülte, luftdicht schließende Gläser mit Deckeln abfüllt. Davor empfiehlt sich eine Gelierprobe, bei der Sie etwas vom Kochgut auf ein Tellerchen geben und überprüfen, ob die Masse rasch fest wird. Für das Gelieren ist das Pektin in Früchten und im Gelierzucker verantwortlich. Reines Pektin können Sie im Reformhaus oder Bioladen als Pulver oder flüssig erwerben. Gelierzucker ist eine Mischung aus Kristallzucker und Pektin und wird je nach Pektingehalt entweder im Verhältnis 1:1, 2:1 oder 3:1 zu den fertig vorbereiteten Früchten gegeben, also zum Beispiel 1000 g Früchte zu 500 g Zucker (2:1). Besonders gut gelieren pektinreiche Früchte wie Quitten, Äpfel und Johannisbeeren, während Himbeeren, Erdbeeren, Kirschen, Trauben und Pflaumen weniger pektinhaltig sind und besser gelieren, wenn ihnen etwas Zitronensaft zugefügt wird.

links: Obst und Gemüse einzumachen ist wieder im Kommen. Wichtig ist, immer bis zum Rand mit Flüssigkeit aufzufüllen und hygienisch zu arbeiten. In diese Gläser durften auch Ringelblumenblüten mit hinein.

KORNELKIRSCHENKONFITÜRE

1,8 kg Kornelkirschen
300 ml Rotwein
200 ml Wasser
800 g Gelierzucker

Kornelkirschen waschen, entsteinen und in eine tiefe Schüssel geben.
Mit Wasser übergießen und über Nacht zugedeckt stehen lassen.

Das Wasser abgießen. Die Kornelkirschen mit Rotwein und Wasser unter ständigem
Rühren musig kochen, dann durch ein Sieb abstreichen. Mit dem Zucker (auf die
Musmenge achten; z. B. bei 800 g Restmenge 800 g 1:1 Gelierzucker) verrühren
und 3–5 Minuten kochen lassen, dann in Gläser abfüllen und verschrauben.

MARILLENKONFITÜRE MIT APFELPEKTIN

1 kg entsteinte Marillen
500 g Zucker
15 g Apfelpektin
Saft von 1/2 Zitrone

Das Obst mit dem Zucker, dem Apfelpektin und dem Zitronensaft aufkochen.
2–3 Minuten unter ständigem Rühren kochen, dann Gelierprobe machen.
Wird die Konfitüre fest, die Masse in Gläser abfüllen und verschließen.

QUITTENGELEE

1 l Obstsaft
Mark von 1 Vanilleschote
500 Gelierzucker (2:1)
1 Zimtstange

Den Obstsaft mit den anderen Zutaten verrühren und 3 Minuten sprudelnd kochen,
dann in Gläser abfüllen und diese verschließen.

Tipp: Fein schmeckt ein Schuss Weißwein dazu, eine würzige Note geben Basili-
kumblätter oder die abgeriebene Schale einer unbehandelten Orange oder Zitrone.

Gelees sind Fruchtsäfte, die mit Zucker und Pektin oder Gelierzucker eingekocht werden. Den frischen Saft von Kernobst wie Äpfeln und Quitten gewinnen Sie am besten durch einen Zentrifugal-Entsafter, den von Beerenobst wie Johannisbeere, indem sie die aufgekochten, zerstampften Früchte durch ein Safttuch und Sieb passieren.

Chutneys sind würzige, süß-saure oder scharf-pikante Saucen mit oder ohne Frucht- oder Gemüsestückchen. Sie werden immer beliebter, da man sie schnell und einfach selbst machen kann und sie sich vielseitig in der Küche verwenden lassen. Außerdem lässt sich beispielsweise eine Zwiebel-, Kürbis-, Tomaten-, Zucchini-, Paprika- oder Apfelschwemme dank vielfältiger Chutneyrezepte leichter bewältigen. Im Prinzip können Sie beim Bereiten von Chutneys Ihrer Fantasie freien Lauf lassen. Alles, was Sie brauchen, sind Obst und/oder Gemüse, Gewürze, Zucker (Kandis- oder Rohrohrzucker schmecken würziger) und Essig. Sie zerkleinern einfach das gewaschene Obst und Gemüse und geben es mit den gewünschten Gewürzen in einen Topf. Dann bedecken Sie das Ganze mit gutem Apfel- oder Weinessig, geben Zucker dazu und erhitzen die Zutaten solange, bis sie bissfest sind. Rühren Sie bei schwacher Hitze so lange, bis das Chutney eindickt. Wenn es die gewünschte Konsistenz hat, dann füllen Sie das Gemisch in saubere Marmeladen-Gläser mit Twist-off-Verschluss ab. Falls das Chutney zu dickflüssig ist, geben Sie einfach unter Rühren etwas Wasser hinzu und passen auf, dass nichts anbrennt. Ist es zu dünn, müssen Sie vorsichtig weiter köcheln, dabei rühren und warten, bis die Konsistenz stimmt.

Chutneys schmecken oft besser, wenn sie noch Zeit hatten, ein paar Wochen im Glas durchzuziehen. Wer Gewürze beifügt, kann diese vor dem Abfüllen wieder entfernen, damit das Aroma nicht zu intensiv wird. Dies gelingt gut, wenn Sie die Gewürze im Teefilter mitkochen.

APFEL-ZWIEBEL-CHUTNEY

1 kg Zwiebeln
1 kg Äpfel
500–750 ml Essig
2 EL Salz
500 g Zucker
200 g Rosinen
1 Pr Cayennepfeffer
1–2 TL gemahlene Nelken
1 TL Piment

*Zwiebeln und Äpfel klein schneiden, mit den übrigen Zutaten auf-
kochen und bissfest kochen.*

*So lange bei niedriger Temperatur köcheln lassen, bis die gewünschte
Konsistenz erreicht ist. Dann abfüllen und die Gläser verschließen.*

KÜRBIS-INGWER-CHUTNEY

1,2 kg Kürbis (geputzt gewogen)
1 Stück frischer Ingwer (ca. 4 cm)
2 frische Chilischoten
500 g Rohrohrzucker
200 ml Apfelessig
200–300 ml naturtrüber Apfelsaft

*Kürbis, Ingwer und die Chilischoten klein schneiden. Mit den übrigen
Zutaten aufkochen und bissfest einkochen.*

*So lange bei niedriger Temperatur köcheln lassen, bis die gewünschte
Konsistenz erreicht ist. Dann abfüllen und die Gläser verschließen.*

Apfelringe lassen sich gut auf gespannten Schnüren
trocknen.

Dörren, Einsalzen und Trocknen –
Getrocknete Nahrungsmittel

Wer Obst lagern will, sollte es trocken und kühl
in Regalen oder in luftigen Netzen aufbewahren.
Unsere Vorfahren dörrten einen Teil ihrer Ernte,
um sich auch in der kalten Jahreszeit zuverlässig mit Vitaminen und Mineralstoffen versorgen
zu können. Fast jede Obst- und Gemüseart lässt
sich trocknen und auf schonende Art und Weise
haltbar machen. Am einfachsten gelingt es mit
Äpfeln, Birnen, Pflaumen und Aprikosen.

Zunächst müssen Sie das Erntegut säubern und
darauf achten, dass es nicht überreif und fleckig
ist. Vor dem Trocknen Kerngehäuse, Kerne und
Stiele entfernen. Wichtigste Bedingungen beim
Dörren sind Wärme und am Trockengut vorbei-
strömende Luft. Die optimalen Temperaturen
zum Dörren liegen, je nach Erntegut, zwischen
30 und 90 °C.

Am einfachsten ist das Dörren von fein geschnit-
tenem Erntegut an der Luft auf mit Baumwollgaze gespannten Rahmen, auf Packpapier oder
aufgefädelt auf Schnüre. Eine gute Luftzirkula-

links: Frisch geerntete Blätter und Blüten wie von Kräutern, Rosen und Ringelblumen trocknen am besten im luftigen Schatten wie auf dieser Etagere aus Wildholz.

rechts: Salz mit Aroma: Trockene Kräuter mörsern und lagenweise mit Salz mischen, sodass auf etwa 2 Teile Salz 1 Teil Kräuter kommt.

tion, Staubfreiheit und niedrige Luftfeuchtigkeit in einem Schuppen, einem luftigen Dachboden oder draußen an einem geschützten, schattigen Ort eignen sich für diese Methode. Das Dörrgut auf Schimmelbefall kontrollieren und regelmäßig wenden.

Obst und Gemüse lassen sich auch schonend im Backofen trocknen: Dazu das Erntegut mit einem Schäler in dünne Streifen schneiden, auf ein Backpapier legen und im Ofen bei rund 50 °C Umluft trocknen zu lassen. Am besten bleibt die Ofentür einen Spaltbreit geöffnet. Obst wie Apfelringe können auf Holz- oder rostfreie Metallstäbe aufgereiht werden. Wer regelmäßig dörrt, kann sich ein Dörrgerät anschaffen, darunter gibt es umweltfreundliche Solartrockner. Die besten Apfelringe ergeben sich aus säuerlichen großen Sorten, die Sie entkernen, in bleistiftdicke Scheiben schneiden, auf einen Bindfaden oder Bam-

busstab auffädeln und an einem luftigen, sonnigen Ort trocknen lassen. Alternativ kann man die Ringe auch im Backofen bei Niedrigtemperatur trocknen oder nahe einer anderen Wärmequelle aufhängen. Die Ringe sind fertig, wenn sie beim Durchbrechen keine saftigen Stellen mehr zeigen. Hübsch sind die Apfelring-Girlanden als traditionelle Dekoration in der Weihnachtszeit.

Beim Trocknen von Gemüse empfiehlt es sich, dieses vor dem Trocknen kurz zu blanchieren. Während getrocknete Früchte lederartig-biegsam bleiben, fühlt sich Gemüse spröde, hart und zerbrechlich an. Eine Ausnahme sind Tomaten und Paprika.

Das fertige Trockengut am besten dunkel in dicht schließenden Gläsern oder in Cellophantüten lagern.

Eine andere Möglichkeit, Nahrungsmittel wie Fleisch, Fisch, Obst und Gemüse haltbar zu machen, ist das Einsalzen. Es ist eine der ältesten Konservierungsmethoden von Lebensmitteln. Dabei muss das Salz die Nahrung vollständig umschließen und durchdringen, um schädlichen Mikroorganismen die Lebensgrundlage zu entziehen.

Zum Einsalzen sucht man sich zunächst Behältnisse in passender Größe; traditionell werden solche aus Steingut oder auch Glasgefäße mit Deckel verwendet. Dann gibt man lagenweise die Lebensmittel wie entweder Sauerkraut, Stangenbohnen oder Sardinen hinein, drückt diese immer wieder fest und streut zwischen die Schichten Salz. Zuletzt beschwert man die oberste Schicht, beispielsweise mit einem Teller, um dem Salz das Eindringen in die Zellen zu erleichtern. Das Eingesalzene kontrollieren Sie regelmäßig. Sauerkraut aus Weißkohl ist nach etwa 3 Wochen fertig und kann sterilisiert werden. Vor dem Verzehr werden beispielsweise Bohnen gewaschen und rund 2 Stunden in Wasser eingeweicht.

Dem Salz können Sie getrocknete Gewürze zugeben und Kräutersalz bereiten. Folgende Pflanzen eignen sich: Dill, Liebstöckel, Thymian, Schnittlauch, Weinraute, Bergbohnenkraut, Salbei, Kerbel, Ysop, Brennnessel, Basilikum, Sellerie und Petersilie. Das Beimischen von getrockneten Kräuterwurzeln und Gemüse wie Sellerie-, Petersilien-, Möhren- und Liebstöckelwurzel schmeckt besonders aromatisch. Für das Kräutersalz die getrockneten Kräuter zermörsern und lagenweise mit Salz auffüllen. Dabei etwa zwei Drittel Salz mit einem Drittel Kräuter mischen.

Trocknen ist die einfachste und älteste Form, Triebe, Blätter und Blüten haltbar zu machen. Am besten ernten Sie diese am späten Vormittag eines sonnigen Tages. Der Tau ist dann getrocknet, die Kräuter haben sich leicht erwärmt.

Zupfen Sie Blätter und weiche Triebe sorgfältig ab, die Schere kommt nur bei verholzten Trieben zum Einsatz. Das Erntegut schichten Sie locker in einen Korb und breiten zu Hause Blüten und Blätter aus: am besten auf einen Gazerost, das ist ein mit Baumwolltuch bespannter Holzrahmen. Stellen Sie diesen an einen schattigen, luftigen und trockenen Ort wie einen Dachboden oder Keller. Kräutertriebe bündeln Sie zu Büscheln und hängen das Sammelgut kopfüber an Schattenplätzen auf. Die Methode eignet sich jedoch nicht für alle Kräuter:

- Lippenblütler wie Rosmarin, Thymian und Bohnenkraut lassen sich gut trocknen. Blattaromen aus der Doldenblütler-Sippe verduften jedoch bedauernswert schnell, während sich die Inhaltsstoffe ihrer Samen gut halten.

- Ernten Sie möglichst ganze Triebe und binden diese mit Kordeln oder Bast zu Sträußen zusammen, um sie kopfüber an luftige, schattige Orte zu hängen: Speicher, Keller und we-

Kräutersträuße, die kopfüber trocknen, duften nicht nur aromatisch, sie dienen seit jeher dazu, Haus und Stall zu räuchern, um Keime und böse Geister fernzuhalten.

links: Bei der Kräuterernte wird die Nase mit wunderbaren Düften verwöhnt.

rechts: Kapuzinerkresseblüten verleihen diesem Essig eine feine Schärfe und sehen dekorativ aus.

nig benutzte Wohnräume bieten sich an – in der Küche, wo Wärme und Fett den Kräutern zusetzen, sind solche Sträuße tabu! Brechen Sie zum Ernten immer ganze Triebe aus und beschädigen keine einzelnen Blätter, da sonst Aromen verduften.

• Trockene Blätter und Blüten behutsam von dürren Sträußen streifen und in beschriftete Teedosen und Schraubgläser füllen (Pflanzenart/Erntezeitpunkt). Mindestens 1 Jahr hält sich das Erntegut an einem dunklen Platz.

• Blüten von Königskerze, Malve, Kamille und Ringelblume behutsam auf Gazetücher legen, die über einen Holzrahmen gespannt sind. Auch die Siebe eines Dörrapparates bieten sich bei sehr milder Wärme an.

• Zur Wurzelernte wie von Baldrian die Seitenwurzeln ausgraben, diese unter fließendem Wasser säubern und abtrocknen. Dünnere Wurzeln im Ganzen trocknen, Dickere der Länge nach durchschneiden und mit Hilfe einer Stopfnadel auf einen Zwirnfaden auffädeln. Die Wurzelkette katzensicher aufhängen. Auch Comfrey, Petersilie, Liebstöckel, Engelwurz und Löwenzahn halten ihre Wurzeln zur Ernte bereit.

• Samen ernten: Seidenpapier um die Samenstände wickeln oder Pergamentpapier unter die Sträuße legen; Sie können Dolden voll Samen auch über einer Schüssel ausschütten.

KRÄUTER EINGELEGT

*Bereits nach wenigen Tagen duften mit
Kräutern, Knoblauch oder Chili aroma-
tisierte Öle, Essige und Liköre herrlich
würzig. Die Öle und Essige schmecken im
Salat, auf frischem Brot oder aromatisieren
Speisen in Topf und Pfanne. Und beim
Likör sind Sie selbstverständlich nicht
nur auf Kräuter beschränkt, auch Beeren
schmecken hervorragend.*

KRÄUTERÖL

1–2 Handvoll zerkleinerte Kräuter wie
Rosmarin, Thymian, Bärlauch, Pfefferminze und Basilikum

*Die Kräuter in gereinigte, weithalsige Gefäße
füllen. Pflanzenöl darübergießen und alle
Pflanzenteile bedecken.*

*Die Flaschen fest verschließen und 3–6 Wo-
chen stehen lassen. Täglich schütteln.*

*Das Kräuteröl abfiltern und in gut ver-
schließbare Flaschen füllen, kühl und dunkel
aufbewahren.*

KRÄUTERESSIG

1 l Apfel- oder Weinessig

*½ Tasse Kräuter (geeignet sind Estragon,
Dill mit Samenköpfen, Borretsch (mit
Blüten, blassblauer Essig), Pimpinelle
(Gurkenaroma), Minze (für Salate), Zitro-
nenthymian, Basilikum, Schnittlauchblüten.
Auch Mischungen schmecken wie Oregano,
Basilikum, Petersilie und Thymian)*

*Kräuter und Essig in Flaschen füllen und
verkorken.*

*Die verkorkten Flaschen etwa 2–3 Wochen
in die Sonne stellen, abseihen und in gereinigte Flaschen füllen.*

KRÄUTERLIKÖR

2–3 EL getrocknete Kräuter
(oder frische Kräuter, z. B. je 3 Blätter
Rosmarin, Salbei, Minze, Basilikum
und Oregano)
80 g Zucker
750 ml Obstler, Korn oder Weinbrand

*Die Kräuter mit Zucker vermischen, mit dem Alkohol
übergießen und 2 Monate ziehen lassen.*

BEERENLIKÖR

200 g Brombeeren oder
Heidelbeeren
120 g Zucker
Obstler, Korn oder Wodka

*Obst in weithalsige Flaschen füllen, Zucker zugeben
und mit Alkohol übergießen. Zum Aromatisieren können
Sie Gewürze wie 1 Zimtstange, ein paar Nelken oder das
Mark von 1 Vanilleschote zugeben.*

*Verschließen Sie das Gefäß, lassen es 6 Wochen stehen
und schütteln einmal täglich.*

Hochprozentiges wie mit Holunderbeeren schmeckt nicht nur lecker, sondern
ist gesund und einfach anzusetzen. Je
nach Pflanzenart entfalten Kräuter,
Nüsse und Beeren unterschiedliche
Aromen und Wirkstoffe.

Keller, Speisekammer und Erdmiete – Orte voller Ernteschätze

Wer einen Keller besitzt, der sich ausreichend lüften lässt, frostfrei und kühl ist, kann hier die Ernte unterbringen. Wichtig sind Temperaturen konstant unter 10 °C, idealerweise um die 5 °C und eine Luftfeuchtigkeit zwischen 85 und 95 Prozent. Achten Sie darauf, die Lagerräume regelmäßig zu lüften, da ein ständiger Luftaustausch Schimmelbildung verhindert. Wer Türen offen stehen lässt, muss achtsam sein, da leicht Mäuse und Ratten eindringen. Ehe es ans Einlagern geht, muss der Raum gründlich gesäubert und gelüftet sein. Dies gilt für Wände, Böden, Regale und Kisten gleichermaßen. Zum

Reinigen eignet sich Seifenlauge, die sehr heiß ist oder warmes Essigwasser. Unsere Vorfahren kalkten einst die Wände und desinfizierten sie auf diese Weise. Wer keinen kühlen Keller sein Eigen nennt, besitzt womöglich eine frostfreie Garage oder einen Frühbeetkasten, in denen sich Erntegut lagern lässt. In trockenen Räumen empfiehlt es sich, mit Wasser gefüllte Gefäße mit einer großen Oberfläche aufzustellen. Die Betonböden trockener Keller können Sie regelmäßig mit Wasser besprengen.

Ideal ist es, wenn Sie über einen Kellerboden aus gestampftem Lehm oder Ziegelsteinen verfügen – solche Keller waren vielerorts üblich, da in ihnen die Luft weder zu trocken noch zu feucht

Ernteschätze im Gewölbekeller: Wer wollte sich nicht von solch einem üppig gefüllten Lager bedienen? Luftig, trocken, kühl und frostfrei will der ideale Lagerraum sein – Voraussetzungen, die dieser Raum mit Wänden aus Ziegelstein und einem Boden aus gestampften Lehm bestens erfüllt.

war und nur geringe Temperaturschwankungen auftraten. Die Naturkeller finden sich auch freistehend sowie unterirdisch und lassen sich vor allem in Weinbaugegenden bewundern, wo sie noch zum Lagern von Wein eingesetzt werden. Eingegrabene Keller sind oft mit Erde abgedeckt, auf der sich eine Pflanzendecke wie aus Wildpflanzen angesiedelt hat. Keller mit gestampften Lehm- oder Erdböden werden vor allem von Anhängern des biologischen Bauens und von Selbstversorgern wieder gebaut.

Zum Lagern von Lebensmitteln befanden sich Speisekammern meist an den kühlen Nordseiten von Häusern. In ihnen fand sich Eingelegtes ebenso wie Getrocknetes sowie Eier und Käse.

In Speisekammern und -schränken sammelte die Landbevölkerung ihre Lebensmittel, ehe Kühlschränke und Konservenkost dem Wissen um geeignete Lagerräume und um die Lagerfähigkeit von Lebensmitteln ein Ende setzten. In diesen Räumen lagerten eingelegtes Gemüse, Marmeladen, Chutneys, Eier, getrocknete Pilze, Käse, Butter und Fleisch. Wer eine Speisekammer plant, baut diese nach altem Vorbild auf der

Nordseite eines Hauses, möglichst aus Ziegel- oder Natursteinwänden. Falls dies nicht durchführbar ist, tut es auch ein kleiner Speiseschrank: Dieser ist letztlich ein gut durchlüfteter, fliegensicherer Holzschrank. Als Regalbretter empfehlen sich solche aus Holz, die sich gut herausnehmen und leicht reinigen lassen.

Wer keinen Lagerraum besitzt und trotzdem Gemüse unter gleichbleibend kühlen Temperaturen bei hoher Luftfeuchtigkeit lagern möchte, für den empfiehlt sich eine Erdmiete. Suchen Sie einen Platz eher im Schatten und nah am Haus, wo der Boden gut durchlässig ist und keine Staunässe droht. Ist so ein Ort gefunden, wird der Boden etwa 40 cm tief, 70 cm breit und 2 m lang ausgehoben – dies entspricht der Fläche, die eine vierköpfige Familie für ihre Gemüsevorräte benötigt. Wer viele Mäuse zu befürchten hat, legt besser noch Maschendraht in den Graben und lässt diesen ringsum an den Rändern überstehen. Darüber schichten Sie eine rund 10 cm hohe Drainageschicht aus Sand oder zuunterst Kies, ehe nun beispielsweise Kopfkohl (ohne sich zu berühren), Rote Bete, Möhre, Sellerie, Schwarzwurzel, Kohlrabi und Winterrettich Schicht für Schicht übereinander in Sand eingeschlagen werden. Wichtig ist es, alles Laub vorher abzudrehen und Wurzelgemüse nicht von Erde zu befreien. Schichten Sie nach oben trapezförmig schmäler werdend, bis zu 1 m hoch. Zuoberst kommt rundum ein dickes Polster aus Stroh, ehe die Aushuberde mindestens rund 10 cm hoch zum Hügel aufgeschüttet wird, den Sie nun ringsum gut festklopfen. Bei starkem Regen decken Sie die Erdmiete zusätzlich mit einer Plane ab. Die Vorräte entnehmen Sie von den Längsseiten oder lassen an Strohballen, die sie zuvor eingeführt haben, kleine Entnahmeöffnungen. Dank dieser Erdmiete sind Sie bis ins Frühjahr hinein mit Gemüse versorgt.

Wer nur wenig Platz oder nicht viel Ernte hat, kann einfach Kisten, die mit Spätgemüse gefüllt sind, in Erdgruben vergraben, die zuvor mit Draht ausgekleidet werden. Eine beliebte Variante ist es auch, alte Waschmaschinentrommeln mit der Öffnung nach oben zu vergraben und entsprechend zu befüllen. Die Stahltrommel ist maussicher und, mit einer dicken Laub- oder Strohabdeckung versehen, gut zugänglich. Als Lagerort für spätes Gemüse eignet sich ein Frühbeet, das zuvor einen Mausschutz erhält, indem es vor dem Befüllen mit Maschendraht ausgeschlagen wird. Drohen starke Fröste, können Sie den Kasten mit Reisig oder Stroh einpacken und an wärmeren Tagen regelmäßig lüften.

Knackiges Obst und Gemüse – Die richtige Lagerung

Zum Lagern von Früchten eignet sich gesundes, gepflücktes Kernobst ohne Druckstellen: Äpfel, Birnen und Quitten legen Sie mit dem Stiel nach oben einlagig in Regale. Falls es sich nicht um zu weichschalige Sorten handelt, dürfen die Früchte auch vorsichtig zweilagig übereinandergestapelt werden. Alternativ können Sie Ihr Erntegut in mit Stroh oder Heu gefüllte Kisten legen. Wer nur wenige füllt, kann diese mit angefeuchteten Ziegelsteinen umranden und somit das Modell Erdkeller nachahmen. Kisten voll Obst können auch in kühlen, aber nicht zu feuchten Schuppen oder Dachböden stehen. Gegen Fäulnis und Schimmel hilft vorbeugend ein Übersprühen des Lagerobstes mit Schachtelhalmtee sowie mit Zwiebelschalenaufguss. Kernobst sollte nicht zusammen mit Kartoffeln, Sauerkraut und Kohl lagern, da es schnell Gerüche annimmt. Sehen Sie einmal in der Woche nach dem Rechten und sortieren Sie Obst, an dem sich Fäulnis gebildet hat, aus. Äpfel und Birnen können Sie auch einzeln in trockenes Zeitungspapier schlagen und dann in Holzkisten packen. Gute Lageräpfel sind ‚Ontario‘, ‚Kaiser Wilhelm‘, ‚Boskoop‘, ‚Brettacher‘; gute Lagerbirnen sind ‚Gräfin von Paris‘, ‚Winterdechant‘, ‚Madame Verte‘.

Wer Zwiebelzöpfe selber bindet, verknotet zunächst vier Zwiebeln mit ihren langen Stängelresten an einer Schnur, ehe eine Bolle nach der anderen angebunden wird.

Es gibt auch viele Gemüsearten, darunter viel Wurzelgemüse, die sich ohne Weiteres zwei bis sechs Monate lagern lassen. Dabei wird das Gemüse schichtweise in Sand oder Erde in Holzkisten oder Holzverschlägen eingelegt. Wichtig ist es, darauf zu achten, dass Erde oder Sand nicht austrocknen, aber auch nicht zu feucht sind. Fürs Einkellern eignen sich Kartoffeln, Knoblauch, Karotten, Rüben, Rote Bete, Sellerie, Endivien und Chinakohl. Für ein bis zwei Monate sind Rotkohl, Weißkohl und Kohlrabi haltbar, während Wirsing bis zu vier Wochen frisch bleibt. Kohlköpfe, Steckrüben, Chinakohl und Wirsing werden so auf Holzregalen gelagert, dass sich die Köpfe nicht berühren. Kohl darf nicht zu feucht lagern. Daher hat es sich bewährt, ihn kopfüber an Regalen aufzuhängen oder ihn zu mehreren in Netze zu geben – eine Methode, die sich auch zum Lagern von Kürbissen empfiehlt, die allerdings einzeln baumeln dürfen. Endivien, Chinakohl und Blattsellerie werden mitsamt Wurzeln und Erde an einem nassen Tag in den Keller geholt und mit dem Kopf nach oben in Behälter gestellt, die eine gute Luftzirkulation aufweisen.

Wer Wurzelgemüse lagert, kann wie folgt verfahren: Auf den Regalen eine Lage Laub oder Stroh verteilen, darüber das ungewaschene Wurzelgemüse legen, darauf eine Lage Laub, obenauf wieder Gemüse und so weiter. Diese Methode funktioniert auch für Karotten, Rüben, Rettiche, Sellerie, Rote Bete und Kartoffeln. Lagern Sie Gemüse nicht neben Äpfeln, denn diese scheiden das Reifegas Ethylen aus, das Gemüse schneller altern lässt.

Zwiebeln können zwar auf Holzrosten, auf Trockengestellen und in Regalen lagern, doch platzsparend und hübsch ist es, wenn sie als Zöpfe von der Decke baumeln. Einzige Voraussetzung: Die Zwiebeln müssen rundum trocken sein und lange Stängelreste haben. Verknoten Sie zunächst vier der Stängel miteinander und befestigen diese an einer Schnur, sodass die Zwiebeln daran gleichmäßig baumeln. Nun die weiteren Zwiebeln eine nach der anderen übereinander an die Schnur knoten und die Zwiebeln gleichmäßig verteilen. Ebenso können Sie mit Knoblauch verfahren, während Schalotten liegen bleiben müssen, da sie zu kurzes Laub zum Binden besitzen.

Schön nebeneinander liegend warten Äpfel wie der Boskoop sowie Kürbisse auf hungrige Abnehmer.

LEBEN
IM FREIEN

Wer sich solch eine Freiluftküche eingerichtet hat, wird immer öfter draußen speisen, da es Spaß macht, frisch Geerntetes auf kurzen Wegen zu verarbeiten und mit Familie und Freunden zu genießen.

DRAUSSEN KOCHEN – FEUER-ROMANTIK UND ABENTEUER-FEELING

Grill, Herd und Spüle – Open-Air-Küchen

Wer sich als Freiluftkoch vergnügt, wird im Haus immer seltener zu finden sein. Die Frage: „Schatz, essen wir drinnen oder draußen?" – ist dann meist rhetorischer Natur.

Kaum sind Obst und Gemüse im Beet geerntet, beginnt der entspannte Teil: Beim Schneiden, Würzen und Zubereiten bleibt keiner lang allein, Familie und Freunde helfen mit und schon das Zubereiten gerät zum sinnlichen Vergnügen. Sobald sich feine Aromen beim Schmoren, Rösten,

Braten oder Backen in der Abendluft verbreiten, setzt die Entspannung ein.

Wer sich eine Küche für draußen zulegt, kann zwischen vielen Varianten wählen: von improvisierten Kochstellen, einfachen Küchenmodulen, mobilen Elementen bis hin zum Designermodell. Neben einer herkömmlichen Koch- oder Grillstelle verfügen viele Küchen schon über Spülbecken, Schrankmöbel und Ladenelemente. Daneben gibt es ausklappbare Abstellflächen, Waschbecken mit ausklappbaren Schneidebrettern sowie seitlich angebrachte Stangen, die zum Aufhängen von Grillbesteck dienen.

Die Küche im Holzschrank ist praktisch und pflegeleicht: Die Schranktiefe und -breite richten sich nach der Breite und Länge der Arbeitsplatte. Im Sommer dient der Freiluftschrank aus haltbaren Hölzern wie Lärche und Robinie als Speisekammer für Lebensmittel, im Winter wird die Schrankvorderwand wieder eingesetzt. Gartenküchen im Schrank entstehen in Geräteschuppen sowie in kleinen Gartenhäusern und Pavillons.

Beim Planen einer Freiluftküche gibt es unzählige Möglichkeiten. Im Unterschied zum herkömmlichen Grillen können Sie alles an einem Platz erledigen und sparen sich lange Wege: Vorbereitung, Kochen und Bewirten werden vereinfacht. Die benötigten Anschlüsse richten sich danach, was ihre Küche alles bieten soll: Gaskochfelder werden an herkömmliche Gasflaschen gekoppelt, elektrische Kochstellen werden mit einer Steckdose verbunden und für den Wasseranschluss befestigen Sie den Gartenschlauch am Wasserhahn der Spüle. Das Abwasser kann man sammeln und zum Gießen der Beete verwenden – vorausgesetzt, Sie verwenden kein Spülmittel. Weitere Punkte, die beim Planen wichtig sind, sind:

• Wer viel Obst und Gemüse aus dem eigenen Garten verwendet, achtet auf kurze Wege: Gemüsebeete, Wasseranschluss, Kompost sind idealerweise nahe der Küche.

• Hobbyköche, die mit Familie und Freunden kochen, richten die Küche möglichst auf der Terrasse ein und achten auf eine ausreichend große Arbeitsfläche.

• Die Outdoor-Küche sollte möglichst wind- und wettergeschützt stehen: unter einem langgezogenen Vordach, einer Pergola oder unter dem überdachten Freisitz. Auch ein wetterfester Paravent hält Wind und Regen ab, ebenso eine ausfahrbare Markise oder eine Plane aus Segeltuch, die über Abspannleinen fixiert wird. Als guter Ort für die Gartenküche bieten sich ein Gartenhäuschen oder ein Geräteschuppen an. Wer bauliche Veränderungen am Wohnhaus vornehmen

will, erkundigt sich besser zuvor bei der Gemeinde nach bestehenden Bauverordnungen und reicht, falls nötig, eine maßstabsgerechte Skizze ein. Beim Planen einer Gartenküche sollten Sie die Himmelsrichtung sowie die Licht-, Schatten- und Windverhältnisse rund ums Jahr berücksichtigen.

• Die Hauptwindrichtung sollte die Aromen nicht regelmäßig in Nachbars Garten treiben. Falls die Küche doch am Nachbarhaus liegt, sprechen Sie sich vorher besser ab.

• Was passiert mit der Küche im Winter? Mobile Elemente werden in den Gartenschuppen oder Keller gerollt, feste, überdachte Stationen können mit Planen abgedeckt werden, während Küchen in Schuppen und Anbauten hinter Schloss und Riegel kommen. Geschirr und Gewürze bringen Sie ins Haus, Gasflaschen und Utensilien wie Grillkohle in trockene Räume. Wenn Sie im Winter das Kochvergnügen packt, können Sie mit heißen Würstchen und Focaccia, Kinderpunsch und Glühwein einen sonnigen Tag zur Party in Schnee und Eis verwandeln.

Brot- und Pizzaofen – Backen wie früher

Backhäuser und Steinbacköfen waren einst weit verbreitet. Heutzutage wird diese Tradition wieder entdeckt: Familien und Freunde schließen sich zusammen, um gemeinsam einen Steinofen zu mauern und darin Brot oder Pizza zu backen und sogar einen Braten zu garen.

Viele Bauernhöfe besaßen bis in die 1960er-Jahre hinein eigene Steinbacköfen. Außerdem standen in vielen Dörfern Backhäuser. Dies sind Gebäude, in denen sich zentral oder an einer der Außenmauern der Ofen befand. Mitunter finden sich heutzutage noch unter Denkmalschutz stehende Backhäuser; manche davon wurden liebevoll renoviert und werden wieder als beliebter gesellschaftlicher Treffpunkt genutzt. Einst waren es meist Frauen, die an Backtagen die rohen Laibe ins Backhaus brachten. Sie backten meist einmal in der Woche ihr Brot, dass bis zum nächsten Treffen reichen musste. Am Abend zuvor kneteten sie den Teig in großen Backtrögen aus Holz, stachen die aufgegangene Masse mit den Händen ab und legten die Teiglinge noch eine Weile auf ein Holzbrett oder auf sogenannte Brotmollen, das sind flache, oft aus Ruten geflochtene Schalen. Dann wurde die rohe Fracht mit einem meist etwa 150 cm langen Brotschieber in den Ofen gebracht. Das Feuer war einige Zeit zuvor angeschürt worden, zum Heizen verwendete man Astknüppel, Reisig und Holzscheite aus Eiche und Buche. In großen Steinbacköfen fanden bis zu 80 Laibe Platz. Die Brote erhielten häufig einen Backstempel zur Kennzeichnung des Eigentümers.

Oft bestrich man die Kruste kurz vor Ende der Backzeit mit Salzwasser, damit sie glänzte. Die Bäcker wussten aus Erfahrung genau, wann ihr Brot fertig war, oder sie machten den Klopftest: Dabei wurde ein Laib aus dem Ofen geholt und mit dem Finger auf dessen Unterseite geklopft. Wenn er sich hohl anhörte, war er fertig. Das frische Brot wurde oft vor dem Auskühlen probiert – mit leicht gesalzener Butter oder mit Schmalz schmeckte es hungrigen Brotbäckern.

Heutzutage schließen sich oft mehrere Familien eines Ortes zu Backgemeinschaften zusammen und errichten gemeinsam einen Backofen, den sie meist mit Holz beheizen. Es gibt unterschiedliche Modelle aus verschiedenen Materialien, in variablen Formen und Größen. Wer mit dem Gedanken spielt, einen Backofen zu bauen, sollte immer erst den Brotbedarf ermitteln, die Lage im Garten bestimmen, die Materialien alle vorher organisieren und sich die Bauzeit gemeinsam mit anderen einteilen. Allen Öfen ist gemeinsam, dass sie ein stabiles Fundament aus Beton benötigen. Dann entsteht der Ofensockel beispielsweise aus Ziegeln und Ytong-Steinen, darüber kommt ein Gewölbe in Rundkuppel- oder Tonnenform. Mittlerweile gibt es fertige Ofenbausätze im Fachhandel (siehe Anhang).

Beim Auswählen des Standorts gilt das Gleiche wie bei der Freiluftküche – den Ofen möglichst nicht näher als 2–3 Meter an Nachbars Gartengrenze und nicht in die Hauptwindrichtung zu angrenzenden Grundstücken bauen. Mitunter lassen sich die Öfen gut im Freisitz mit überdachter Pergola integrieren.

Allerdings will auch das richtige Heizen und Backen gelernt sein:

• Wichtige Utensilien bereitlegen: Schaufel oder Schieber, um die Glut aus dem Ofen zu holen; Strohbesen und ein Eimer Wasser; Brotschieber oder Spaten, mit denen man die

Dieser Lehmbackofen eines alten Bauernhauses im Elsass hat schon viele knusprige Brote geliefert. Er wird von innen mit Holz befeuert. Wenn die Glut den Ofen auf rund 220 °C erwärmt hat, wird sie ausgeräumt und die Laibe eingeschoben.

Bleche umschichtet oder das Brot herausholt; trockenes Holz (Fichte, Buche), sehr gut eignen sich bis zu 1 m lange Stücke, gute Schweißer-Lederhandschuhe.

- Ehe es losgeht, muss der Ofen eine gute Stunde zuvor mit trockenem Holz beladen werden. Schichten Sie dazu das Holz locker ein, damit das Feuer möglichst lodernd brennt, und legen Sie immer gut nach. Bei Öfen, die keinen Kamin haben, schlagen die Flammen nach vorne heraus, daher Abstand halten.

- Die Glut im Ofen verteilen, damit sich die Schamottesteine gleichmäßig erwärmen. Achtung, aus dem Ofenloch kommen sehr heiße Luft- und Rauchschwaden.

- Ob der Ofen zum Backen heiß genug ist, testen Sie wie folgt: Eine Handvoll Mehl in den Ofen werfen. Wenn dieses langsam gelblichbraun wird, ist die Temperatur genau richtig, wird es dagegen sofort rabenschwarz, gilt es noch abzuwarten. Rund 220 °C heiß sollten die Steine sein, das Messen der Lufttemperatur führt nicht zu verlässlichen Aussagen. Oft hilft auch ein Blick auf den Gewölbehimmel: Ist dieser weiß, stimmt die Temperatur.

- Nun die Glut und Asche mit einer vorne geraden Schaufel oder mit einem Metallschieber ausräumen. Einen Strohbesen ins Wasser tauchen und den Ofen damit auswischen, um Aschereste zu entfernen.

- Die erste große Hitze kann für das Backen von dünnen Fladen, Flammkuchen (salzig oder süß) oder dünner Pizza (je nach Temperatur 7–15 Minuten) genutzt werden. In den Ofen passen je nach Größe bis zu 6 Bleche.

- Danach kann Brot eingeschoben werden, das am besten bei fallender Hitze backt. Die Hitze ist hinten oben am größten, vorne unten am geringsten. Wenn die Bleche, das Brot oder anderes eingeschoben sind, muss die Tür gut verschlossen werden (mit Holz festklemmen). Brot dauert je nach Sorte und Größe 40 Minuten bis 1½ Stunden.

- Brot mit einem Schieber aus dem Ofen holen, die Holzkohle mit einem angefeuchteten Baumwolltuch rundum abwischen und das Brot luftig auskühlen lassen.

- Wer häufig backt, lässt immer etwas Teig für die nächste Teigbereitung übrig. Im Kühlschrank bleibt er lange frisch.

- Besonders gut gelingen außer Brot auch Rohrnudeln und Aufläufe. Sogar ein Spanferkel ist nach 2 Stunden Vorheizen mit Buchenholz gar geworden.

- Jeder Ofen hat seine Besonderheiten. Und wenn man ihn oft benutzt, findet man schnell heraus, auf was man achten muss, um ein optimales Ergebnis zu erzielen.

Beim Steinbackofen (Anleitung auf der nächsten Seite) muss die Holzverschalung herausgebrannt werden.

Der im Folgenden beschriebene Ziegel-Lehmofen mit einem Außenmaß von ca. 120 × 150 cm (Innenraum: 50 cm × 100 cm; Backmöglichkeit auf 2 Ebenen) gelingt auch Anfängern, jedoch sollten Sie zu mehreren anpacken. Vor allem Kinder sind hier eine große Hilfe, da ihnen das Lehmmörtel anrühren ebenso viel Spaß macht wie das Wässern und Legen der Ziegelsteine sowie das Verputzen – unter Elternaufsicht versteht sich. Die Baumaterialien sind allesamt gesundheitlich unbedenklich. Zum Ofenbau sollten Sie zwei Tage einplanen und, nach einer Trocknungszeit von drei Wochen, die Zeit zum Verputzen. Dazwischen kann der Ofen schon beheizt werden, aber sollte vor kräftigen Regengüssen beispielsweise mit einem wasserfesten Segeltuch geschützt werden. Es ist übrigens praktisch, direkt neben dem Ofen eine Grillstelle einzurichten, um die Glut zu nutzen!

❋ 18 Säcke Beton à 40 kg = 720 kg für das Fundament
❋ 2 dickere Sperrholzplatten 50 × 80 cm
❋ 25 Dachlatten, 1 m × 5 cm × 3 m
❋ Ca. 250 alte Vollziegel aus Abbruch
❋ Ca. 0,3 m³ Lehm aus Aushub (möglichst vor der Verarbeitung einsumpfen/wässern) oder 5 Säcke Lehmpulver
❋ 0,8 m³ Sand (Körnung < 0,6 mm)
❋ 2 m² Dachpappe
❋ 2 m² Schamotteplatten, Stärke ca. 5 cm, glatte Oberfläche (2. Wahl ist ausreichend)
❋ 154 Schamottesteine, Größe: 25 cm × 12 cm × 6 cm (2. Wahl)
❋ 4,5 × 1m Ziegelrabitz (ersatzweise Drahtgeflecht, kein Kunststoff)
❋ Dicke Nut- und Federbretter oder anderes Holz, Größe ca. 75 cm × 95 cm
❋ 2 etwa 75 cm lange hölzerne Latten als Querriegel
❋ Ca. 30 kg Kalk- oder Lehmputz
❋ Werkzeug: Mörtelwannen, starkes Rührgerät, Eimer, Maurerhammer, Schaufel, evtl. Flex, Blechschere, Kelle, Stichsäge, Hammer, Nägel

• Betonfundament (120 × 150 × 20 cm) gießen und über Nacht austrocknen lassen.

• Schalung für das Gewölbe bauen: Die 2 Sperrholzplatten in Form sägen (s. Foto S. 55), in die vordere Platte Öffnungen sägen; vordere und hintere Platte mit den Dachlatten verbinden. Maße der Platten: 80 cm hoch, 50 cm breit, nach 28 cm von unten rechts und links eine 7 cm hohe und 10 cm breite Aussparung lassen.

• Bruchziegel grob von Mörtelresten befreien.

• Lehmmörtel aus Lehm und Sand im Verhältnis 1:3–1:4 mit einem starken Rührgerät anrühren (Wasser nach Bedarf).

• Dachpappe auf das Fundament legen, eine Lage gewässerte Vollziegel auflegen und mit Lehmmörtel abdecken.

• Schamottebodenplatten vollflächig in den Mörtel legen, dabei keine Zwischenräume lassen. Holzschalung mittig auf die Bodenplatte stellen und das innere Gewölbe mit Schamottesteinen im Verbund aufmauern. Bei der 5. Lage werden die Steine so gelegt, dass sie in den Innenraum hineinragen (Auflage für Bleche). Damit sie halten, wird in die Aussparungen der Schalung rechts und links eine Dachlatte als Auflage gelegt. Beim Rundbogen die Steine exakt Stein an Stein an die Schalung anlegen. Zwischenräume gut mit Mörtel füllen. Das ganze Gewölbe mit Lehmmörtel (mindestens 2 cm) abdecken.

• Ziegelrabitz zuschneiden und vollflächig über das Gewölbe legen. An der Rückwand Rabitz einschneiden und umklappen; gut in den Mörtel drücken, evtl. noch Mörtel aufbringen.

• Das äußere Gewölbe mit Vollziegeln aufbauen. Zwischen innerem und äußerem Gewölbe kann im unteren Bereich etwas Abstand sein (Luft isoliert). Die Ziegelmauer sollte ca. 5–7 cm vor der Schamottemauer beginnen, damit die Tür dichter schließt.

• Die Schalung kann nun angezündet und herausgebrannt werden.

• Tür aus den Nut- und Federbrettern bauen, mit Querriegeln aus Holz verbinden und einpassen. Sie soll auf dem inneren Gewölbe aus Schamottesteinen aufliegen.

• Verputzen mit Kalkputz: In zwei Lagen, insgesamt ca. 1 cm dick, den Ofen vorher ca. 3 Wochen trocknen lassen. Lehmputz kann sofort ohne Trocknungszeit aufgebracht werden. Bei kalkverputzten Öfen ist es ratsam, diese im Winter abzudecken, da durch Risse Wasser eindringen und der Frost den Putz sprengen kann. Lehmverputzte Öfen müssen durch ein Dach dauerhaft gegen Regen geschützt werden.

Feuerstelle, Feuerkorb und anderes – Die Faszination offenen Feuers

Wer Feuer im Garten entfacht, darf dies im Feuerkorb tun, oft auch auf einer eigens eingerichteten Feuerstelle – die Bestimmungen für letztere sollte man sicherheitshalber zuvor bei der Gemeinde erfragen. Oft jedoch ist das Feuer machen in dichter besiedelten Wohngebieten verboten. Generell gilt: Verbrannt werden darf nur unbehandeltes Holz und keine Abfälle, der Qualm darf niemanden belästigen und das Feuer muss kontrolliert sein. Am Ende des Spektakels lässt man die Glut langsam ausgehen oder löscht mit Wasser oder Sand und achtet sorgfältig darauf, dass nichts mehr glimmt. Gut ist es, mit einem Stock im Boden und zwischen den Steinen nachzustochern, sodass auch die Glut in tieferen Bodenschichten gelöscht wird.

Feuerkörbe und -schalen aus feuerfesten Materialien wie Eisen und Edelstahl gibt es auch handgeschmiedet, sodass jedes Stück ein Unikat ist. Ein Feuerkorb braucht eine Bodenplatte, die Asche auffängt. Achten Sie beim Kauf auf geschlossene Schweißstellen, sodass eine lange Lebensdauer garantiert ist. Sehr beliebt sind Schalen aus gebürstetem Edelstahl, die meist Luftschlitze an den Bodenrändern tragen, sodass das Feuer länger brennt. Stellen Sie den Korb auf festen Untergrund, am besten auf Steinplatten, und achten immer drauf, dass nach oben hin ausreichend Belüftung ist. Holzkohle oder Holzscheite sorgen für das richtige Feuer, wobei das von Holzscheiten besonders schön anzusehen ist. Mittlerweile können immer mehr Feuerkörbe und -schalen auch zum Grillen verwendet werden. Dabei gibt es für viele Geräte passende Grillrost-Aufsätze als Zubehör. Eine Grillschale eignet sich beispielsweise auch als Grilluntersatz für einen selbst gebauten Schwenkgrill. Beim Grillen über der Feuerschale ist es besser, Holzkohle zu verwenden, da Holzscheite beim Verbrennen Giftstoffe ausscheiden.

Wer sich eine Feuerstelle im Garten einrichtet, sollte diese ausreichend bemessen – einerseits um bequem ums Feuer sitzen oder laufen zu können, beispielsweise um Stockbrot zu braten oder um einen Dreibein mit Dutch-oven aufzustellen, andererseits um auf Nummer sicher zu gehen: Denn Wurzeln und andere Pflanzenteile, die der Glut zu nahe kommen, könnten diese weiter verbreiten. Als Ort empfiehlt sich ein freier Platz, einige Meter vom Haus und von Bäumen und Sträuchern entfernt. Am sichersten ist ein mineralischer Untergrund wie Kies, Stein und Sand, besonders in Wassernähe. Ansonsten tragen Sie den Oberboden in den gewünschten Maßen etwa 30 cm tief ab und füllen mit Kieselsteinen auf:

Speisen wie die Siedler: Der gusseiserne Topf baumelt über dem offenem Feuer dank einer Eisenkette, die an einem Fichtenstamm-Dreibein befestigt wurde.

Pizzabacken á la Diogenes: Wer experimentierfreudig ist, backt in der Blechtonne. Es versteht sich von selbst, dass die heiße Tonne nicht in Kindernähe glüht.

Viele Grillstellen besitzen einen Durchmesser von 1 bis 2,5 m – für das Feuer in der Mitte reicht meist ein Bereich von 60 bis 80 cm. Das Anlegen ist einfach: Schlagen Sie im gewünschten Kreismittelpunkt einen Stab ein. Daran befestigen Sie eine Schnur in der Länge des gewünschten Radius. Ans eine Ende der Schnur binden Sie eine mit Sand gefüllte Flasche und markieren den Kreis mit diesem Sand, indem sie einmal rundherum laufen. Ist der Bereich ausgehoben und mit Kies gefüllt, können Sie rund um diesen Bereich Baumstammscheiben legen, auf denen es sich rustikal sitzen lässt, oder sie legen einen kleinen Wall an, beispielsweise aus Natursteinen oder mit gebogenen Granitschwellen, die das Rund umgeben. Im Rücken der Feuerstelle, gen Süden gewandt, könnten Sie beispielsweise mediterrane Kräuter wie Rosmarin, Salbei und Co. kultivieren, die griffbereit in abgemagerter Erde gedeihen.

Wer das Kochen und Backen im Garten liebt und eine Feuerstelle besitzt, für den ist ein Dutchoven eine originale Anschaffung. Die dickwandigen, gusseisernen Töpfe in verschiedenen Größen benutzten einst die amerikanischen Siedler und die Pioniere auf ihren Trucks gen Westen: Sie hängten das Kochutensil an Eisenketten an

einem Dreibein über die Glut oder stellten ihn direkt ins Feuer – viele Modelle besitzen gusseiserne Füße. Um den Dreibein selbst zu basteln, binden Sie 3 etwa gleich dicke Holzstangen oder -bretter mit einem Seil im oberen Viertel zusammenbinden und hängen dann den Henkel des Topfes an eine rund 1,5 m lange Eisenkette, die am Dreibein festgemacht wird.

Im Topf lassen sich beispielsweise Gemüse- oder Bohneneintopf und Ratatouille zubereiten und sogar Brot backen. Wer den Topf direkt auf die Glut setzt, sollte darauf achten, dass die Grillkohle oder -briketts gut durchgeglüht sind.

Beim Brot backen im Topf ist wichtig, dass die Unterhitze nicht zu stark ist, da sich sonst unten rasch eine schwarze Kruste bildet, während das restliche Brot teigig bleibt. Daher empfiehlt es sich, den Topf in die schwache Glut zu stellen und ringsum mit Kohlen einzupacken. Dabei sollten auch auf dem Deckel Holzbriketts liegen, damit sich die Wärme schön gleichmäßig verteilt. Die Methode, Brot am offenen Feuer in einer Form zu backen, war vor allem in Gegenden, in denen Torf verfeuert wurde, gebräuchlich. Dabei wurde der Teig in eine Eisenform gefüllt, die rundum von brennendem Torf umgeben wurde.

GEMÜSE-RATATOUILLE

Das Gemüse, das gerade erntereif ist, landet im Topf: Im Sommer Auberginen, Zucchini, Tomaten und Paprika.

Gemüse nach Belieben
1–2 Zwiebeln
2 EL Öl
1 Zweig Rosmarin
Salz, Pfeffer

Alles klein schneiden, die Zwiebeln im Öl anbraten, das Gemüse darüberschichten, einen Zweig Rosmarin dazugeben und alles bissfest kochen.

Mit Salz und Pfeffer abschmecken.

RATATOUILLE MIT WURZELGEMÜSE

Als Variation beliebt ist ein deftiges Ratatouille mit Wurzelgemüse.

2 Karotten
2 Petersilienwurzeln
2 Kartoffeln
2 Zwiebeln
2 Knoblauchzehen
1 gelbe oder rote Paprika
1 Aubergine
1 entkernte rote Chili
6 getrocknete Tomaten
6 Fleischtomaten
2 EL Olivenöl
3 Zweige Oregano
3 Zweige Rosmarin
Salz, Pfeffer
2 EL Zitronensaft

Das klein geschnittene Gemüse glasig dünsten (außer den Tomaten), Tomaten (geschält oder ungeschält) und Kräuter zugeben und bei geschlossenem Deckel etwa 10 Minuten garen.

Mit Salz, Pfeffer und bei Bedarf etwas Zitronensaft abschmecken und evtl. noch etwas Wasser oder Brühe hinzugeben.

HEFETEIG FÜR STOCKBROT UND PIZZA

500 g Mehl
¼–½ Hefewürfel oder 1–2 TL Trockenhefe
285 ml Wasser
11 g Salz
1 EL Öl (z. B. Oliven-, Sonnenblumenöl)

Das Mehl in eine große Schüssel geben, in der Mitte eine Mulde formen, in diese die Hefe bröseln, ein wenig handwarmes Wasser dazugeben (bei Trockenhefe alle Zutaten einfach miteinander mischen); zugedeckt rund 15 Minuten an einem warmen Ort gehen lassen.

Dann das restliche Wasser und Salz beifügen und alles mit den Händen gut 5 Minuten zu einem Teig kneten; zugedeckt wieder etwa 15 Minuten gehen lassen.

Für Stockbrot und Focaccia kleine Teigstücke abtrennen und zu 15 cm langen Rollen formen.

Variationen: Frische Kräuter (Rosmarin, Thymian, Salbei, Bärlauch), getrocknete Tomaten, Zwiebeln, Nüsse, Schinkenwürfel oder Salami zugeben. Als süße Varianten schmecken auch Beeren und Rosinen.

Wem das Garen in einem Dutch-oven noch nicht abenteuerlich genug ist, kann verschiedene andere Dinge ausprobieren. Bei dieser Art des Grillens im Garten kommt es auf das Zusammenspiel der Glut und der Dicke der Unterlage an, bis das Essen fertig ist. Dabei ist ein wenig Fingerspitzengefühl, Experimentierfreude und Erfahrung gefragt. Wichtig ist immer, auf der warmen Unterlage ein paar Tropen Öl zu verteilen.

- Deckel eines Dutch-ovens: Der gusseiserne Deckel besitzt einen hochgezogenen Rand, sodass kein Fett ins Feuer topft. Der Deckel lässt sich wunderbar auf einen oben mit Gitter geschlossenen Feuerkorb stellen. Auf der Deckel-Platte bereiten Sie im Handumdrehen Pizzabrot oder Focaccia, Pilze oder Maiskolben. Die gut 5 Minuten in kochendem Wasser gewässerten Maiskolben umwickeln Sie zuvor einfach mit ihrem eigenen Laub, das sie mit einer Schnur zusammenbinden.

- Spatenblatt: Statt des Topfdeckels nehmen hartgesottene, hungrige Gärtner auch das Blatt ihres Spatens – gut gereinigt, versteht sich.

Fisch, frisch über dem Feuer gegrillt, ist eine besondere Gaumenfreude.

- Dachziegel oder Gehwegplatte: Als Grillunterlage eignet sich auch eine 2 cm dicke Granitplatte oder der tönerne, wetterfeste Biberschwanz-Dachziegel.

- In der Tonne: Eine feuerverzinkte Blechtonne, die man auf die Seite legt, lässt sich wie ein Grillofen benutzen: Schamottesteine einschichten, darauf Feuer entfachen, die Glut herausnehmen und dünnes Pizzabrot einschieben.

- Im Erdofen: Etwa eine 40 cm tiefe Grube ausheben, darin Feuer entzünden. Gargut wie Lammfilets im Salzteigmantel (400 g + 400 g Salz + 150 ml Wasser) in die Grube geben, Steine und Erde aufschütten, bis das Loch gefüllt ist und einige Stunden abwarten. Je nach Dicke des Garguts und der Intensität der Glut dauert es, bis das Essen im Erdofen fertig ist.

Zum Schluss noch einige Tipps fürs Grillen:

- Wenn das Feuer nicht zieht, halten Sie einfach eine leere Blechdose (ca. 15 cm Durchmesser) bereit, die sie über die Holzkohle stülpen. Damit erhalten Sie einen Kamineffekt: Die Glut entwickelt sich viel schneller. Diese „Dampflokomotive" gibt es mittlerweile auch mit Henkel in Fachgeschäften.

- Räuchern mit Oregano, Rosmarin und Co.: Gehen Sie sparsam mit frischem Räuchergut um, sonst fängt es an zu qualmen. Fisch aromatisieren Sie beispielsweise mit einem Wacholderzweig, Lamm- und Rindfleisch mit Rosmarin, Schweinespießchen mit Majoran. Ein Tontopf, den Sie über das Grillgut und die Kräuter stülpen, verstärkt den Effekt.

- Zartes auf dem Kräuterbett: Wenn Sie Kräuter wie Zitronenmelisse und Petersilie auf die Grillschale geben und darüber beispielsweise den Fisch legen, bleibt dieser schön zart und

saftig, denn er ist auf einem Kräuterbett besser vor dem Verbrennen geschützt. Sobald sich die Rückenflosse leicht löst, ist der Fisch gar. Zusammen mit knusprigem, in Butter leicht angebratenem Brot und Zitronenscheiben ist dies ein feines Outdoor-Garten-Gericht! Apropos: Diese Speise gelingt auch auf einem Dachziegel, den man auf einen Feuerkorb oder Grillrost legt.

Holz lagern, trocknen und verfeuern – Kuschelige Wärme für kalte Tage

Holzscheite im Feuerkorb sorgen für Lagerfeuerromantik, im Wohnraum spendieren sie kuschelige Wärme am prasselnden Feuer. Am Holzfeuer wärmten sich schon unsere Urahnen

vor mindestens 400 000 Jahren. In den vergangenen Jahrzehnten liefen fossile Energieträger wie Erdöl und Gas Holz den Rang ab, doch ist es als Brennstoff wieder im Kommen. Wer Holz aus umliegenden, naturnah bewirtschafteten Wäldern besorgt, dieses sachgerecht verwendet und in einer zeitgemäßen Heizungsanlage verheizt, verhält sich umweltgerecht: Denn das Kohlendioxid, das beim Verfeuern entweicht, hat der Baum zuvor beim Wachstum aufgenommen. Wer direkt im Wald sammeln möchte, fragt am besten im nächsten Forstamt nach: Meist stehen Waldstücke zur Verfügung, in denen Interessierte gegen Gebühr Holz aufsammeln und, bei vorzuweisender Fachkenntnis, mitunter auch entsprechend markierte Bäume selbst schlagen, schneiden und spalten dürfen. Manchmal kann man auch längere Baumstammstücke sowie Schichtholz direkt aus dem Wald erwerben,

Es ist angerichtet: Das Outdoor-Sommerküchen-Büffet mit Tomaten, Radieschen, Spinat und Salat aus dem eigenen Garten lädt zum Augen- und Gaumenschmaus.

während einem ein Brennholzhändler die auf Wunschmaß gespaltenen Hölzer (meist 30 bis 40 cm Länge) direkt vor das Haus fährt. Wer allein einmal einen Haufen von 3 Ster geschichtet hat, kennt das Gefühl, dass die Arme zwar lang und länger werden, der Holzhaufen aber nicht kleiner. Ster wird übrigens auch Raummeter genannt und bedeutet einen aufgestapelten Holzstoß mit Luftzwischenräumen, der jeweils einen Meter lang, breit und hoch ist.

Holzhändler liefern in der Regel gelagertes Holz. Grundsätzlich sollten Sie nur trockenes Holz verfeuern; feuchte Scheite besitzen einen deutlich niedrigeren Brennwert, da das noch enthaltene Wasser erst herausgekocht wird. Folge ist, dass das Feuer vor sich hin kokelt, sich beißender Rauch bildet, der den Ofen und den Schornstein mit Ruß und Teer verschmutzt und die Umwelt mit schädlichen Gasen belastet. Färbt sich beispielsweise die Kaminscheibe schwarz und verrußt die Brennkammer, müssen Sie ihr Holz erst richtig trocknen. Überprüfen Sie auch die Lagerstätte und holen Sie ihr Holz einige Stunden vor dem Anfeuern ins Haus. Ein Henkelkorb, ausgekleidet mit einer Zeitung oder Plane, ist eine

Der Winter kann kommen! Sind die Holzscheite einer nach dem anderern fein aufgeschichtet, kann man Frost und Kälte gelassen entgegensehen.

gute Lagerstätte und ermöglicht einen guten Luftaustausch mit der Umgebung.

Frisch geschlagenes Holz sollte etwa ein Jahr lagern, gespaltenes Holz trocknet dabei besser. Wenn Sie es dann verfeuern, sollte es gleichmäßig und sofort verbrennen, wobei es mitunter knackt und bei Nadelhölzern Glut spritzt. Dafür sind die sich erwärmenden Harze verantwortlich, weshalb diese Weichhölzer für offene Kamine nicht geeignet sind, jedoch zum schnellen Einfeuern von Küchenöfen und als Anzünder im Kaminofen beliebt sind. Das klassische Kaminholz ist Buchenholz, da es gleichmäßig stark und ausdauernd brennt und rauchig duftet. Lebhafte Flammen bringt Eschenholz hervor, Birke setzt auf ein bläuliches Flammenspiel, während Eichenholz die höchste Brenndauer und den besten Heizwert besitzt – allerdings gewöhnungsbedürftig duftet und daher eher für geschlossene Kaminöfen verwendet wird. Verfeuern Sie kein imprägniertes oder beschichtetes Holz wie Leim- oder Sperrholz sowie keine Spanplatten. Papier, Pappe sowie Verpackungen und Paletten gehören ebenfalls nicht in größeren Mengen in den Ofen.

Wer Holz an der Wand eines Hauses oder Schuppens aufschichtet, lässt zwischen Stapel und Wand etwa eine Handbreit Abstand, da dies die Luftzirkulation und damit die Durchlüftung fördert. Der Untergrund sollte nicht feucht sein, da sonst die Gefahr von Pilzbefall steigt. Am besten legen sie Holzlatten oder Paletten unter das Feuerholz, die den direkten Bodenkontakt verhindern. Im Keller sollte feuchtes Holz nie lagern, hier droht Schimmelgefahr.

Das Holz sollte möglichst nicht auf der Wetterseite, also Richtung Westen lagern. Ein vorgezogenes Dach ist ein guter Schutz, im Gegensatz zu Plastikplanen, unter denen Holz schimmelt. Außerdem trocknen kürzere Holzstücke schneller als längere. Sehr beliebt sind Holzscheite in der Länge 30–40 cm, die in viele Kaminöfen passen.

Beim Anheizen achten Sie darauf, möglichst schnell hohe Temperaturen zu erreichen. Verwenden Sie getrocknetes, dünn gespaltenes Holz, das Sie wie die Zeltstangen eines Indianerzeltes aneinander lehnen. In die Mitte legen Sie den Anzünder und sorgen, sobald Flammen zu sehen sind, für ausreichend Verbrennungsluft – daher zum Anfeuern die Lüftungsschlitze immer öffnen – ansonsten bilden sich rasch Russablagerungen. Sobald ausreichend Glut entstanden ist, können Sie größere Scheite nachlegen. Achten Sie darauf, dass der Ofen nicht zu voll ist, da sich sonst schädliche Verbrennungsgase entwickeln. Besser ist es, häufiger kleinere Mengen nachzulegen. Lassen Sie Holzöfen und -kessel einmal jährlich vom Fachmann inspizieren, bei starken Ablagerungen im Ofenraum benötigt der Kessel eine zusätzliche Reinigung oder Wartung. Feine, weiße Asche deutet auf eine gute, saubere Verbrennung hin; größere Mengen unverbrannter Kohle- und Rußpartikel sowie Holzrauch und übermäßiger Ruß zeigen eine unvollständige Verbrennung an. Da Holzasche unvollständig verbrannte Rückstände enthalten kann wie krebserzeugende polyzyklische Kohlenwasserstoffe, vermeiden Sie beim Leeren der Brennkammer, Asche aufzuwirbeln und entsorgen diese im Hausmüll, nicht wie mitunter praktiziert auf den Beeten oder dem Kompost.

Bei einem Spaziergang durch Natur und Garten finden Sie oft geeignete Anzünder. Ob dürres Gras, trockenes Laub, Heu, Sägespäne oder Birkenrinde – es gibt viele natürliche brennbare Materialien. Unsere Vorfahren nutzten die Flugsamen des Löwenzahns, verlassene Vogelnester oder reife Samenstände von Disteln: Sie rollten die Samen zwischen den Handflächen Walnuss großen Kugeln. Wichtig ist, dass das Gefundene klein zerrieben oder zerbrochen und mit den anderen Fundstücken vermischt wird. Denn je größer die Oberfläche der Fundstücke ist, desto eher entzünden sie sich. Zum Einfeuern eignen sich trockene, fingerdicke Äste von Weichholz

wie Fichte, Birke und Sträuchern wie Holunder. Dünne, trockene Äste kann man mit einem Messer oder Schäler so schneiden, dass sich das abgeschälte Holz als Locke aufrollt.

Auch Harz eignet sich gut: Nadelbaumharz findet man an Bäumen mit verletzter Rinde. Ist es noch recht flüssig, kann man es mit einem Taschentuch sammeln, trockenes Harz lässt sich abbrechen. Schon seit Urzeiten bekannt ist der Zunderschwamm: Der Baumpilz *(Fomes fomentarius)* wächst an älteren und jungen, beschädigten Stämmen von Birke, Ahorn, Erle, Hainbuche, Hasel, Esche, Pappel und Eiche. Der obere und der innere trockene Teil müssen ganz fein geschält oder zerrieben werden; die unteren Lamellen sind unbrauchbar.

Im herbstlichen Garten fällt Schnittgut wie die Äste von Laub- und Nadelbäumen an, das entsprechend getrocknet zum Einfeuern dient.

SITZPLÄTZE – LAUSCHIGE OASEN IM GRÜNEN

Hausbank und Terrasse – Geschützt und gemütlich am Haus

Einst hatte eine Holzbank vor dem Haus Tradition, da sich auf ihr Bäuerin und Bauer nach getaner Arbeit ausruhten. Freunde und Nachbarn kamen vorbei, um ein Schwätzchen zu halten, und für die Älteren war das einfache Sitzmöbel ein Platz, von dem aus sie an der Welt teilnehmen konnten: Sie beobachteten die Kinder beim Spielen auf der Dorfstraße, strickten nebenher und schälten Gemüse. Komfortablere Sitzplätze gab es nicht, da der eigentliche Garten meist für Obst, Gemüse und für robuste Schnittblumen reserviert war.

Heutzutage ist die Hausbank im ländlichen Garten wieder gefragt: Sie soll attraktiver Blickfang sein und schon von Weitem zum Verweilen einladen. Platzieren Sie die Bank daher im Eingangsbereich, beispielsweise direkt neben dem Eingang oder in einer seitlichen Erweiterung des Weges, der am Haus verläuft: Eine Holzbank, die im Rücken die begrünte Hauswand hat und von hübschen mittelhohen und hohen Blühern und von Kübelpflanzen umgeben ist, zieht alle Blicke auf sich. Wählen Sie das Außenmöbel aus möglichst wetterfestem Material wie verzinktem Eisen, Holz oder Aluminium, damit es im Winter draußen Struktur geben kann. Ist die Bank aufgestellt, wird sie rasch in Beschlag genommen: für den kurzen Ratsch zwischendurch, um Einkaufstaschen abzustellen oder um ein Téte-á-Téte zu genießen.

Besonders wichtig ist für viele auch die Terrasse, auf der sich im Sommer fast das ganze Leben abspielt. Heutzutage ist ein Haus ohne Terrasse beinahe unvorstellbar. Selbst auf kleinen Grundstücken ist ein gemütlicher Sitzplatz mit der wärmenden Wand im Rücken ein Muss. Im Freiluftzimmer ist Saison, sobald es sich windstill und sonnig sitzen lässt: Im zeitigen Frühling kitzeln einen die ersten Sonnenstrahlen aus dem Haus, um mit einer Decke und einer dampfenden Tasse Tee den Start ins neue Gartenjahr zu genießen. Später, mit länger werdenden Tagen, entwickelt sich das Wohnzimmer draußen schnell zum beliebtesten Ort aller Hausbewohner. Daher sollte die Terrasse immer großzügig angelegt sein, mindestens 3 × 4 m groß – dies entspricht dem Maß für einen Tisch mit sechs Stühlen. Wenn Sie jedoch bequem an der Sitzgruppe vorbeigehen möchten, wenn auch ein Grill und ein Sonnenschirm Platz finden sollen, liegt die Untergrenze bei 4 × 5 m, bei häufigem Besuch sollten Sie eine noch größere Fläche einplanen. Am besten zeichnen Sie einen Terrassenplan, der ihre Möbel und gewünschte Extras wie Kübelpflanzen, Grillplatz, Brunnen, Hausbaum und Stromanschlüsse maßstabsgetreu enthält.

Sobald Sie den Platzbedarf ermittelt haben, geht es darum, die passenden Form zu finden: Eine rechteckige Terrasse, die in der Breite des Hauses angelegt wird, wird von den meisten als harmonisch empfunden. Eine kreisförmige Terrasse am Haus verschenkt an dieser Stelle oft viel Platz, da sie nicht der Hausform folgt und sich besser als lauschiger Freisitz im Grünen eignet. Eine umlaufende Terrasse hingegen bietet sich für Grundstücke an, die breit ums Haus laufen. Wer solch eine Terrasse baut, besitzt viel Komfort: Wandert die Sonne im Laufe des Tages rund ums Haus, ziehen Sie einfach mit, sodass Sie immer Sonnenstrahlen ergattern. Außerdem kann jeder Hausbewohner sein Eck finden: Den ruhigen Bereich zum Träumen, Kuscheln und Buch lesen, die Kinderecke mit einem kleinen Sandkasten neben der Terrasse bis hin zum Essensplatz.

Da viele Küchen und Esszimmer nach Osten ausgerichtet sind und einen Zugang nach drau-

ßen besitzen, bietet sich auch dort eine kleine Terrasse an. Oft reichen schon 3×3 m, um beispielsweise als vierköpfige Familie gemütlich zu frühstücken. Außerdem sind die Wege zur Küche kurz, sodass sich der Sitzplatz spontan nutzen lässt.

Ehe Sie zum Spaten greifen und Baumaterial wie Kies und Steine kaufen, sind weitere Überlegungen sinnvoll: Bietet der von ihnen ausgesuchte Ort genug Privatsphäre zum Nachbarn, fühlen Sie sich vor neugierigen Blicken von Passanten geschützt, könnten Sie sich auf der Terrasse überhaupt wohl fühlen, beispielsweise wenn Sie mit unabänderlichen Gegebenheiten wie einer stark befahrenen Straße konfrontiert werden. Dann ist es womöglich besser, die Hauptterrasse in ruhigere Gartenbereiche zu verlegen und längere

Wege ins Haus in Kauf zu nehmen. Ansonsten helfen massive Mauern und Schallschutzwände, den Lärm zu dämmen.

Wer eine Terrasse anlegt, braucht den richtigen Untergrund und einen passenden Bodenbelag. Holz beispielsweise lässt sich recht zügig verlegen und stellt oft, gegenüber einer Steinterrasse, eine preisgünstige Alternative dar. Als traditionell verwendetes, heimisches Holz empfiehlt sich Lärche, da es mehr als 15 Jahre ohne Holzschutzmittel allen Wettern trotzt. Wer eine Steinterrasse baut, kann Natursteine und -platten wie solche aus Granit verwenden, die es mitunter gebraucht gibt. Als Alternative bieten sich Betonsteine an, die trommelpoliert und in vielen Farbtönen erhältlich sind. Wählen Sie möglichst wasserdurchlässige Beläge aus, die den Regen

Dieses gemütliche, großzügige Terrassendeck aus heimischer Lärche befindet sich im Südwesten des Blockhauses und heizt sich sogar an sonnigen Wintertagen gut auf.

schnell abfließen lassen. Größere Platten sind schneller verlegt als kleinteilige Muster. Dekorativ ist es, verschiedene Materialien zu mischen, dabei auch Recyclingmaterial wie Vollziegel zu verbauen oder Mosaiken aus witterungsbeständigem Stein, Glas und Ton einzuplanen. Wichtig ist, ebene Flächen für Stühle und Tische zu schaffen, die sich im Laufe der Jahre nicht absenken oder aufwölben. Dazu müssen Sie den Untergrund gut vorbereiten: Koffern Sie die Fläche mindestens 40 cm tief aus, bringen Frostschutzkies ein und füllen darüber 5–10 cm Sand oder Splitt. Die Terrasse immer mit leichter Neigung (1–2 Prozent) vom Haus weg pflastern, damit starker Regen schnell abfließt.

Wer gerade sein Haus mitsamt Terrasse plant, sollte darauf achten, dass die Terrasse nicht stark erhöht, wie auf dem Präsentierteller, über dem Garten liegt. Denn nur mit Aufwand verwandeln Sie diese in einen idealen Ort zum Zurückziehen. Erhöht liegende Terrassen mit steil abfallender Böschung ergeben sich oft durch die Bauweise eines Kellers, der Fenster besitzen soll. Dadurch rückt das gesamte Haus schnell über das Bodenniveau heraus, sodass Erde aufgeschüttet werden muss, damit die Terrasse wieder auf gleicher Ebene wie der Wohnraum liegt.

Es gibt jedoch einen Trick, mit solchen baulichen Gegebenheiten umzugehen: Setzen Sie auf das Prinzip Bodenwelle: Schichten Sie rund um die Grundstücksgrenze einen kleinen Erdwall auf und pflanzen den Sichtschutz obenauf. Wer den Bagger im Garten hat, beispielsweise um den Weg von der Terrasse zum Garten abzuböschen, hat Glück gehabt, ansonsten ist Handarbeit gefragt. Der Mühe wert ist die Methode allemal, da der Sitzplatz ein Hausleben lang genutzt wird. Den Weg von der Terrasse zum Garten legen Sie am besten flach gestuft und geschwungen an, da schnurgerade, steile Treppen nicht eben zum Bummeln durchs Gartenreich einladen.

Spätestens wenn die Terrasse fertig ist und Sie die ersten Sonnenstunden genießen, stellt sich die Frage nach dem passenden Schutz für heiße Tage. Markisen und Schirme sind variabel einsetzbar, daneben gibt es schöne, selbst tragende Eisenpergolen für die Hauswand, auf die sich Schilfmatten, weiße Planen oder Sonnenschutzrollos legen lassen. Wer einen Baum oder Strauch als Schattenspender pflanzt, sollte die Wuchshöhen und die Art des Schattens einkalkulieren. Besser Sie wählen einen Vertreter, der lichten Schatten spendet und überschaubar wächst wie beispielsweise eine Felsenbirne (Amelanchier ovalis) oder Schwedische Mehlbeere (Sorbus intermedia). Pflanzen Sie den Baum an die Stelle, wo er zuverlässig kühlenden Schatten in der Mittagshitze spendet.

Die von Buchsbaum gesäumte, mit Steinplatten gepflasterte Terrasse befindet sich vor dem Wintergarten. Auf diese Weise lässt es sich, je nach Wetterlage, schnell vom Sitzplatz drinnen nach draußen umziehen.

Unter und im Baum – Geborgen unter einem Blätterdach

Unter einem lichten Blätterdach, angelehnt an einen Stamm, auf einer Bank zu sitzen – solch ein Sitzplatz ist Luxus pur. Einst hatte jeder Bauernhof seinen Hausbaum, der Mensch und Tier Schatten spendete und unter dem sich Sitzgelegenheiten befanden. Hier trafen sich Jung und Alt zum Verweilen. Im weichen, nicht zu dunklen Schatten eines Baumes, der sanfter vor Sonne bewahrt als Markise oder Sonnenschirm, fühlen sich Erwachsene und Kinder gleichermaßen geborgen. Außerdem sind es die Blätter, die uns in der Sommerhitze Luft zufächeln. Aus Blättern, Blüten und Rinde von Hausbäumen kochten unsere Urgroßmütter Medizin, während sich an seinem Stamm Mädchen bei Liebeskummer ausweinten, Liebespaare Schwüre ritzten und es

sich dort gesellig feiern ließ. Auch wenn wir in modernen, ländlichen Gärten oft nicht mehr den Platz von damals zur Verfügung haben, so darf ein Baum, unter dem es sich sitzen lässt, nicht fehlen. Außerdem hält solch ein grüner Freund seine starken Äste willig bereit, um an ihnen die heiß geliebte Schaukel oder die Hängematte zu befestigen – oder in ihnen sogar ein Baumhaus zu errichten. Von klassischen Vertretern wie Kastanie, Linde und Walnuss gibt es kleinwüchsige Sorten, daneben sind es kleinere Gehölze wie Holunder, Felsenbirne, Quitte, Weißdorn, Apfel und Birne, unter denen es sich fein sitzen lässt. Anders als die in modernen Gärten anzutreffenden Bäume und Sträucher wie Robinie, Goldregen und Zierkirsche verwöhnen uns genannte Bäume mit ihren Früchten, spendieren heimischen Insekten überlebenswichtigen Pollen und Nektar und sind im Volksbrauchtum fest verankert.

Diese Hollywood-Schaukel á la Landleben lädt Naturliebhaber zum Träumen unterm Blätterdach ein. Sie ist aus Ästen und Zweigen aus dem Garten gefertigt und hat schon viele Sommer und Winter kommen und gehen sehen.

HOLLERSEKT

Frische, gerade erblühte Holunderdolden
5 l Wasser
1 Zitrone
1 kg Zucker

Holunderdolden ausschütteln, in eine große Schale geben und mit Wasser übergießen. Die Zitrone in Scheiben schneiden, zufügen und den Zucker zugeben.

2–3 Tage abgedeckt an einem warmen Platz stehen lassen, dann in gut verschließbare Flaschen abseihen.

Die Flaschen werden etwa 6 Wochen gelagert. Da es zu einer leichten Gärung kommt, sollten Sie gelegentlich nachsehen, ob nicht zuviel Druck auf den Flaschen ist.

Vielleicht stehen auf ihrem Grundstück schöne Schattenspender, sonst pflanzen Sie welche: Am Rand der Grünfläche oder auf dem Weg zum Haus, wo sie die Gäste grüßen. Halten Sie beim Pflanzen des Baumes die bei der Gemeinde zu erfragenden Grenzabstände zum Nachbarn ein, da sonst im Laufe der Jahre Ärger wegen fallendem Laub, Früchten oder Schattenwurf droht. Damit die Proportionen ihres Grundstückes von der Größe her zu den Maßen des Baumes passen, gilt folgende Regel: Ein ausgewachsener Baum sollte nicht höher werden als ihr Grundstück zu zwei Dritteln breit ist. Ist das Grundstück beispielsweise 12 m breit, kann der Baum 8 m hoch sein, ohne im Garten zu dominant zu wirken.

Zu den altbekannten Hausbäumen zählt die Linde: Sie ist der traditionellste Hausbaum, unter deren Schatten unsere Vorfahren tanzten, zu Gericht saßen und feierten. Da die heimische Winter- und Sommerlinde bis zu 30 m hoch werden, wählen Sie für kleinere Gärten besser niedrigere Sorten der Winterlinde wie ‚Rancho‘, die mit rund 9 m Höhe im Rahmen bleibt. Auch die Walnuss hat eine lange Tradition als Hausbaum. Von ihr gibt es veredelte Sorten, die kleiner als die Art bleiben. Der Walnussbaum ist sehr beliebt, da er Mücken fernhält.

Der Weißdorn, auch Hagedorn (für Hag = Zaun) genannt, ist traditionell ein Heckengehölz. Er lässt sich auch als kleiner Baum erziehen, stellt kaum Ansprüche an den Boden und sieht als alter, knorriger Baum charaktervoll aus. Im Mai verwöhnt er Gäste, die unter ihm verweilen, mit süß und zugleich streng duftenden Blüten, im Herbst trägt er rote Beeren, aus denen Landfrauen Marmelade kochen und Fruchtlikör bereiten.

Die Vogelbeere oder Eberesche ist ein Schattenspender kleinerer Gärten und bereits die Kelten und Germanen verehrten ihn als „Quickbaum“, als Glückbringer. Die Beeren stecken voller Vitamin C und werden von Kräuterkennern gerne zu Mus und Marmelade verarbeitet, sobald sie dem ersten Frost ausgesetzt waren. Feine Beeren liefert die Essbare Eberesche *(Sorbus aucuparia var. edulis o. var. moravica)*.

Aus der bäuerlichen Hausapotheke war der Holunder als Hausbaum nicht wegzudenken. Er fand sich neben dem Stall und der Scheune ebenso wie in Kompostnähe oder als kleiner, kugeliger Baum, der als lebendiger Sonnenschirm dient. Ihm ist es egal, ob er in Sonne oder Halbschatten wächst, er ist anspruchslos und frosthart. Aus seinen Dolden bereiteten Landfrauen traditionell Hollersekt.

Eine schöne alte Tradition sind Rundbänke, die direkt um den Baumstamm verlaufen. Solch eine Bank können Sie bereits beim Pflanzen des Baumes aufstellen. Dann sollte der Innendurchmesser der Bank nicht zu klein bemessen sein oder aus verschiebbaren Einzelteilen bestehen. Mit den Jahren entwickelt sich im Schutz einer breiten, schirmförmigen Baumkrone ein geschütztes Plätzchen zum Plaudern. Der Schattenspender hält sein Laub auch treu über Kinderwägen und Buddelkästen, die neben der Sitzbank stehen.

Ist der Baum älter, kann man daran gehen, den Traum vom eigenen Baumhaus zu verwirklichen, den schon unsere Vorfahren träumten. Bereits seit dem Jahr 1812 waren Baumhäuser Trend, da damals der Roman „Die Schweizer Familie Robinson" erschien. Es ist die Geschichte einer schiffbrüchigen Familie, die auf einer tropischen Insel strandete und im Baumhaus lebte. Der Reiz des Baumhauses ist bis heute ungebrochen. Vielleicht liegt es daran, dass der Aufenthalt hoch oben zwischen Blättern und Zweigen den Blickwinkel verändert und die alltägliche Welt ganz klein und unbedeutend erscheinen lässt. Wenn Sie überprüfen wollen, ob sie einen guten Baumhaus-Baum im Garten haben, achten Sie auf Folgendes:

- Gute Baumhausbäume sind Buchen, Eichen, Fichten, Tannen und starke Obstbäume. Der Stamm sollte an der Stelle, an der das Baumhaus entstehen soll, einen Umfang von mindestens 80 cm besitzen.

- Von dieser Stelle am Stamm sollten in etwa in gleicher Höhe mindestens zwei gleich starke, stabile Äste abgehen, die nicht zu weit auseinander liegen und die nicht zu waagrecht stehen.

- Aufhängungen, die der Bewegung des Baums entgegenkommen, sind Gurte, Seile oder Ketten. Ansonsten sollten Sie möglichst wenig Edelstahl-Verschraubungen anbringen, da diese den Baum schwächen können.

- Bodenbretter immer ohne Astlöcher verwenden, da diese die Tragkraft verringern.

- Suchen Sie besser den Kontakt zu einem Baumpfleger, um zu überprüfen, ob der Baum wirklich gesund ist. Auch der Nachbar muss mit ihrem Bauvorhaben einverstanden sein.

links: Von diesem Hängesitz aus kann man im lichten Schatten eines Birnbaumes schaukelnd den Blick in die Ferne schweifen lassen.

oben: Das Sitzen unterm Blätterdach liebten auch unsere Vorfahren und zimmerten aus heimischen Hölzern wie Lärche Rundbänke um ihre Hausbäume. Neben der Bank lehnt eine Rasenwalze aus Großvaters Zeiten.

Mitten im Grünen – Wohnräume schaffen

Wer sich in seinem Garten umsieht, wird Ecken entdecken, die sich mit etwas Geschick in grüne Wohnzimmer verwandeln lassen. Beim Planen ist es hilfreich, sich zunächst auf einen Streifzug durchs grüne Reich zu begeben: An welchen Stellen auf dem Grundstück ließen sich Rückzugsorte einrichten? Betrachten Sie ihren Garten mit Muße, verweilen Sie an verschiedenen Orten, lassen den Blick schweifen und stellen sich vor, welche Wirkung ein kleines Sitzrondell, eine Sonnenfläche, eine Laube oder ein Gartenpavillon hätten und welche Blickwinkel und Sichtachsen sich von dort jeweils ergäben. Ein Grundstücksplan, der die Himmelsrichtungen enthält und auf dem Sie den Sonnenstand sowie die Sichtachsen und die Lage der Nachbarhäuser verzeichnen, hilft, Klarheit zu schaffen. Beziehen Sie in der Planungsphase Familie und Freunde mit ein, um Anregungen zu erhalten und um sich gemeinsam Wünsche umzusetzen. Beim Planen gilt es, die Situation vor Ort optimal einzuschätzen: Wie ist der Sonnenlauf morgens, mittags und abends, wo bilden sich Schlagschatten durch Bäume, Sträucher, angrenzende Häuser und durch das eigene Wohndomizil? Denken Sie an die Wintermonate, wenn die Sonne weitaus flacher steht und einen kürzeren Weg am Horizont zurücklegt. Wo befinden sich zum Nachbarn hin ungestörte Ecken: Eignen sich womöglich Flächen, die ohnehin vor Blicken geschützt und ruhig liegen, als Platz für die kleine Wohlfühloase? Aus welcher Richtung kommt hauptsächlich der Wind? Fegt er ungehindert durch ihr grünes Reich, oder gibt es windgeschützte Bereiche, beispielsweise dank grüner Hecken, in deren Nähe es sich gut sitzen ließe? Planen Sie Wege zu den Gartenzimmern ein. Sie verbinden wie der Flur im Haus die einzelnen Gartenecken.

Die Größe der Sitzfläche richtet sich danach, wie Sie diese nutzen wollen. Wollen Sie beispielsweise ein Rondell, auf das zwei Stühle und ein kleiner Bistrotisch passen, vielleicht umgeben von einer Natursteinmauer, auf der Kräuter gedeihen? Oder ein rechteckiges Sonnendeck, auf dem Liegen Platz finden, um sich in der Abgeschiedenheit auszuruhen? Wer einen Freisitz anlegt, hebt etwa 30 cm tief Erde aus, füllt mit Kies auf und pflastert darauf oder verlegt Holz.

Bei den Bodenbelägen haben Sie die Qual der Wahl: Runden Gartenkies gibt es in vielen Farben. Er kann als dünne Deckschicht über einer wassergebundenen Wegedecke verwendet werden. Ein Rahmen aus Holz, Stein oder Vollziegel sorgt dafür, dass Steinchen nicht in Beete abwandern. Die Haltbarkeit solcher Plätze beweisen gekieste Wege und Plätze historische Parkanlagen. Wer einen dichten, robusten Rasen hat, kann seine Sitzmöbel auch direkt darauf stellen. Ziehen Sie diese öfter um, damit sich das Grün erholen kann. Schotter besteht aus unregelmäßig gebrochenen Steinen. Basalt- und Schieferschotter ergeben ungewöhnlich dunkle Beläge. Kopfsteinpflaster kann gut mit Kiesflächen kombiniert werden. Zwischen den Ritzen bürsten Sie sandige Erde ein, sodass sich Polsterstauden wie Thymian und Beifuss ansiedeln. Wenn Sie Vollziegel bevorzugen: Die warmen Brauntöne lassen sich gut mit Kies kombinieren.

Oft fehlt es am neuen Sitzplatz an ausreichend Rückendeckung: Schilfmatten, Paravents, Flecht- oder Gitterwände bieten Schutz vor Zugluft und helfen dabei, sich im Verborgenen geschützt zu fühlen. Dekorativ sind Gitterwände, wie sie einst in französischen Barockgärten verbreitet waren: Als Treillage wurde das Gitterwerk aus Holz, Latten oder Draht zu Laubengängen geformt, auf die sich Bäume, Sträucher und Kletterwerk stützten. Als durchbrochene Wände waren diese Spaliergitter bei uns im 19. und 20. Jahrhundert sehr beliebt und sind bis heute im ländlichen

Garten schön anzusehen. Oft reicht es schon, Sitzplätze an nur einer oder an zwei Seiten, die in der Hauptwindrichtung liegen, damit abzuschirmen.

Der Sitzplatz ist fertig, doch von Privatsphäre fehlt jede Spur? Dann dschungeln Sie sich einfach ein, beispielsweise mit Einjährigen, die an Rankspalieren unerwünschte Blicke fernhalten. Die Pflanzen wickeln oder ranken ihre Triebe am liebsten um Schnüre und Stäbe, nicht dicker als 5 mm. Ranker wollen Querverstrebungen, während Schlinger schnurstracks nach oben wachsen. Einen schnellen Sichtschutz erhalten Sie mit Drahtgittern oder verzinkten Baustahlmatten sowie mehreren langen, mindestens 30 cm hohen Blumenkästen: Biegen Sie die Baustahlmatten in den Kasten, füllen zuunterst eine 3 cm dicke Blähtonschicht ein, geben Blumenerde bis 5 cm unter den Rand in den Kasten und pflanzen die schnellen Kletterer:

- Feuerbohnen *(Phaseolus coccineus)* wachsen in Windeseile zur grünen Barriere heran. Wenn Sie Verblühtes regelmäßig auszupfen, erhalten Sie immer neue orangefarbene Blüten, sonst dürfen Sie auf der Terrasse ab Juli Bohnen ernten.

- Blau-violett blühende Glockenreben *(Cobaea scandens)* wollen reichlich Wasser und Nährstoffe, dafür können Sie ihnen fast beim Wachsen zusehen.

- Als echte Sonnenkinder fühlten sich Prunkwinden *(Ipomoea tricolor, I. purpurea)* auf Terrassenplätzen wohl. Sie tragen große, herzförmige Blätter, die Ihnen rasch zum blickdichten Sitzplatz verhelfen. Bei Schlechtwetter, wenn kein Freiluftbetrieb ist, schließen sie ihre Blüten.

- Zum schnellen Grün tragen außerdem hohe Gräser bei wie Chinaschilf, die straff auf-

recht wachsende Rutenhirse *(Panicum virgatum ,Strictum')* sowie die brusthohe Rasenschmiele.

Ein tiefer gelegter Sitzplatz ist für raue Gegenden, in der Winde kalt um die Ecken pfeifen, eine feine Sache. Er empfiehlt sich auch dann, wenn hohe Hecken oder andere schützende Windbremsen wie Gebäude und Schuppen fehlen. Senkgärten mit Sitzplätzen sind seit jeher in England beliebt, da sie ein Gefühl von Schutz und Geborgenheit vermitteln und vor neugierigen Blicken schützen. Die englische Gärtnerin Gertrude Jekyll gestaltete in den 20er-Jahren des vorigen Jahrhunderts mehrere bis heute berühmte Senkgärten. Beispielsweise ließ sie in Hestercombe in Somerset massive Trockenmauern um einen Platz namens „Great Plateau" errichten. Auf der vierten Seite ließ sie die Mauer niedriger, sodass der Blick frei auf die dahinter liegenden Felder und Wiesen schweifen konnte. Die Steinmauern schützen vor Wind und geben gespeicherte Sonnenwärme in den Abendstunden langsam an ihre Umgebung ab.

Für einen quadratischen, formalen Garten hebt man die zuvor abgesteckte Fläche mit einem Bagger aus: Mindestens 3 × 3 m breit und etwa 1,2 m tief. Der Platz wird zunächst mit Kies gefüllt, etwa 30 cm hoch, ehe er mit Stein gepflastert und von Trockenmauern, etwa 40–60 cm hoch, umgeben wird. Zum Herabsteigen in das eingesenkte Paradies baut man Stufen aus Naturstein oder Holz ein.

Aber nicht immer ist es der perfekt eingerichtete Sitzplatz, der uns magisch anzieht. Vor allem Kinder und Jugendliche lieben es, sich auf Treppen und Mauern, auf Sitzsteinen und Holzbalken niederzulassen. Auf Komfort legen sie oft weniger Wert und so wird selbst die Rückenlehne zum Sitzplatz erkoren. Im ländlichen Garten ergeben sich Gelegenheiten zum Niederlassen wie von selbst, doch können Sie diese bereits beim Planen mit einbeziehen: Ein schöner Findlingsstein, der im Schatten eines Baumes oder am Rand eines Teiches liegt, die Mauer, die vielleicht die Terrasse einfasst, oder die Holztreppe, die hinab zum Senkgarten führt – genau diese etwas anderen Sitzplätze machen später den Garten liebenswert. Ungewöhnliche Sitzplätze besaßen schon unsere Vorfahren: Bereits im Mittelalter kannte man die Rasenbank. Sie war eine Erdaufschüttung, belegt mit lieblich duftenden Wildblumen, später wurde sie in Stein gefasst. Im Park von Sissinghurst Castle gibt es eine massive Steinbank zu bewundern, die ein grün duftendes Polster aus Korsischer Minze *(Mentha requienii)* und Römischer Kamille *(Anthemis nobilis)* trägt. Wer solch eine Besonderheit in seinem ländlichen Garten nachahmt, sollte auf ausreichend Wasserabzug achten und eine Sandschicht unter dem Erdreich einplanen.

Lauben und Pavillons – Lauschige Plätzchen

Die Sehnsucht nach einem heimeligen Ort im Garten hatten bereits unsere Vorfahren: nach einem Platz, an den man sich zurückziehen kann, um geschützt vor Wind und Regen zu sitzen und um Mußestunden allein oder mit anderen zu genießen. Pavillons und Lauben sind Orte, an denen es sich tief durchatmen lässt – um frische Luft und Blumendüfte einzuatmen, um auf das Rascheln der Blätter zu lauschen oder um sich am Zwitschern der Vögel zu erfreuen. Die kleinen Gartenbauwerke sind heute genauso beliebt wie damals.

Eine Gartenlaube ist – im Gegensatz zum Pavillon – eine offene Konstruktion ohne festes Dach, das von grünen Kletterern erobert wird: Sie besteht traditionell aus Holz oder aus Schmiedeeisen mit elegant geschwungenen Streben. Es gibt sie in vielerlei Formen und Größen wie beispielsweise gotischer Kapellenform oder im Stil einer Pagode. Im Begriff Laube schwingt ein

nostalgisches Gefühl von Wohlbehagen und von vergangenen Zeiten mit: Griechen und Römer feierten – im Übrigen bis heute – unter Weinreben, im Mittelalter war die Laube ein Ort, an dem ein Minnesänger seine Liebste besang, während sie im Biedermeier als Inbegriff für einen friedvollen Feierabend stand.

Lauben sind in der Regel leicht aufzubauen. Wählen Sie zuvor den richtigen Platz mit Bedacht aus. Beispielsweise steht das Gestell besser nicht frei im Garten, sondern geschützt vor einer Mauer oder Hecke, unter einem hohen Baum oder am Ende eines verschlungenen Gartenweges. Ist der Traumplatz gefunden, können Sie überlegen, mit welchen grünen Tapeten sie ihr Blumenzimmer schmücken:

Hübsche Rosenlauben verdanken wir Ramblerrosen, da diese lange, biegsame Treibe besitzen und verschwenderisch reich blühen. Ein besonders munterer Vertreter ist beispielsweise 'Venusta Pendula' in hellrosa-weiß oder die unverwüstliche, weiße 'Bobby James'. Als Idealpartner dürfen Waldreben (Clematis-Hybriden, *C. montana, C. armandii)* nicht fehlen, die einen eher feuchten Fuß mögen, während sie der Sonne nachwachsen. Beliebt ist auch die Kletterhortensie *(Hydrangea anomala ssp. petiolaris)*, die mit ihrem großblättrigem Laub sogar Regen abhält.

Natürliche Blätterhöhlen bieten die lang überhängenden Triebe einer Hänge-Birke *(Betula pendula)* oder Hänge-Ulme *(Ulmus glabra 'Pendula')*, ebenso wie Ramblerrosen einen wunderschönen Blütenbaldachin zum Darunterschlüpfen anbieten, beispielsweise wenn sie einen alten Apfelbaum erklommen haben und majestätisch blühen. Auch mit Hainbuche *(Carpinus betulus)*, Linde *(Tilia)* und Kornelkirsche *(Cornus mas)* gelingt es, grüne Zimmer zu konstruieren, indem man die Triebe in die gewünschte Form schneidet, zur Unterstützung ein einfaches Gerüst bietet und ein paar Jahre Zeit dafür einrechnet.

Wem dies alles zu lange dauert, der setzt auf schnellere Lösungen: Einjährige Kletterpflanzen für Lauben sind Sonnenblüher wie Duftwicken *(Lathyrus odoratus)*, Schwarzäugige Susanne *(Thunbergia alata)* und Glockenreben *(Cobaea scandens)*. Eine schnelle Laube gelingt aus lebenden Weiden. Pflanzen Sie die Weidenruten in der Zeit zwischen Mitte Januar und Ende März an Sonnenplätze und flechten diese. Die Weidenstaken (Silberweide, Korbweide, Salweide; ca. 20–25 Gerüstruten, ca. 50 Flechtruten bei ca. 2 m Durchmesser) vor dem Pflanzen wässern, anschneiden und in 20 cm Abstand, 20 cm tief halbkreisförmig in die mit Sand vormarkierte Erde stecken; dazu eventuell die Löcher mit einer Eisenstange vorbohren. Gegenüberliegende Gerüstruten miteinander verflechten und mit Hanfschnur zusammenbinden. Zu jeder Gerüstrute zwei Flechtruten im Winkel von je 45 Grad rechts und links von dieser in die Erde stecken und diagonal aufwärts mit den Gerüstbildnern verweben. Rund acht Wochen später – je nach Wärme und Witterung – beginnen die Weiden auszutreiben. Bald können Sie ihre Sitzbank oder zwei ihrer Lieblingssessel hier unterstellen.

Gartenpavillons als feste Bauwerke durften in den Gärten wohlhabender Leute nicht fehlen, da sie von Wohlstand und gutem Geschmack zeugten. Im Unterschied zu Lauben besitzen sie immer ein festes Dach und zumindest teilweise geschlossene Wände. Heutzutage bieten sich kunstvoll gestaltete Modelle aus hochwertig verarbeiteten Materialien wie robusten Hölzern und Aluminium an. Die 8-Eck-Form ist klassisch für diese Unterkunft, doch es gibt auch 6-Eck-Varianten und 10-Eck-Formen. Es gibt Modelle aus Glas, beispielsweise Teehäuser, in denen sich Zimmer- und Kübelpflanzen wohl fühlen. Der Baustil eines Pavillons will sorgfältig ausgesucht sein und sollte zum Stil des Hauses und Gartens passen. So kann ein Gartenhaus, das mit antik anmutenden Säulen im Stil eines römischen Pavillons gehalten ist, neben einem

norddeutschen Bauernhaus befremdlich wirken. Wer sich einen Pavillon zulegt, sollte sich vor dem Kauf mit ein paar Kriterien auseinandersetzen: Sind beispielsweise nach außen aufklappbare Fenster erwünscht? Sind wärmegedämmte Wandelemente sinnvoll? Streben Sie als Dachmaterial eher Bitumen-Dachschindeln oder sogar ein massives Kupferdach an? Setzen Sie auf breite Flügeltüren, durch die sich auch ein Tisch gut tragen lässt? Neben dem Abwägen der unterschiedlichen Bauweisen gilt es auch, die richtige Größe des neuen Baukörpers zu ermitteln, denn schließlich soll dieser mit den Proportionen des Gartens und des Wohnhauses harmonieren. Am besten fügen Sie das neue Hausmodell als maßstabsgerechte Skizze in ihren Gartenplan ein oder verschaffen sich ein dreidimensionales Bild am Computer, was dank entsprechender Grafik von im Handel angebotenen Gartenhaus-Planern möglich ist. Das Abwägen lohnt sich, denn oft wird ein Pavillon zu klein gewählt, sodass es sich darin nicht wirklich angenehm sitzen lässt. Der Standort eines solchen Hauses kann als Blickfang zentral, beispielsweise an einem Wegekreuz, oder eher abgeschieden liegen, wie hinter einer Baumgruppe oder vor einer Hecke. Ein Pavillon in Teichnähe, kombiniert mit einer

schönen Holzterrasse, vereint viele Vorteile, da sich von drinnen das Leben am Teich auch bei Regenwetter beobachten lässt.

Die neuen Rückzugsplätze brauchen nicht unbedingt Sonnenplätze, im Gegenteil: Denn wenn im Sommer die Mittagssonne aufs Dach brennt, wird es schnell zu warm. Ist der ideale Ort gefunden, brauchen Pavillons einen ebenen Boden, der vorher etwa 30 cm tief ausgehoben und mit Kies gefüllt wird, oder Sie gießen ein frostfestes Betonfundament.

Egal, wie Sie Ihre Sitzplätze im Grünen gestalten, nehmen Sie sich auch die Zeit, das geeignete Sitzmöbel auszusuchen. Probesitzen ist ein Muss, denn schließlich wollen Sie auf Gartenmöbeln gemütliche Stunden verleben. Bedenken Sie auch, ob Tisch, Stuhl oder Liege öfter mobil eingesetzt oder feststehen sollen, ob deren Stil zu dem Ihres Gartens und des Hauses passt, ob die neuen Anschaffungen ganzjährig draußen bleiben sollen und wie viele Sitze Sie brauchen.

Rattanmöbel sind gemütlich, leicht und lassen sich gut umstellen. Sie stehen besser vor Nässe geschützt in einem Pavillon oder auf

oben links: Immer öfter finden sich in ländlichen Gärten lauschige Lauben im Stil von einst, die uns zu romantischen Stunden verführen wollen.

oben rechts: Wer möchte an heißen Sommertagen nicht unter das kühle Blätterdach dieser Pfeifenwinde schlüpfen?

links oben: Die aus lebenden Weidentrieben halbkreisförmig um die Bank geplante Laube trieb rasch aus und bot schon nach kurzer Zeit Wind- und Sichtschutz.

links unten: Während Kletterrosen die filigrane Eisenlaube erobern, lässt es sich hier vor allem abends wunderbar entspannen, zumal die Granitbruchsteine im Rücken Wärme abstrahlen. Als robuster Bodenbelag dienen gebrannte Ziegel.

der überdachten Terrasse. Mittlerweile gibt es aus Kunstrattan verschiedene Sitzmöbel wie Couchgarnituren, Esstisch-Ensembles, Liegen und Strandmuscheln, die rund ums Jahr draußen bleiben können. Holzmöbel hingegen sind schwer und lassen sich nicht einfach umziehen. Dafür strahlen sie Ruhe und Gemütlichkeit aus und bleiben mit Lasuren, die das Holz atmen lassen, jahrelang schön. Statt Tropenholz sind hierzulande Lärche, Robinie und Eiche angesagt.

Mobiliar aus Eisen oder rostbeständigen Metalllegierungen ist unverwüstlich und zaubert Atmosphäre in den Garten, da es verschiedenste Stilrichtungen gibt. Bereits ein kleiner Eisentisch mit zwei Stühlen unter einer Laube wirkt sehr romantisch. Ein paar Kissen darauf verhelfen zu mehr Sitzkomfort. Etwas ausgefallener ist ein Strandkorb: Am Ende eines Weges, beispielsweise im formalen Kräutergarten aufgestellt, schenkt er windstille Stunden und verleiht dem Garten Nordseeflair. Noch ausgefallener sind Wildholzmöbel, aus Ästen, Stämmen und Wurzeln, die Sie im Garten, Wald oder an Ufern finden, mit etwas Fantasie und Geschick gebaut. Gemütlich sind Swing-Sessel mit Laubencharakter: Es gibt verschiedene Modelle, die an einen starken Ast gehängt werden. Es gibt auch Sessel für den Genuss zu Zweit. Und auch die Hollywoodschaukel ist zurück! Praktisch für den variablen Einsatz sind mobile Möbel. Roll-Liegen und fahrbare Holzbänke ziehen der Sonne nach, ebenso Klappstühle und leichte Stapelsessel.

Sitzplätze am Wasser – Angenehme Kühle

Wie angenehm ist es, im eigenen Garten am Wasser zu sitzen und die Füße ins Nass baumeln zu lassen, vom Sitzplatz aus zuzusehen, wie sich Libellen paaren, Schilfhalme biegen und Wasserläufer über den Teich hetzen, während Lichtreflexe auf der Wasseroberfläche glitzern? Ein Platz am Wasser ist der ideale Ort, um im Garten die Seele baumeln zu lassen. Und während große, bäuerliche Grundstücke manchmal ihren eigenen Teich besitzen oder einen Zugang zu einem Bach haben, so helfen Bewohner ohne Wasserzugang ihrem Glück einfach nach. Sie holen sich das kühle Nass in den Garten, indem sie einen Teich oder Bachlauf anlegen. Mit einer praktischen Anleitung gelingt dies auch Ungeübten. Ist dann die Wasseroase geschaffen, ist der Wunsch groß, die Sitzmöbel dorthin zu schaffen. Spätestens dann stellt sich die Frage nach dem passenden Untergrund, besser ist es daher, gleich bei Anlage der Wasseroase einen Sitzplatz einzuplanen. Ein Holzdeck, dessen Planken teilweise ins Wasser ragen, sind natürlich das Nonplusultra für alle, die direkten Kontakt zum erfrischenden Nass suchen. Doch auch eine Kiesfläche, die – vielleicht mit einem Strandkorb bestückt – als Mini-Badestrand zum Plantschen einlädt, ist ein willkommener Sitzplatz am Wasser.

Holzdecks wirken warm, heimelig und gemütlich. Außerdem integriert sich der natürliche Baustoff in jeden ländlichen Garten, vorausgesetzt Sie verwenden heimische Hölzer. Holzterrassen haben eine lange Tradition, vor allem in Gärten mit Schieflage, also in bergigen Gegenden, da sie sich gut freitragend konstruieren lassen. Auf einer Holzterrasse lässt es sich wunderbar barfuß spazieren, da sich der natürliche Baustoff angenehm anfühlt. In der Mittagshitze erhitzt sich Holz nicht so extrem wie Stein, während es in Zeiten, wenn die Sonne hinter Wolken verschwindet, die Wärme lange hält. Für die Holzterrasse wählen Sie einen möglichst sonnigen Standort am Wasser, an dem sie weniger unter Nässe leidet und länger hält. Wählen Sie möglichst geriffeltes Holz, da Sie auf dieser Oberfläche mit nassen Füßen nicht so leicht ausrutschen und Regenwasser an Schlechtwettertagen leichter abtropft, sodass das Deck schneller trocknet. Sitzplätze aus Holz sollten keinen Bodenkontakt haben, sonst zieht leicht Nässe auf

und führt zu Fäulnis. Besser ist es immer, eine Unterkonstruktion aus Holz oder Holz und Metall zu wählen, die diesen Sitzplätzen eine gewisse Leichtigkeit verleiht. Wer am Wasser baut, lässt auch Holzplanken übers Wasser ragen, indem er stabile Beton- oder Holzpfosten unterbaut. Unter die Holzkonstruktion an Land bringen Sie eine rund 22 cm tiefe Kiesschicht ein, die verdichtet wird. Zuvor die Erde 30 cm entfernen. Diese Maßnahme beugt Wildwuchs und schleichender Nässe vor und lässt das Deck leichtfüßiger wirken. Darüber kommen dann Tragebalken und Decklatten, die auf Bodenniveau angepasst werden.

Da eine Terrasse aus gutem Holz 20–30 Jahre halten kann, gilt es, bei der Auswahl von Hölzern einige Punkte zu beachten: Das Holz sollte gut abgelagert und ohne Risse sein, möglichst wenig Astlöcher aufweisen, eine gerade Maserung und einen hohen Kernholzanteil zeigen, außerdem sollten die Planken generell gerade und ausrei-

chend stark sein. Bei der Wahl geeigneter Holzarten empfehlen sich heimische Hölzer wie Lärche oder thermisch behandelte wie Esche, Buche oder Eiche, die dadurch eine lange Lebensdauer erhalten und nahezu splitterfrei sind. Auf alle Arten tropischer Hölzer, auch auf das von Plantagen und von zertifizierten Betrieben, sollte aus ökologischen Gründen grundsätzlich verzichtet werden.

Als Saumpflanzen am Teichufer eignen sich Primeln *(Primula)*, Wiesen-Schaumkraut *(Cardamine pratensis)* sowie Gauklerblume *(Mimulus guttatus)* und Pfennigkraut *(Lysimachia nummularia)*. Als höhere Pflanzen sind Wasserdost *(Eupatorium cannabinum)*, Blutweiderich *(Lythrum salicaria)* sowie die Sumpfschwertlilie *(Iris pseudacorus)* hübsch anzusehen. Als eindrucksvolle Stauden, die auch Sichtschutz bieten, sind Gräser wie Chinaschilf *(Miscanthus sinensis)* direkt am Teichrand und Steg zu empfehlen.

Ein Sitzplatz am Wasser ist der ideale Ort, um die Seele baumeln zu lassen. Während große, bäuerliche Grundstücke manchmal ihren eigenen Teich besitzen, müssen andere Gartenbesitzer ihrem Glück nachhelfen, indem Sie einen Teich oder Bachlauf anlegen.

Wenn Sie Kinder haben: Wie wäre es, wenn Sie neben Ihrer Terrasse einen kleinen, flachen Spielteich anlegen? Dann können Sie beispielsweise vom Strandkorb aus zusehen, wie Ihre Kinder im Wasser spielen – denn aus den Augen lassen dürfen Sie kleine Kinder keine Sekunde, da selbst im seichten Wasser die Gefahr des Ertrinkens droht. Soll der Teich eines Tages wieder einem Beet weichen, können Sie ihn ohne viel Aufwand entfernen und die Folie beispielsweise noch zum Abdecken des Sandkastens verwenden. Für einen solchen Spielteich heben Sie mit der Schaufel eine flache, etwa 10 cm tiefe Mulde aus, entfernen spitze Steine und legen dann die

Mulde mit Folie aus: Dazu eignet sich entweder mehrfach gefaltete Gewebefolie oder robustere und teurere Teichfolie. Den Folienrand mit Steinen beschweren und das Wasser einlaufen lassen.

Haben Sie keine Möglichkeit für einen Teich im Garten, möchten aber auf Wasser dennoch nicht verzichten, dann setzen Sie auf einen Miniteich: In einem halbierten oder ganzen Holzfass schaffen Sie in kurzer Zeit ein kleines Biotop: Stecken Sie zunächst 2–3 Strohbüschel ins Fass, die rund ums Jahr für Luftaustausch sorgen. Als Teichschönheiten empfehlen sich für einen Sommer beispielsweise die Wasserhyazinthe (Eichhornia crassipes) und der Wassersalat (Pistia stratiotes), während als Putzkolonne Wasserschnecken das Grünzeug im Zaum halten. Wasserspeier und Wandbrunnen gibt es darüber hinaus in unzähligen Formen, darunter sind auch zauberhafte Ideen aus Kunststein. Das muntere Wassergeplätscher hilft auch dabei, störende Nebengeräusche wie Verkehrslärm auszublenden, und wirkt beispielsweise an einer selbst gemauerten Wand aus Vollziegelsteinen sehr dekorativ.

EINEN BACHLAUF ANLEGEN

1–2 Prozent Gefälle reichen für einen kleinen Bachlauf. Diesen können Sie aus Folie oder aus Fertigelementen anlegen und mit Lehm, Steinen und Kies modellieren. Im Sammelbecken wird die Umlaufpumpe installiert, die das Wasser über einen Schlauch wieder zurück zum Quellstein pumpt.

- *Eine 20–30 cm tiefe, etwa 30 cm breite Rinne in der gewünschten Länge ausheben. Dann eine Schicht Sand auf dem Erdreich verteilen und festklopfen, damit die Folie später glatt aufliegt.*

- *Wasserschlauch in die Rinne legen, oben ein Stück für den Anschluss an die Wasserquelle überstehen lassen. Am unteren Ende des Schlauches wird die Pumpe angeschlossen. Als Quelle eignet sich ein Sprudelstein.*

- *Die Folie auslegen, über die Rinne ziehen und mit Steinen an den Rändern sichern. Jetzt kann zum ersten Mal Wasser eingelassen werden.*

- *Wenn der Bachlauf funktioniert, können Sie das Bachbett vollständig mit Kieseln bedecken und mit der Bachbepflanzung beginnen: Am Bachlauf festigen beispielsweise Fetthenne-, Steinbrech- und Hauswurzarten das Erdreich.*

GARTENGLÜCK

GEMÜSE, KRÄUTER UND OBST – NUTZGÄRTEN AUF DEM LAND

Gemüsegarten – Kunterbunte Vielfalt

Bei unseren Vorfahren lag der Gemüsegarten im Blickpunkt des Hauses. Heutzutage sind wieder Gärten beliebt, in denen sich Nahrhaftes und Schönes in gesunder Vielfalt vereinen. Im Gemüsegarten setzen wir wieder auf ein kunterbuntes Miteinander, auf Beete voller verschiedener Gemüsearten und -sorten, auf Blumen und Kräuter als Nachbarn. Daher gibt nicht nur Grün allein den Ton an, sondern neben beispielsweise blaugrünem Kohl, roten Salaten und silbrigen Kräutern bekennen würzige, heilkräftige Blumen wie Sonnenhut und Indianernessel Farbe. Wer einen Gemüsegarten anlegen möchte, sollte

Folgendes berücksichtigen: Der auserkorene Ort liegt besser sonnig, der Boden dort ist durchlässig und humos und wird mit Komposterde angereichert. Für vier Personen brauchen Sie mindestens 250 m² Fläche, sofern Sie hauptsächlich eigenes Gemüse verzehren wollen. Achten Sie bei der Standortwahl auch darauf, dass die Wege zum Geräteschuppen kurz sind, praktisch ist auch ein Wasseranschluss in greifbarer Nähe. Außerdem sollte das Gelände möglichst windgeschützt liegen, da die Ernte sonst geringer ausfällt. Eine Hecke beispielsweise aus duftenden Wildsträuchern oder einem dichten Flechtzaun schafft wirkungsvoll Abhilfe. Die meisten Gemüsegärten sind klassisch rechtwinkelig, für die Wege zwischen den Reihen genügen Abstände von 30 bis 40 cm. Klare Strukturen bieten einen Rahmen für Mischkulturen und helfen, Fruchtfolgen auf deutlich unterteilten Beeten leichter umzusetzen. Niedrige Buchshecken rahmen den Bauerngarten seit jeher ein, ebenso wie diese die

Beete in Klöstern und Kräutergärten umlaufen. Als passende Bordüre rund um Gemüsebeete bieten sich Lavendel, Heiligenkraut und Schnittlauch an. Planen Sie im Gemüsegarten hübsche Hingucker ein, wie ein Rankgitter für Bohnen oder ein Johannisbeer-Hochstämmchen, das an einem Wegekreuz gedeiht. Ist der richtige Ort gefunden, gilt es Pflanzpläne zu erstellen, da nun zu beachten ist, wer mit wem ins Beet passt.

Unsere Großmütter wussten aus überlieferter Erfahrung, dass sich manche Pflanzkombinationen im Beet besser vertragen als andere. Wissenschaftlern ist mittlerweile bekannt, dass Pflanzen Stoffe ausscheiden, die Beetnachbarn behagen oder eben nicht. So gibt es klassische, bewährte Partnerschaften wie Erdbeeren und Knoblauch, Gurken und Dill oder Basilikum, Kohl und Dill, Sellerie und Lauch, Kartoffeln und Ringelblumen, Tomaten und Tagetes, Buschbohnen und Zuckermais, Kopfsalat und Zwiebeln, Stangenbohnen und Kapuzinerkresse, sowie Möhren und Zwiebeln (nur in großer Zahl). Weniger gut vertragen sich Tomaten mit Erbsen, Kartoffeln, Fenchel oder Sonnenblumen, Kohl mit Zwiebeln und mit Senfsaat, Buschbohnen mit Zwiebeln, Erbsen oder Bohnen.

Außerdem wussten unsere Vorfahren Flach- und Tiefwurzler geschickt miteinander zu kombinieren, da sich diese bei der Aufnahme von Wasser und Nährstoffen nicht in die Quere kommen. Flachwurzler sind beispielsweise Radieschen, Kopfsalat und Gurken, während sich Erbsen, Bohnen und Tomaten tief verankern. Außerdem legten sie Mischkulturen an, um Schädlinge fernzuhalten. Es sind auch die verschiedenen Duftgemische der kunterbunt gepflanzten Nachbarn, die helfen, schädliche Eindringlinge abzuhalten. Denn diese werden durch den Duftcocktail gründlich verwirrt, da sie in der Regel ihren Geruchssinn brauchen, um die auserkorene Wirtspflanze auf direktem Weg anzusteuern.

FAMILIEN – WER IN WELCHE SIPPE GEHÖRT

Lauchgewächse (Alliaceae): Zwiebel, Schalotte, Knoblauch, Etagenzwiebel, Schnittlauch, Poree

Nachtschattengewächse (Solanaceae): Kartoffel, Tomate, Paprika, Pepino, Aubergine

Kreuzblütler (Brassicaceae): Weiß-, Blumen- und Rotkohl, Wirsing, Rosen-, Chinakohl, Kohlrübe, Spitzkohl, Stielmus, Rettich, Teltower Rübchen, Mairübe, Pak Choi, Brunnenkresse und Asia-Salate

Korbblütler (Asteraceae): Endivien, Chicorée, Kopfsalat, Topinambur, Schwarzwurzel, Löwenzahn, Radicchio, Haferwurzel, Zuckerhut, Pflücksalat, Cardy, Artischocke

Gänsefußgewächse (Chenopodiaceae): Mangold, Guter Heinrich, Melde, Rote Bete, Spinat, Quinoa, Erdbeerspinat

Kürbisgewächse (Cucurbitaceae): Kürbis, Gurke, Melone, Zucchini

Hülsenfrüchtler (Fabaceae): Lupine, Gartenbohnen, Gartenerbse, Kichererbse, Puffbohne, Sojabohne, Spargelbohne, Linse, Lupine

Doldenblütler (Apiaceae): Möhre, Fenchel, Gartenkerbel, Liebstöckel, Sellerie, Petersilie, Pastinake, Zuckerwurzel, Kerbelrübe, Dill

In Mischkultur-Beeten sollten Sie dafür sorgen, dass kaum freie Erde sichtbar bleibt, da diese sonst rasch austrocknet und rissig würde. Zwischen den Gemüsereihen und bei Pflanzlücken empfiehlt sich daher Mulch, auch um weniger gießen zu müssen und um den Humusaufbau, die Bodenfruchtbarkeit und das Bodenleben zu fördern: Stroh, Heu sowie Blätter von Rhabarber und Beinwell sind bewährte Pflanzendecken. Unter dieser Schutzschicht versammeln sich jedoch gerne Schnecken, die man entweder regelmäßig absammelt, indem man die Mulchschicht anhebt, oder man setzt stark duftende Blätterschichten ein, die Weichtiere meiden: Duftender Mulch aus Lavendel, Rainfarn, Liebstöckel,

Wermut, Kapuzinerkresse und Farn hält die ungeliebten Weichtiere fern.

Generell gilt, dass die Mitglieder einer Pflanzenfamilie besser nicht gemeinsam und auf einem Beet gedeihen und sie auch nicht aufeinander folgen sollten, da sie meist für dieselben Schädlinge und Krankheiten anfällig sind. Doch wer gehört in welche Sippe – mit der Liste im Kasten verschaffen Sie sich einen Überblick.

Wer Beetpartner in Mischkulturen und für Fruchtfolgen zusammenstellt, für den ist es außerdem wichtig zu wissen, welche Nährstoffansprüche die ausgewählten Gemüsearten und -sorten besitzen. Seit jeher wird dabei in Stark-, Mittel- und Schwachzehrer unterschieden. Dabei sind die Grenzen mitunter fließend und werden unterschiedlich gezogen, beispielsweise ordnen manche Radieschen und Karotten den Schwachzehrern zu.

- Starkzehrer: Alle großen Kohlarten wie Weiß-, Blumen- und Rotkohl, Wirsing, Rosen- und Chinakohl sowie Gurken, Lauch, Sellerie, Kartoffeln, Zucchini und Kürbis sind hier zu finden. Tomaten und Rhabarber sind ebenfalls ständig hungrig, behalten aber über Jahre hinweg ihren Stammplatz. Starkzehrer brauchen Kompost und organischen Dünger wie Hornspäne, gut abgelagerten Mist und erhalten während der Wachstumsphase eine Kopfdüngung wie Brennnesseljauche.

- Mittelzehrer: Zu ihnen zählen Möhren, Knoblauch, Zwiebeln, Rote Bete, Fenchel, Kohlrabi, Paprika, Schwarzwurzeln, Radieschen, Salate und Fenchel. Ein gut mit Kompost versorgter Boden, der ihnen gleich zu Beginn bereitet wird, ist die halbe Miete, zusätzlich sind gelegentliche Düngegaben wie Pflanzenjauchen erforderlich.

- Schwachzehrer: Hülsenfrüchte wie Bohnen und Erbsen reichern den Boden mit Stickstoff an, daher genügt ihnen humose Pflanzerde ohne weitere Düngegaben. Mit wenig Nährstoffen kommen die meisten Kräuter aus.

Unsere Vorfahren kannten nicht nur die Nährstoffbedürfnisse ihres Gemüses, sie wussten auch, wann sie es wo wachsen ließen. Im Garten entwickelten sie analog zur Dreifelderwirtschaft, in der immer ein Feld im 3. Anbaujahr brach lag, die Fruchtfolge. So gedeihen in einem gut gedüngten Garten im 1. Jahr Starkzehrer, im 2. Jahr an dieser Stelle die Mittelzehrer und im 3. Jahr folgen die bescheidenen Schwachzehrer, ehe das Beet wieder mit Kompost versorgt wird und der Reigen im folgenden Jahr von Neuem beginnt. Läuft dies im Garten, wie beschrieben, im

BLUMEN UND KRÄUTER ALS HELFER

Folgende Kräuter-Gemüse-Ehen sind erfolgreich:

- *Dill ist ein guter Partner von Zwiebeln, Möhren und Gurken und er fördert deren Wachstum.*

- *Das würzige Bohnenkraut hält Bohnenläuse fern und verbessert das Aroma der Bohnen.*

- *Kohl gedeiht besser mit Kräutern als Randbepflanzung.*

- *Kamille verbessert die Widerstandskraft gegen Pilzkrankheiten beispielsweise bei Spinat, Erbsen, Bohnen und Salat.*

- *Tagetes hilft gegen Bodenälchen an Bohnen, Kohl und Tomaten.*

- *Einjährige Sommerblumen locken Florfliegen und Schwebfliegen an, deren Larven Läuse vertilgen.*

zeitlichen Wechsel ab, handelt es sich um einen Fruchtwechsel, findet dieses Wechselspiel innerhalb eines Beetes statt, spricht man von Mischkultur.

Wenn sie im zeitigen Frühjahr Gemüse vorziehen wollen, gelingt dies im warmen Frühbeetkasten, im Gewächshaus sowie im preiswerten Folientunnel. Wer ins Freie sät, sorgt dafür, dass das Saatbeet immer locker, feinkrümelig und feucht ist. Zum Keimen und Wachsen muss es ausreichend warm und feucht sein, außerdem wird nicht zu dicht und beispielsweise in Rillen gesät, später werden die Reihen ausgelichtet. Auf diese Weise verschaffen Sie den Pflanzen einen Vorsprung und können zeitig im Jahr Gemüse

in Mischkulturen kultivieren, ernten und frisch genießen.

Kräutergarten – Der Schatz der Vorfahren

Sie würzen unsere Speisen, wachsen meist anspruchslos und halten uns gesund – daher dürfen Kräuter in keinem ländlichen Garten fehlen. Seit Jahrtausenden dienen Kräuter Menschen aller Kulturen als Würz-, Küchen-, Duft-, Tee- oder Heilkräuter. Das Kräuterwissen unserer Ahnen spiegelt sich in vielen Mythen wieder und die moderne Kräutermedizin wäre ohne den Erfahrungsschatz unserer Vorfahren undenkbar. Die-

Wer sagt denn, dass es im Heilkräutergarten nicht farbenfroh zugehen kann? Wenn Kräuter wie Indianernesseln, Johanniskraut, wilder Majoran und Mariendistel zwischen Gemüse und Einjährigen blühen, ist auch optisch Vielfalt angesagt.

se sammelten Wildkräuter und begannen bald, diese auch in Hausnähe zu kultivieren. Und was später in den alten Kloster- und Bauerngärten wuchs – wir pflanzen es wieder. Dazu bereichern viele aromatische Gewächse aus aller Welt unsere Beete und verwöhnen unsere Sinne.

Im Garten nehmen Kräuter kaum Platz ein und machen vielerorts eine gute Figur: Ob als Ein- oder Mehrjährige im Küchen- und im Gemüsegarten, in bunten Staudenrabatten, als Beetsaum, Kübelpflanze, Dufteppich, in der Kräuterspirale, im Hochsitz oder gar auf dem Dach – Kräuter laden zum Gestalten ein und verbinden das Schöne mit dem Nützlichen. Im Gemüsegarten bewähren sich die grünen Tausendsassas seit jeher als Mischkulturpartner: Sie wehren nicht nur Schädlinge ab, sondern verbessern oft das Aroma benachbarter Gemüsepflanzen: Bohnenkraut *(Satureja montana)* das der Bohnen, Borretsch *(Borago officinalis)* das der Gurken, deshalb auch Gurkenkraut genannt.

Ein formaler Rahmen aus Buchsbaum, der wadenhoch Beete umläuft, bildet einen schönen Kontrast zum wilden Wuchs von Kräutern wie Kapuzinerkresse, Ringelblume und Borretsch.

Kräuter tummeln sich seit jeher im Bauerngarten, wo Nützliches und Schönes gemeinsam gedeiht. Einige haben sogar den Sprung ins Prachtstaudenbeet geschafft, so wie der heilkräftige Sonnenhut *(Echinacea purpurea)* und die Indianernessel *(Monarda didyma)*. Mit ihren roten Blütenköpfen stiehlt sie vielen Schmuckstauden die Schau. Auch dank bunt gezeichneter Blätter gedeihen viele einst unscheinbare Kräuter im Blumenbeet: der Goldsalbei *(Salvia officinalis)* ‚Aurea‘, die gelbbunte Melisse *(Melissa officinalis)* ‚Variegata‘ und der weiß- oder gelbbunte Zitronenthymian *(Thymus × citriodorus)*. Mit ihrem Laub vermitteln die duftenden Blätterkissen zwischen hochstängeligen und großblütigen Pflanzen.

Oft sind die Grenzen zwischen Zierpflanzen und Kräutern fließend: die Braunrote Taglilie *(Hemerocallis fulva)* feiert gelungene Auftritte in der Staudenrabatte, während Feinschmecker den Geschmack ihrer knolligen Wurzeln schätzen.

Viele unserer Gartenkräuter stammen ursprünglich aus dem Mittelmeerraum oder aus anderen warmen Gefilden. Sie sonnen sich daher am liebsten auf windgeschützten Beeten in Süd- oder Westlage. Ihre Wurzeln strecken sie gerne in magere, gut durchlässige Böden. Staunässe vertragen sie nicht, die im Sumpf wachsenden Kräuter wie Brunnenkresse *(Nasturtium officinale)* oder Wasserminze *(Mentha aquatica)* ausgenommen. Sorgen Sie für einen guten Wasserabzug: Bei einem sehr bindigen Boden heben Sie die Erde im Umfang des Beetes aus und füllen Schotter und Kies als Drainageschicht ein. Den Aushub magern Sie mit Sand ab. Ist die Erde dagegen zu „fett“, also zu nährstoffreich, schießen die Pflanzen ins Kraut. Sie produzieren viel Blattmasse auf Kosten von Aroma und Geschmack: der Lavendel *(Lavandula angustifolia)* duftet weniger, der Knoblauch *(Allium sativum)* verliert an Schärfe.

Setzen Sie der sandigen Erde reifen Kompost zu. Dieser ist für die zukünftigen Beetbewoh-

ner sehr bekömmlich: Zuerst eine dünne Schicht ausbringen, dann oberflächlich einharken. Kräutern, die nach mehr Nährstoffen verlangen, bekommen zusätzlich eine Handvoll Hornspäne untergemischt. Die Nachkommen vieler heimischer Wildkräuter wie Petersilie *(Petroselinum crispum)*, Schnittlauch *(Allium schoenoprasum)*, Minze *(Mentha species)*, Waldmeister *(Galium odoratum)* oder Engelwurz *(Angelica archangelica)* verlangen nach dieser Extraportion Dünger.

Platz für Kräuter ist auch im kleinsten Garten. Je kleiner Ihr Garten ist, umso klarer sollte das Konzept für Ihre duftende Oase sein. Streng geometrische Formen unterstreichen die üppige Pflanzenpracht, sind pflegeleicht und mit mindestens 30 cm breiten Wegen gut begehbar. Der Wegebelag aus Kieselsteinen, Ziegel, aus Pflaster oder Keramikplatten bestimmt maßgeblich das Gesicht des Gärtchens. Die Klostergärtner von einst legten quadratische oder rechteckige Kastenbeete an, die mit einfachen Brettern eingefasst waren. Die empfehlenswerte Größe der einzelnen Beetflächen liegt zwischen 80 und 120 cm im Quadrat. Später waren es nach klassischem Vorbild Kreise und Kreisbögen und ein Rondell in der Gartenmitte, die sich als typische Merkmale durchsetzten. Dafür spannen Sie jeweils von einer Gartenecke zur schräg gegenüberliegenden eine Schnur. Dort, wo sich die

In der frühsommerlichen Morgensonne leuchten die Blüten von Kräutern und Blütenpflanzen um die Wette: Einjährige Schmuckkörbchen sind dankbare Lückenfüller, während Rudbeckien mit ihren orangefarbenen Blütensonnen Stammplätze beanspruchen.

beiden Schnüre kreuzen, liegt der Mittelpunkt des Gärtchens. Markieren Sie diesen, indem Sie dort einen Holzpflock einschlagen. An diesem befestigt man eine Schnur mit einer sandgefüllten Flasche am anderen Ende. Mit diesem Zirkel kann man die Beetlinien exakt markieren und mit Sand nachstreuen.

Statt einem Kräutergarten können Sie auch einen Kräuter-Hochsitz anlegen: Er beugt nassem Stand vor, erleichtert die Pflege und beschert gute Ernten. Wer sich das Mini-Gärtlein selber zimmert, wählt nicht imprägnierte Bretter aus und füllt zuunterst eine Drainageschicht aus Kiesel, Zweigen oder Schnittholz ein.

Seit Jahren beliebt sind auch Kräuterspiralen. Hier gedeihen duftende und würzende Schätze gleich auf mehreren Etagen: Zuoberst sitzen Sonnenkinder wie Thymian (Thymus species) und Lavendel (Lavandula spec.), gefolgt von den Normalbürgern wie Estragon (Artemisia dracunculus) und Dill (Anethum graveolens) bis hin zu den Feuchtzonenbewohnern wie Minzen (Mentha species) und Brunnenkresse (Nasturtium officinale). Legen Sie zuunterst die Natursteine oder Ziegel beinahe kreisförmig aus und füllen das Spiraleninnere unten mit Schotter, darüber Erde von sandig (oben) bis lehmig-humos (unten). Die Steine leicht schräg, nach innen sich verengend, bis 120 cm hoch übereinander schichten. Kräuter nicht zu eng pflanzen, sonst herausnehmen und teilen.

Manche Kräuter wie Kerbel (Anthriscus cerefolium), Liebstöckel (Levisticum officinale) und Johanniskraut (Hypericum perforatum) säen sich leicht selbst aus. Sie brauchen nur die Sämlinge an den gewünschten Ort pflanzen. Andere Kräuter breiten sich rasend schnell durch Ausläufer aus: Teile von Melisse (Melissa officinalis), Minzen (Mentha species) und Estragon (Artemisia dracunculus) stechen Gärtner mit dem Spaten ab und setzen sie an den gewünschten Platz. Verholzende Kräuter wie Salbei (Salvia officinalis), Ysop (Hyssopus officinalis), Lavendel (Lavandula spec.) und Eberraute (Artemisia abrotanum) lassen sich am besten über Stecklinge vermehren: Diese sollten nicht verholzt, aber auch nicht mehr weich sein, 2–3 Blattpaare besitzen und etwa 5–7 cm lang sein. Schneiden Sie die Triebe an den Stängelknoten (Nodien) der Mutterpflanze mit einem scharfen Messer ab. Danach das Zwischenknotenstück (Internodie) unter dem letzten Stängelknoten des Stecklings einkürzen. Das Schnittgut direkt ins Beet oder in einen Topf mit lockerer, feinkrümeliger Erde setzen. Diese zuvor mit einem Brettchen andrücken, um Halt zu bieten. Die Stecklinge treiben jeweils an den Nodien frische Wurzeln.

Frühlingswildkräuter liefern meist mehr gesundheitsfördernde Stoffe als Kultursorten, schmecken lecker und bereichern jeden Speiseplan. Sammeln Sie nur Kräuter, die Sie kennen: Ein gutes Bestimmungsbuch, das Teilnehmen an lokalen Kräuterwanderungen und Expertenrat erweitern Ihre Artenkenntnis. Wildkräuter bereiten Sie am besten frisch zu, damit Aroma und Geschmack erhalten bleiben. Dafür die unzerkleinerten Pflanzenteile waschen und mit Küchenpapier trocken tupfen. Erst kurz vor dem Verzehr hacken, wiegen, schneiden oder zerreiben Sie die das Erntegut. Die meisten wilden Kräuter schmecken sowohl roh als auch gegart. Das kräftige Aroma mildern Sie mit gekochten Kartoffeln, gehackten Nüssen sowie klein geschnittenen Äpfeln. Eine Salatsoße mit Joghurt, saurer oder süßer Sahne, mit kalt gepresstem Öl, Zwiebeln und Balsamico-Essig bereichert den Wildsalat. Beizeiten im Frühjahr sprießen:

Bärlauch (Allium ursinum), Brennessel (Urtica dioica), Brunnenkresse (Rorippa nasturtium-aquaticum), Sauerampfer (Rumex acetosa), Spitzwegerich (Plantago lanceolata) und Frauenmantel (Alchemilla mollis).

Winterkräuter bieten Väterchen Frost mutig Paroli. Wer sie im Spätsommer auf die abgeräumten Beete sät, kann in der kalten Jahreszeit vitaminreiches Grün ernten:

Winterkresse (Barbarea vulgaris), Winterportulak (Montia perfoliata), Rauke (Eruca sativa), Kerbel (Anthriscus cerefolium), Löffelkraut (Cochlearia officinalis), Pimpinelle (Sanguisorba minor) und Petersilie (Petroselinum crispum) liefern frische Blättchen. Sie gedeihen auf Sonnenplätzen auf lockerer, durchlässiger Erde.

Wenn Sie die Pflanzen nicht selbst vermehren wollen: Die meisten Kräuter sind im Handel im Plastiktopf erhältlich. Tauchen Sie den Wurzelballen in Wasser, bis keine Luftblasen mehr aufsteigen, lassen die Erde abtropfen und topfen dann aus. Legen Sie die Kräuter erst so auf dem Beet aus, wie sie nachher gepflanzt werden sollen. Dann die Pflanzen einsetzen und einzeln vorsichtig angießen. Ältere Exemplare wie Lavendel und Eberraute kommen gleich nach dem Ausgraben und Teilen an ihre neuen Plätze. Bedenken Sie beim Pflanzen auch den Ausbrei-

links: Platz für Kräuter findet sich auch in kleinen Gartenecken. Hier sind es Rosmarin, Lavendel und Kapuzinerkresse, die sich ein Stelldichein geben.

Kräuter und auch andere Pflanzen des ländlichen Gartens sind unglaublich praktisch: Sie schützen vor Krankheitskeimen, Vorratsschädlingen und Mottenfraß, helfen beim Wäsche waschen, Möbel und Geschirr reinigen und sind aus der Körperpflege wie aus der Medizin nicht wegzudenken. Hier eine kleine Auswahl der vielfältigen Nutzungsmöglichkeiten:

• Ringelblumen-Salbe heilt kleine Hautabschürfungen, wunde Kinderpopos, Entzündungen und Geschwüre. Frisch gepflückte Blüten und Blätter (Calendula officinalis) zerdrücken oder klein schneiden. Pro EL Blüten einen EL Schmalz oder gute, ungesalzene Butter rechnen. Das Fett in einem Topf vorsichtig erwärmen, die Pflanzenteile hineingeben und unter ständigem Rühren langsam aufkochen. Vom Herd nehmen, 10 Minuten durchziehen lassen. Ehe das Fett fest wird, über ein Tuch abfiltern und den Rückstand gut auspressen. Die Salbe hält, dunkel gelagert, in Cremedöschen im Kühlschrank etwa 1 Jahr.

• Auf den Boden gestreute Kräuter desinfizierten bei unseren Vorfahren die Raumluft in Haus und Hof und halfen, sich gegen Krankheitskeime zu wappnen. Gestreut wurden Wermut, Wacholder und Rainfarn, aber auch Mädesüß, Salbei und Ysop in Haus und Stall. Selbst in feinen Haushalten war es üblich, Heiligenkraut und Lavendel auf Steinböden und unter Teppiche zu streuen: Beim Darüberlaufen wurden die Blätter zertreten und die Wohlgerüche freigesetzt. Wer an diesen Brauch anknüpfen, jedoch nicht überall am Boden Kräuterteile liegen haben möchte, schiebt beispielsweise Rosmarinbüschel unter Teppiche und Matten, die ihre Düfte auf Berührung und Druck hin freigeben.

• Auch das Aufstellen von mit Kräutern gefüllten Schalen geht auf die uralte Tradition der Streukräuter zurück. Vor allem in herrschaftlichen Häusern war es bei den feinen Damen Mode, Potpourris aufzustellen und Duftwässer zu benutzen.

• Zum Ausräuchern von Räumen legte man frische oder getrocknete Kräuter in die heiße Glut. Zum Desinfizieren von Krankenzimmern verwenden Kräuterkundige Pfannen voll Wacholderbeeren, Rosmarinblättern und Eukalyptus.

• Mit Flohkraut, Wermut und Beifuß halten sich Kenner unerwünschte Insekten wie Flöhe vom Leib. Mancher Hund dürfte für solche Hilfsmaßnahmen dankbar sein: Ein Kräutersäckchen gefüllt mit Eberraute, Kamille, Poleiminze und Eukalyptus vertreibt im Hundekörbchen lästige Plagegeister.

• Gras, Heu oder Stroh dienen in manchen Ländern bis heute als Matratzenfüllung. Als duftende Zusätze sind Echtes Labkraut und Waldmeister beliebt. Letzterer verströmt beim Vertrocknen Cumarin, das nach frischem Heu duftet.

• Statt Muff und Motten in Kleiderschrank und Schubladen sorgen Kräuterbüschel und Duftkissen für saubere Luft. Vor allem die aromatisch duftende Eberraute, die die Franzosen garde robe = Kleiderschutz nennen, hat sich als Mottenschutz bewährt. Gute Dienste leisten auch Rainfarn und wegen des Duftes Lavendel und Rosmarin. Zu einer Zeit, als Nahrung noch in Holzkisten und Säcken lagerte, waren wirksame Abwehrmaßnahmen gegen Motten unerlässlich.

• Duftwässer – nicht nur gegen Motten: Kräutersträuße aus Heiligenkraut, Weinraute, Balsamkraut und Waldmeister halfen, die lästigen Plagegeister zu vertreiben. Sogar Wurzelstücke von Kalmus und Alant wurden ausgegraben, um die Motten in die Flucht zu schlagen. Stellen Sie Ihre „Kräuterabwehr" immer nach eigenem Duftempfinden zusammen – angenehmer als Mottenkugeln riecht diese dann allemal.

• Seifenkraut enthält vor allem im Wurzelstock Saponine. Man grub die Wurzel im Herbst aus, reinigte sie, schnitt sie in Stücke und trocknete diese. Durch das Kochen der Stücke in Wasser entstand eine Waschlauge, die half, Feines wie Wolle und Seide schonend zu reinigen.

• Efeu war als Waschbrühe bekannt. Ein altes Rezept verrät Folgendes: 100 Efeublätter in 2 l Wasser 10 Minuten kochen, die Blätter dann herausnehmen, zerkleinern, nochmals ins Wasser geben, dann abseihen. Diese Brühe hilft auch, Naturtextilien sauber zu halten und verblichene Farben aufzufrischen.

- *Rosskastanie:* Haben Sie sich auch schon gewundert, wenn im Herbst bei starkem Regen das Wasser im Rinnstein schäumt? Verantwortlich hierfür sind meist am Boden liegende Kastanien, die Saponine freigeben. Um dies zu nutzen, die Schale der Kastanien entfernen, die Samen trocknen und zerstampfen. Dann etwa 1 Stunde im Wasser kochen und abseihen. Mitunter wurden die Samen vermahlen, das Mehl in Schraubgläsern aufbewahrt und nach Bedarf zum Reinigen vor allem für dunkle Stoffe und Wollsachen verwendet.

- *Kornrade:* Das Ackerkraut ist vom Aussterben bedroht, doch einst hängte man die Samen in Säckchen in kochendes Wasser, um eine Waschlauge herzustellen.

- *Lavendel-Duft-Fläschchen:* Zugegeben, dieses Duftwasser riecht etwas altmodisch, doch ist es ungemein erfrischend. 300 ml Alkohol, 1 TL Lavendelöl und 6 EL Rosenwasser in eine saubere Flasche füllen. Gut schütteln und an einen kühlen, dunklen Ort stellen; täglich einmal schütteln. Nach etwa 4 Wochen in Parfümflaschen umfüllen.

tungsdrang mancher Kräuter: Bei Minzen empfiehlt es sich, sie in Gefäßen in die Erde zu setzen oder ihnen ein eigenes Beet zuzuteilen.

Damit Kräuter ihre buschige, kompakte Form behalten, verlangen sie regelmäßig einen Schnitt: Sie brauchen dann weniger Platz, sind schöner anzusehen und treiben buschiger durch. Bei massigen Gewächsen wie Liebstöckel *(Levisticum officinale)* und Beinwell *(Symphytum officinale)* kürzen Sie einige Triebe gleich eine Handbreit über dem Boden ein. Einen leichten Rückschnitt im Frühjahr erhalten niedrig wachsende Kräuter wie Thymian *(Thymus vulgaris)*, Gamander *(Teucrium chamaedrys)*, Heiligenkraut *(Santolina chamaecyparissus)* und Lavendel. Bei den beiden Letzteren darf man nicht bis ins alte Holz schneiden, da sie sonst nicht mehr austreiben.

Einige Kräuter rahmen kurz geschnitten Beete und Wege ein. Warum nicht ein Beet mit Schnittlauch säumen? Auf diese Weise sind die Zwiebelgewächse immer gut greifbar, und wenn Sie aufs Ernten verzichten, bringt der Schnittlauch schöne rosa-violette Blüten hervor. Für Kräuterhecken eignen sich auch Ysop *(Hysoppus officinalis)*, Winterthymian *(Thymus vulgaris)*, Salbei *(Salvia officinalis)*, Eberraute, Melisse *(Melissa officinalis)*, Weinraute *(Ruta graveolens)* und Bergbohnenkraut *(Satureja montana)*.

Beerengarten – Naschen ohne Reue

Was wäre ein Sommer ohne Himbeeren, Johannisbeeren und Co.? Sträucher, Spaliere oder Hochstämme spendieren ihre Früchte auch im Vorbeigehen und haben im kleinsten Garten Platz. Doch dies war nicht immer so. Im Bauerngarten blieb das einst wild wachsende Beerenobst vor dem Zaun – Walderdbeeren, Stachel- und Johannisbeeren sowie Himbeeren ließen sich draußen kübelweise ernten, und warum sich in den Garten holen, was unweit wächst? Vermutlich pflanzten unsere Vorfahren erst im 18. Jahrhundert Johannis- und Stachelbeeren in die Beete, später wurde anderes Beerenobst wie Erd-, Him-, schwarze Johannis- und Stachelbeere kultiviert. Grund hierfür waren neue Kulturformen, die wesentlich größere Beeren hervorbrachten. Heutzutage dürfen solche Sträucher in keinem Garten mehr fehlen. Dabei muss die Ernte keine Vorratskammern mehr füllen, sondern dient als Naschobst, das direkt von der Hand in den Mund gelangt. Selbst im kleinen Küchengarten reichen ein Johannisbeer-Hochstämmchen und zwei bis drei Erdbeerreihen, während die Büsche von Monatserdbeeren am Rand eines Blumengartens Früchte spendieren und kletternde, dornenlose Brombeeren Lauben, Pergolen oder Blumenbögen erobern. Denn viele der Früchte tragenden Büsche können in punkto Zierwert durchaus mit den „Nur-Schönen" mithalten.

Wenn Sie passende Arten und Sorten für Ihren Garten suchen, entscheiden Sie sich besser für solche, die an die Klima- und Bodenverhältnisse vor Ort angepasst sind und die zur Größe ihres Gartens passen. Außerdem empfiehlt es sich, Sorten mit Beschreibung zu erwerben statt Namenlose und die Erntezeit unterschiedlicher Arten und Sorten aufeinander abzustimmen. Wer beispielsweise hübsche Stämmchen als Blickfang wählt, muss wissen, dass diese etwas anfälliger als buschige Formen sind. Die meisten Beerenar-

ten verlangen Sonne, luftigen Stand und nährstoffreiche Erde, die jedoch locker und humos sein muss, ohne Staunässe zu bilden. Mit einer Mulchschicht gedeihen vor allem solche Beerenarten gut, die ein flaches Wurzelwerk bilden wie Brombeeren und Himbeeren. Diese mögen, ebenso wie auch Stachelbeeren und Johannisbeeren, eine Decke aus Grün- oder Schnittabfällen, Brennnesseln oder Beinwell. Als Start ins neue Beerenjahr danken Ihnen die Sträucher eine Gabe aus gut abgelagertem Kompost im Frühjahr und später regelmäßige Düngegaben mit verdünnten (1:10) Brennnessel- oder Beinwelljauchen. Wenn diese Voraussetzungen erfüllt sind, sind die Sträucher wenig krankheitsanfällig. Sie sind ideal für Naschkatzen und mit dem Obstanbau Unerfahrene, da die Pflanzen pflegeleicht, platzsparend und wenig krankheitsanfällig sind sowie regelmäßig Früchte spendieren. Diese stecken voll wertvoller Inhaltsstoffe wie Vitamine, Fruchtsäuren, Mineralstoffe und Ballaststoffe, wirken abwehrsteigernd und beugen Infektionskrankheiten vor. Enthalten sind auch sogenannte Biophenole. Diese wirken freien Radikalen entgegen, die sonst beispielsweise die Haut altern lassen oder sogar Krebs auslösen können. Der Schnitt von Beerensträuchern ist meist nach der Ernte fällig, dabei ist die Art des Zurechtstutzens abhängig von der Wuchsform.

Viele Obstarten, die wir zum Beerenobst zählen, sind vom Aufbau ihrer Früchte her gesehen keine Beeren. Sie werden jedoch wegen der Eigenschaften ihrer Früchte zum Beerenobst gerechnet wie beispielsweise Erdbeeren (Sammelnussfrucht). Zu den Hauptbeerenarten zählen Erdbeeren, Himbeeren, Brombeeren und die weniger bekannten Apfelbeeren, Mispeln, Hagebutten und Ebereschen – allesamt Rosengewächse. Johannis- und Stachelbeeren sind Steinbrechgewächse, während Holunder und Maibeere den Geißblattgewächsen sowie Sanddorn den Ölweidengewächsen zugerechnet werden. Heidel- wie auch Preiselbeeren, Moosbeeren und Cranberries sind Mitglieder der Familie der Heidekrautgewächse, während Weinreben zu den Weinrebengewächsen gehören.

Wildes Beeren-, Kern- und Steinobst darf heute in keinem ländlichen Garten fehlen: Felsenbirne, Kornelkirsche, Maulbeere, Mispel, Speierling, Schlehe, Holunder und Eberesche sind alte Wildobstarten im Aufwind. Landfrauen ernten ihre Früchte in Natur und Garten und bereiten sie für die Wildpflanzen-Gourmetküche zu. Die Früchte besitzen sehr viele wertvolle Inhaltsstoffe wie verschiedene Vitamine, Mineralstoffe, Fruchtsäuren, Pektine, Gerbsäuren und Phenole. Viele von ihnen können nicht roh verzehrt werden wie Holunderbeeren, andere schmecken zusammenziehend wie Edeleberesche (‚Rosina‘, ‚Konzentra‘), Speierling und Schlehe. In veredelter Form als Likör, Edelbrand, Fruchtaufstrich und Saft (pur oder als Mischfrucht) und als Tee bereichern sie unsere Ernährung. Roh verzehren lassen sich Felsenbirne, Kornelkirsche, Maulbeere und Mispel; in geringem Umfang auch Edeleberesche. Wer Wildobst pflanzt, besitzt meist problemlose Pflanzen, die nicht nur schöne Früchte spendieren, sondern Blüten, die zahlreiche Insekten locken, und mitunter auch Blätter mit wunderschöner Herbstfärbung.

Hier nun eine kleine Beerenkunde:

• Erdbeere: Bereits unsere Vorfahren aus der Steinzeit genossen Walderdbeeren. Direkt verwandt mit diesen sind unsere Monatserdbeeren. Die rundlichen Büsche blühen und fruchten gleichzeitig und verwöhnen uns einen Sommer lang mit süßen, aromatischen Früchten. Die Ausläufer bildende Gartenerdbeere stammt dagegen von Kreuzungen zweier amerikanischer Arten ab, von denen es unzählige Sorten gibt. Mittlerweile gibt es auch Kreuzungen zwischen Wald- und Gartenerdbeeren, die das süß-würzige Walderdbeerenaroma in großen Früchten enthalten: Die Sorte ‚Florika‘ ist hier der Klassiker, der seit über 20 Jahren in Biogärten dichte Erdbeerwiesen bildet und dessen Laub nach der Ernte einfach abgemäht wird. Bewährt hat sich auch die Sorte ‚Spadeka‘, die besonders aromatisch schmeckt, dafür aber nicht so wüchsig ist wie ihre berühmte Schwester. Gartenerdbeeren pflanzen Sie am besten im August und September in Reihen, in 1,20 m breite, humose Beete, die mit halb verrottetem Laub gemulcht wurden. Im Beet haben zwei Reihen Platz, zwischen den Pflanzen lassen Sie etwa 25 cm Abstand. Eine Mulchschicht aus Stroh trägt dazu bei, dass die Früchte trocken liegen und gesund bleiben. Bei der Sortenwahl gilt es, zwischen einmal (‚Senga Sengana‘, ‚Elvira‘) und öfter tragenden Sorten (‚Ostara‘, ‚Hummi Gento‘) zu entscheiden.

• Johannisbeere: Während Schwarze Johannisbeeren eine Befruchtersorte brauchen, sind Rote und Weiße Johannisbeeren selbstfruchtbar, doch auch sie fruchten oft üppiger, wenn eine fremde Sorte Pollen spendiert. Am besten wählen Sie die Sorten nach Reife Bereits unsere Vorfahren in der Steinzeit liebten Walderdbeeren. In unseren Gärten sind es meist die mit ihnen verwandten Monatserdbeeren, die uns wochenlang mit süßen Früchten beschenken.

Wer kann da widerstehen: Himbeeren, Erdbeeren und Heidelbeeren schmecken frisch aus dem Garten von der Hand in den Mund oder als Süßspeise, Sorbet, Sirup oder Gelee.

licher als diese. Die Erde darf etwas kalkhaltig und lehmig sein. Die ausgereiften Früchte sind je nach Sorte grün (‚Grüne Kugel‘, ‚Lady Delamere‘), rot (‚Rote Triumph‘) oder gelb (‚Hönings Früheste‘).

- **Himbeere:** Sie wächst gern als Hecke am Zaun entlang oder als einfaches Spalier. Dazu zwischen zwei Eckpfosten zwei Drähte in etwa 50 cm Abstand spannen und die Triebe hindurchziehen. Zum Vermehren von Himbeerkulturen einfach Wurzelausläufer ausgraben und andernorts wieder einpflanzen. Rund um Himbeeren hat es sich bewährt, Ringelblumen zu pflanzen ebenso wie Buschbohnen, deren Laub als niedrige Bodendecke liegen bleibt. Es gibt Sommer- und Herbstsorten: ‚Malling Promise‘ trägt früh und reich und bildet große Beeren. Dabei wächst sie stark und ist wenig krankheitsanfällig. ‚Glen Ample‘ besitzt stachellose Ruten und große, lockende Beeren, die vor allem Kinder magisch anziehen. Die Beeren dieser sehr ertragreichen, aus Schottland stammenden Sorte sind im Juli reif. ‚Aroma Queen‘ ist eine ertragreiche Herbstsorte mit süßem Waldhimbeerengeschmack; die kräftigen Ruten brauchen kein Gerüst. ‚Golden Bliss‘ trägt gelbe Beeren, die von August bis Oktober reifen.

gestaffelt aus, um möglichst lange ernten zu können. Von Roten und Weißen Johannisbeeren gibt es Sträucher, Halbstämmchen und Hochstämmchen, wobei Sie die Sträucher auch als Spalier an Drähten ziehen können. Dies sieht entlang von Wegen hübsch aus und außerdem können Sie im Vorbeigehen zugreifen. Schwarze Johannisbeeren lieben es noch feuchter als Rote Johannisbeeren, Staunässe mögen sie jedoch auch nicht.

- **Jostabeere:** Sie ist eine Kreuzung zwischen Schwarzer Johannisbeere und Stachelbeere, wächst stark und trägt sehr große, schwarze und aromatische Beeren, die einen leckeren Saft ergeben.

- **Stachelbeere:** Stachelbeeren lassen sich wie Johannisbeeren kultivieren und gelten sogar als noch anspruchsloser und schattenverträg-

- **Brombeere:** Sie ist robust und anspruchslos, liebt etwas mehr Sonne als die Himbeere sowie einen waldähnlichen Boden mit einer Mulchdecke. Die Früchte reifen nach und nach; die Ernte kann sich über Wochen hinziehen. ‚Theodor Reimers‘ ist eine alte, reich tragende Sorte, die sich auf sandigen Böden bewährt. ‚Thornless Evergreen‘, eine stachellose Sorte, macht mit dekorativ geschlitztem Laub auch im Ziergarten eine gute Figur. ‚Navaho Bigandearly‘ ist eine dornenlose Säulen-Brombeere und kann aufrecht im Kübel beispielsweise auf der Terrasse wachsen. Die Früchte sind aromatisch, fest und groß.

- Heidelbeere, Preiselbeere: Diese Beeren mögen humose, saure, gleichmäßig feuchte, gut durchlüftete Böden, die möglichst kalkfrei sind und wachsen gerne dort, wo Rhododendren gut gedeihen. Wer solche Ansprüche im Garten nicht erfüllen kann, bietet ihnen die Topfkultur an – ein großes Gefäß vorausgesetzt. Gartenheidelbeeren besitzen übrigens – im Gegensatz zu ihren wilden Verwandten – größere, süßere Beeren mit hellem Fruchtfleisch.

- Weinbeere: Weinreben wollen frei, sonnig und windgeschützt, beispielsweise in einem Atriumgarten oder an einer Südwand, stehen. Sie begleiten den Menschen seit über 5000 Jahren und spendieren Beeren voller Traubenzucker, Fruchtsäuren, Vitamine und Mineralsalze, wobei rote Rebsorten noch gesünder als gelbe oder grüne sind. Weinstöcke verlangen kalkhaltige, warme, gut durchlässige Böden, da sie bis zu 8 m tief wurzeln. Wer einen Rebstock pflanzen will, tut dies am besten im Frühjahr, indem er die Rebe schräg in ein etwa 80 cm tiefes Loch setzt und die Grube mit reifem Kompost auffüllt, dem Knochen- und Gesteinsmehl untergemischt wurde. Den Aufbau des Weinstock-Gerüstes sowie den laufenden Pflegeschnitt lassen sich Anfänger am besten von einem Fachmann vor Ort erklären, während Sie Topfreben in einer renommierten Baumschule kaufen, die mit dem regionalen Klima und Boden vertraut ist. Bewährte Weintrauben sind ‚Birstaler Muskat‘, ‚Muskat Blue‘, ‚Regent‘ und ‚Früher Malinger‘.

KENNEN SIE SCHON …

- *Taybeeren: Sie sind eine Kreuzung aus Brombeeren und Himbeeren mit bis zu 4,5 cm langen, wohlschmeckenden Früchten. Die Sorte ‚Medana‘ besitzt ein köstliches, süß-säuerliches Aroma. Die Frucht ist fein für Gelees und Konfitüren.*

- *Weinbeeren: Ihre himbeerähnlichen, bis zu 2 cm großen Früchte schmecken süß wie Waldhimbeeren und sitzen an Trieben, die dicht bestachelt sind. Der Strauch wächst bis zu 2 m hoch und bringt auch im lichten Schatten eine gute Ernte.*

- *Apfelbeeren: Wer sie kennt, schätzt sie, da sie anspruchslos und trotzdem ertragssicher wachsen. Blüte und Strauch sind frosthart, die violettschwarzen, erbsengroßen Früchte ähneln Miniäpfeln und schmecken süßer, wenn Sie diese möglichst lange am Strauch lassen. Die rote Herbstfärbung des knapp 2 m hohen Strauchs ist ein schöner Blickfang.*

- *Moosbeeren: Geschmack und Inhaltsstoffe ähneln denen von Preiselbeeren, dabei gleicht die Moosbeere optisch einer Cranberry, ist aber empfindlicher als diese.*

- *Maibeeren: Wie ihr Name verrät, läuten sie die Beerensaison ein. Sie tragen blaue, ungewöhnlich walzenförmig aussehende Früchte, die wie süße Heidelbeeren schmecken. Der Strauch ist bis zu 1,5 m hoch, gedeiht robust im Halbschatten und ist frostfest.*

- *Mini-Kiwis: Ihre glattschaligen, maximal stachelbeergroßen Früchte reifen ab Oktober und schmecken wie eine Mischung aus Stachelbeere, Kiwi und Feige. Die auch als Weiki oder Bayern-Kiwi bekannte Schlingpflanze rankt gerne, windgeschützt und sonnig, über Spaliere und Lauben und bevorzugt schwach saure Böden. In Baumschulen werden meist eine männliche und eine weibliche Pflanze gemeinsam in einem Topf angeboten, die im Garten nicht weiter als 2 m voneinander entfernt wachsen sollten, um Früchte zu erzeugen.*

Obstgarten – Rückkehr ins Paradies

Obstbäume wie Apfel, Birne und Co. begleiten uns im Wechsel der Jahreszeiten. Dabei gibt es auch für kleine Gärten geeignete Wuchsformen und viele alte, regionale Sorten wiederzuentdecken. Lohnenswert sind Obstbäume allemal, denn ein Sonntagsfrühstück unter einem blühendem Apfelbaum ist allein schon ein echtes Erlebnis. Der reiche Blütenflor ist verschwenderisch, da sich beim Apfel- oder Birnbaum nur aus 10 Prozent der Blüten Früchte entwickeln, bei Kirschen sind es immerhin 20 Prozent. Später im Jahr reichen diese Blüten aus, um für einen vollen Behang zu sorgen. Stein- und Kernobst steckt voller Vitamine, Mineralstoffe, Zucker und Fruchtsäuren. Ungeschältes Obst liefert wichtige Ballaststoffe, welche die Darmtätigkeit anregen. Nüsse enthalten wenig Vitamine, dafür viel wertvolles Eiweiß sowie Fette, Kalzium, Phosphor und Eisen. Beim Steinobst umschließt das Fruchtfleisch einen Kern, der steinhart ist und in dem der Samen verborgen liegt. Dazu zählen Pfirsich, Kirsche, Nektarine, Aprikose, Zwetschge, Pflaume und Mirabelle. Kernobst ist dadurch charakterisiert, dass das Fruchtfleisch ein Gehäuse umschließt, in dem kleine Samenkörner stecken. Apfel, Birne, Quitte, Mispel, Speierling und Eberesche sind Kernobst. Die verschiedenen Nüsse wie Walnüsse und Haselnüsse gehören zum Schalenobst, da ihre essbaren Samen von harten, holzigen Außenschalen umgeben sind.

Es gibt selbst fruchtbare Obstarten, die sich vom eigenen Pollen befruchten lassen. Bei anderen

Heidelbeeren wachsen wild in Heide- und Moorlandschaften. Gartenheidelbeeren besitzen – im Gegensatz zu ihren wilden Verwandten – größere, süßere Beeren mit hellem Fruchtfleisch.

Bäumen kann nur der fremde Pollen befruchten, wobei die Übergänge zwischen beiden genannten Formen fließend sind. Größere Früchte liefert meist die Fremdbestäubung – auch bei Selbstbestäubern. Vielleicht haben Sie Glück und der Fremdbestäuber wächst zufällig in der Nachbarschaft, in einem Umkreis von 50 bis 100 m, je nach Windrichtung. Ansonsten helfen Sie mit einem blühenden Zweig einer Sorte, die sich zum Bestäuben eignet, nach: Wenn Sie diesen in den zu befruchtenden Baum hängen, erledigen Wildbienen den Rest. Damit der Zweig lange blüht, empfiehlt es sich, diesen in ein mit Wasser gefülltes Gefäß zu stellen. Auf Fremdbestäuber angewiesen sind Apfel, Birne, Süßkirsche, Zwetschge, Reneklode, Haselnuss und Mandel. Selbstbestäuber hingegen sind Quitte, Mirabelle, Pflaume, Aprikose, Nektarine, Pfirsich, Sauerkirsche (Fremdbestäubung erhöht aber bei vielen Sorten den Ertrag) und Walnuss.

Wer sich Obstbäume in den Garten pflanzen möchte, kann verschiedene Größen wählen, und auch für Minigärten gibt es schlanke Spindeln oder Spalierbäume. Die häufigsten Baumformen im Hausgarten sind Spindelbusch, Buschbaum und Halbstamm. Vor allem Spindelbüsche brauchen einen guten, nahrhaften Boden ohne Staunässe sowie im Frühjahr und im Herbst eine Kompostgabe und regelmäßige Wassergaben.

Bei der Auswahl eines geeigneten Obstbaumes gilt es, neben der passenden Größe auch die richtigen Sorten zu finden. Wählen Sie Sorten aus der Region und wenden Sie sich an entsprechende Obstgärtner, Kleingärtnervereine

Kirschen, die süß und saftig schmecken, wollen rasch geerntet sein. Die Erntezeit kann, je nach Region und Witterung, von Ende Mai bis Mitte August dauern.

SORTEN FÜR DEN HAUSGARTEN

- *Haselnuss: ,Hallesche Riesen', ,Webbs Preisnuss'*
- *Walnuss: ,Esterhazy II'*
- *Pflaume und Zwetschge: ,Hauszwetsche', ,Ontariopflaume'*
- *Mirabelle und Reneklode: meist Halbstamm-Sorten, ,Mirabelle von Nancy'*
- *Aprikose: ,Aprikose von Nancy', ,Ungarische Beste'*
- *Pfirsich: ,Früher Alexander', ,Kernechter vom Vorgebirge'*
- *Süßkirsche: nur Großbaum, ,Hedelfinger Riesenkirsche' (Knorpelkirsche), ,Schneiders Späte Knorpelkirsche' (Knorpelkirsche)*
- *Sauerkirsche: ,Morellenfeuer', ,Schattenmorelle'*
- *Quitte: ,Riesenquitte von Leskovac' (Apfelquitte), ,Portugiesische Birnenquitte' (Birnenquitte)*
- *Birne: ,Gute Graue', ,Gute Luise', ,Williams Christ', ,Gellerts Butterbirne', ,Alexander Lucas', ,Köstliche von Charneux'*
- *Apfel (Erntemonat in Klammern): ,Klarapfel' (7), ,Jakob Fischer' (8), ,Gravensteiner' (Mitte 8–Mitte 9), ,Geheimrat Oldenburg' (9), ,Goldparmäne' (Mitte 9–Mitte 10), ,Rote Sternrenette' (Ende 9, Freiherr von Berlepsch' (10)*

oder an gute Baumschulen, die Ihnen Rat geben. Es lohnt sich bei der Auswahl sorgfältig zu sein und die Früchte der infrage kommenden Sorten vorher zu kosten. Wichtige Baumformen für den Hausgarten sind:

- Spindelbusch: Er ist bei Äpfeln und Birnen die moderne Baumform schlechthin, da er auf eine schwachwüchsige Unterlage veredelt wurde. Er besitzt eine Stammhöhe von 40 bis 60 cm, wächst bis zu 3 m hoch und lässt sich in einer Fruchthecke als Sicht- und Windschutz pflanzen. Dann sollte der Abstand der einzelnen Büsche in der Reihe etwa 2,50 m betragen.

- Spalierbaum: Im wärmenden Schutz der Wand gedeihen vor allem Birnen, Aprikosen und Pfirsiche gut. Es handelt sich um ein- bis zweijährige Veredelungen, die auf den gleichen Unterlagen gezogen werden wie Spindelbüsche. Besonders locker und natürlich wirkt ein Fächerspalier, wobei für den Aufbau und den späteren Schnitt der Rat eines Obstbauexperten empfehlenswert ist.

- Buschbaum: Dieser wird weder recht hoch noch bildet er eine umfangreiche Krone aus, sodass er auch in mittelgroßen Gärten Platz findet. Geben Sie Buschbäumen rund 4–5 m rundum Abstand. Die Stammhöhe dieser Bäume beträgt 60–80 cm. Oft benötigen die kleinen Bäume, unter denen vor allem Sauerkirschen und Pfirsiche beliebt sind, einen Pfahl zum Stabilisieren.

- Halb- und Hochstamm: Die Stammhöhen liegen hier bei 0,80–1,50 m bzw. 1,50–1,80 m. Bäume wie diese brauchen viel Platz, sie wollen frei stehen und spendieren oft zentnerweise Früchte.

Wenn Sie einen Baum pflanzen wollen, suchen Sie einen Platz, der möglichst ganztägig Sonnenlicht bekommt. Am besten pflanzen Sie Obstbäume im Spätherbst, indem Sie eine 40–60 cm tiefe Pflanzgrube so breit ausheben, dass die Wurzeln bequem Platz darin finden. Dann schlagen Sie einen Pfahl ein, der dem noch dünnen Stämmchen Halt gibt und der bis zum untersten Ast reicht. Anschließend geben Sie ca. 3 Spaten voll reifen Komposts ins Pflanzloch und setzen den Baum ein, dessen Wurzeln Sie vorher gut gewässert und etwas gekürzt haben. Anschließend schaufeln Sie den Erdaushub ins Loch, mit etwas Kompost und Holzasche angereichert. Ein Helfer hält den Stamm fest und rüttelt ihn immer wieder, damit sich die Erde gut verteilt; die Veredelungsstelle bleibt deutlich erkennbar über der Erdoberfläche. Nun die Erde vorsichtig festtreten, eine Rinne rund um die Baumscheibe ziehen und rings um den Baum gießen. Diesen mit einem Kokosstrick oder einem Spezialbinder in Form einer Acht am Pfahl festbinden und die Baumscheibe mit Stroh, abgemähter Gründüngung oder mit Gras mulchen. Obstbäume wurzeln flach, daher verbietet sich das Graben oder das tiefgründige Hacken auf der Baumscheibe. Die Baumscheibe kann mit die Gesundheit fördernden Blumen bepflanzt werden wie Kapuzinerkresse, die schwarze Läuse fernhält. Sind die Bäume einmal groß, dürfen sich an Apfel-, Birnen- oder Zwetschgen auch Kletterer wie Clematis und Ramblerrosen emporhangeln.

Als Schutz vor Krankheiten und Schädlingen empfiehlt es sich neben einer geeigneten Bepflanzung der Baumscheibe, Spritzbrühen herzustellen und Stäubemittel einzusetzen: Das Stäuben mit Steinmehl hält Blattläuse fern, Wermutbrühe wehrt Obstmaden und Läuse ab, Holunderjauche vertreibt Mäuse, während ein Tee aus Rainfarn gegen Milben und Mehltau hilft und Schachtelhalmtee traditionell gegen Pilzkrankheiten zum Zuge kommt. Ein Stammanstrich schützt die Rinde, ein Leimring wehrt Frostspanner ab.

Doch nicht nur der Schutz vor Krankheiten ist wichtig für eine gute Ernte. Das Schneiden von Obstbäumen ist eine Kunst für sich, die Sie am besten von Fachleuten vor Ort, z.B. in Gartenbau- und Kleingartenvereinen, lernen. Der richtige Schnitt ist deshalb wichtig, weil er die Ernte befördert und den Baum gesund erhält.

Ein falscher bringt Sie unter Umständen um Ihr schmackhaftes Obst, weil er die fruchttragenden Triebe entfernt. Auch gibt es die Möglichkeit eines Winterschnitts, der in der Regel das Wachstum anregt, während ein Sommerschnitt den Wuchs beruhigt. Es gibt jedoch ein paar grundlegende Regeln:

- Baumkronen wollen Luft und Licht, daher werden nach innen wachsende Zweige entfernt.

- Von Zweigen, die sich kreuzen, wird einer entfernt. Setzen Sie immer dicht oberhalb eines nach außen weisenden Zweiges die Säge an.

- Entfernt werden auch alle Wasserschosse oder Geiltriebe, dies sind senkrecht nach oben wachsende Triebe.

Wenn denn nun endlich Zeit zum Ernten ist, können Sie sich über aromatische Früchte aus eigenem Anbau freuen. Die Frucht ist reif, wenn sie sich mühelos vom Stiel abdrehen lässt. Zum Ernten verwenden Sie luftige Körbe und legen nicht zu viele Früchte übereinander, da Druckstellen rasch zu Fäulnis führen. Früh reifende Äpfel und Birnen halten sich meist nicht so lange, sie schmecken frisch am besten oder werden eingekocht. Späte Sorten bleiben möglichst lang am Baum, damit sie ihr charakteristisches Aroma entwickeln. Selbst ein leichter Frost schadet späten Pflaumen, Zwetschgen und Birnen nicht.

Zäune und Wege – Charmante Strukturbildner

Sie verleihen dem Garten Struktur und Charakter. Wer beim Umzäunen und Wege verlegen auf natürliche, regionaltypische Materialien setzt, schafft ländliches Flair. Zäune gibt es, seit Menschen begannen sesshaft zu werden. Sie mar-

links: Platzsparende Spalierbäume aus Apfel und Birne lassen sich selbst heranziehen. Wichtig ist, dass der Baum auf einer schwachwüchsigen Unterlage veredelt ist, damit man mit dem Schneiden nachkommt.

kieren die Grenzen zwischen Mein und Dein, halten Eindringlinge ab und sorgen für eine private Atmosphäre. Die Einfriedung erzeugt ein Gefühl der Abgeschlossenheit und verwandelt den Garten in einen intimen, friedlichen Ort. Doch während wir alte Zäune als Zeitzeugen bewundern, steht für Kleintierhalter der Nutzen im Vordergrund. Schafe, Ziegen und Esel sollen abgehalten werden, Obst, Gemüse, Blumen und Kräuter niederzutrampeln und aufzufressen. Zäune waren für unsere Vorfahren überlebenswichtig, und so ist es nicht verwunderlich, dass erst durch die Umzäunung der Begriff Garten entstand: Das Wort Zaun geht nämlich auf das indogermanische Wort „gher" zurück, das soviel bedeutet wie „fassen". Aus diesem entwickelte sich „ghortos", das mit „das Umfasste, das Eingefasste" übersetzt werden kann. Die Germanen bezeichneten umfriedete Flächen, die sie vom Wald befreiten, als „Zaunland". Diese galten als Bereiche, die von den Naturgöttern besonders geschützt wurden. Dabei verstanden auch unsere Vorfahren keinen Spaß, wenn Unbefugte sich Eintritt in die Umfriedung verschafften oder Wurfgeschosse ins Zaunland schickten – die ältesten germanischen Gesetze sahen hierfür schwere Strafen vor. Bis heute spiegeln sich diese längst vergangenen Zeiten in unseren Sprüchen wieder: „Jemandem ins Gehege kommen" bedeutet, in den Bereich eines anderen einzudringen; „einen Streit vom Zaun brechen" sagt man, wenn man jemand anderem seine Meinung aufzwingen will.

Ländliche Zäune bestehen meist aus Holz wie Fichte, Lärche, Kiefer und Eiche, aber auch aus Birke, Ulme und Esche, seltener aus Eisen oder modernen Aluminiumgüssen. Die beiden letzteren passen, je nach Design, auch zu Landhäusern, obwohl Eisenzäune ursprünglich städtische Bürgerhäuser umrahmten. Die Lebensdauer von Holzzäunen hängt von der verwendeten Holzart und -bearbeitung ab. Blumen, die hinter dem Zaun zu sehen sind oder diesen umgarnen, ver-

leihen Zäunen den typischen Charme: Kletterer wie Kapuzinerkresse oder Wicken, robuste Stauden und Sommerblumen wie Astern umspielen die strenge Zaungeometrie. Auf die Zaunspitzen aufgesetzte Figuren aus bunt glasiertem Steinzeug heißen auch Pfostenhocker und sind seit jeher beliebt. Als Pfostenreiter können auch Gartenkugeln und umgedrehte Blumentöpfe dienen, während Töpfe zum Einhängen Kräutern und Balkonblumen viel beachtete Auftritte verschaffen.

Hier ein Überblick über ländliche Zäune:

- Schwartlinge: Bis heute sind sie rund um alte Bauerngärten vor allem in alpinen Regionen zu finden. Schwartlinge sind die ersten Bretter, die beim Sägen anfallen und die an der Oberfläche noch die Rundung des Stammes zeigen, also die Waldkante aufweisen.

- Hanichelzaun: Für Pfosten wurden oft natürliche Rundhölzer aus Nadelhölzern eingesetzt, die früher beim Durchforsten aus dem Wald geholt wurden. Hanichel heißen schwache Fichtenstämme, die zugespitzt in den Boden gerammt wurden.

- Lattenzaun: In ländlichen Gärten sind einfache Staketen- und Lattenzäune wieder beliebt, die mit Pfosten und Riegeln gebaut werden. An diese wird eine senkrechte, mit Zwischenräumen versehene Lattung angebracht. Zwischen diese und dem Rahmen empfiehlt sich ein Draht, um Fäulnis vorzubeugen. Meist sind die Lattenköpfe zugespitzt oder gerundet, damit Regenwasser gut ablaufen kann, mitunter sind sie mit aufwendigen Formen verziert. Die Zäune sind traditionell naturfarben, aber auch mit bunten Lasuren versehen.

- Staketenzaun aus Kastanie: In England und in Frankreich ist er häufig zu finden und auch hierzulande wird er wieder entdeckt: der Sta-

ketenzaun aus Edelkastanie oder gespaltener Esskastanie *(Castanea sativa)*. Das Holz der Esskastanie ist vergleichbar mit dem der Eiche, da es einen hohen Gerbstoffanteil besitzt und ohne Anstrich bis zu 20 Jahre hält. Das Holz verfärbt sich – ähnlich dem von Lärchen – von einem warmen Gelbrot zu einem hellen Grau und fügt sich wunderschön in ländliche Gärten ein. Die Zäune gibt es auch von der Rolle, wobei sie mit verzinktem Draht zusammengehalten werden und sich rasch aufstellen lassen.

• Flechtzaun: Bereits auf mittelalterlichen Bilddarstellungen sieht man Flechtzäune rund um Kräuter- und Nutzgärten. Heute sind diese Zäune, die zu den ältesten Umfriedungen gehören, wieder populär wie nie: Vielerorts gibt es Flechtkurse, in denen man die alte Tradition des Zaunflechtens aus Ruten wie denen aus Weide und Hasel wieder erlernt. Dabei werden junge, noch biegsame Ruten waagrecht zwischen senkrecht stehende Pfosten geflochten.

Während Zäune den Garten als Ganzes umgrenzen und weniger als Gestaltungselement im Garten selbst eingesetzt werden, sind Wege der rote Faden durchs Gartenreich und bestimmen, zu-

sammen mit Hecken, Mauern und Zäunen, das Gerüst des Gartens, verleihen ihm Charakter und strukturieren ihn. Man unterscheidet dabei in Haupt- und Nebenwege: Während erstere einladend wirken sollen und beispielsweise aufs Haus zuführen oder das Entree in den Garten darstellen, zweigen Nebenwege von den Hauptadern des Gartens ab und führen über verschlungene Pfade, wobei ihr Verlauf nicht das Ziel verrät. Entlang solcher Pfade sollte es viel zu entdecken geben: interessante Blickachsen und Durchblicke sowie Tore und Pforten, die es zu durchschreiten gilt, oder Duftwolken aus Wegbegleitern wie Rosen, Kräutern und Duftstauden. In Fugen stecken beispielsweise aromatisch duftende Kräuter wie Polsterthymian *(Thymus praecox)*, Teppich-Poleiminze *(Mentha pulegium ssp. repens)* und Römische Kamille *(Anthemis nobilis var. plena)* gerne ihre Wurzeln aus und verwöhnen uns mit ihren aromatischen Düften.

Wenn Sie selbst Wege im Garten verlegen möchten, sollten Sie für Klinker, Ziegel und Steinwege immer erst den Boden rund 30–35 cm tief auskoffern, dann eine ca. 15 cm starke Tragschicht aus Kiessand einfüllen, diese verfestigen und darüber eine ca. 10 cm hohe Ausgleichsschicht aus Sand geben und diese verdichten. Dann kann

links: Hinter dem Staketenzaun herrscht Bauerngartenidylle pur: Mit Phlox und Stockrose als Zaungucker und buchsgesäumten Beeten.

rechts: Der niedrige Flechtzaun als Grundstücksgrenze verleiht auch weniger idyllischen Gärten und Häusern viel Flair.

das Wegematerial mit Hilfe von Wasserwaage und Wiegelatte ins Sandbett gesetzt werden, anschließend wird Sand in die Fugen eingebürstet und erneut verdichtet, bis eine plane Fläche entsteht.

Es gibt die unterschiedlichsten Wegmaterialien im ländlichen Garten und es empfiehlt sich, sich von regionaltypischen Materialien in benachbarten Gärten inspirieren zu lassen. Einen kleinen Überblick über die bekanntesten Belagsarten kann Ihnen die folgende Materialkunde verschaffen:

- Kies: Wege aus losem Rundkies brauchen einen Rahmen aus hochkant verlegten Vollziegeln, Klinkern oder Kopfsteinpflaster, damit Steinchen auf den Pfaden bleiben. Zusätzlich können Trittsteine, Hölzer oder Mosaike für hübsche Akzente sorgen. Kieswege verlangen den gleichen Unterbau wie ein Pflasterweg, doch entfällt die präzise Verlegearbeit, darüber hinaus sind sie preiswert.

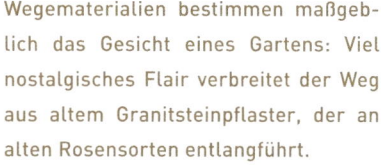

Wegematerialien bestimmen maßgeblich das Gesicht eines Gartens: Viel nostalgisches Flair verbreitet der Weg aus altem Granitsteinpflaster, der an alten Rosensorten entlangführt.

- Rasen: Sanft geschwungene Rasenpfade führen durch Blumenwiesen, entlang von Gehölzrändern und zu verschwiegenen Rückzugsorten wie Lauben – sie sind seit jeher in englischen Landschaftsgärten unverzichtbar. Wer sich Rasenwege anschafft, nimmt eine besonders trittfeste Rasenmischung und mäht regelmäßig, um für eine gute Begehbarkeit zu sorgen.

- Klinker und Ziegel: Sie sind vor allem in Norddeutschland zu finden, wo sie vom Fischgrätmuster bis hin zu hochkant verlegten Steinen immer ein bisschen anders aus sehen. Sie bieten sich vor allem für formale Gestaltungen an, wie beispielsweise in Kräutergärten, wo sie tagsüber gespeicherte Wärme langsam abgeben und für ein gutes Kleinklima sorgen.

- Holz, Holzhäcksel, Rindenmulch: Holzpflasterklötze verleihen Wegen Holzfällercharme und werden auf einem Kiesbett verlegt, dann wird Sand eingebürstet und meist noch ein Rand aus Steinen gelegt, um die nötige Seitenstabilität zu gewährleisten. Einfache Tritthölzer dienen dazu, trockenen Fußes durch den Garten zu gelangen, und sind zum Ernten im Gemüse- wie im Kräuterbeet unverzichtbar. Wege aus Holzhäcksel und Rindenmulch wirken rustikal und bieten sich für Nebenwege, beispielsweise unter Bäumen im Schatten, an.

- Stein und Betonstein: Granit, Porphyr, Quarzit und Basalt sind Steine, die mit Feuchtigkeit und Minusgraden zurechtkommen. Es gibt sie als Kopfsteinpflaster, Steinfliesen und Bruchsteinplatten. In ländlichen Gärten sind seit jeher die grauen Granitwürfel als Kopfsteinpflaster beliebt, die rustikal wirken und gut mit Kies, Mosaiken oder Platten gemeinsam verlegt werden können. Betonsteine, die es mittlerweile in allen Farbschattierungen und Größen gibt, bieten sich als preiswertere Alternative an und lassen sich gut mit natürlichen Materialien kombinieren.

Gartenhaus – Eines für jeden

Charmanter Freisitz, Sommerdomizil oder schlichter Geräteschuppen – ein Gartenhaus kann vieles sein, weshalb eines in beinahe jedem Garten zu finden ist. Auf dem Land dienten sie unseren Vorfahren meist nur dazu, um Handgeräte in ihnen abzustellen. Denn wo man früher in der Landwirtschaft dem Broterwerb nachging, war wenig Platz für dekorative Elemente. Trotzdem gibt es in dörflichen Regionen noch urige Holz- oder Steinhäuser, die erhalten geblieben sind. Manche von ihnen sind so charmant, dass sie sogar als Plagiate aus altem Bauholz und Bruchstein nachgebaut werden. Daneben finden sich auf dem Land gelegentlich noch alte Schäferwagen oder sogar Wellblechschuppen, die ausgefallene Gartenhäuser sein können. Außerdem trifft man vereinzelt auf alte Bauwagen oder Waggons, die man mit viel Liebe herrichten und als geschützten Ort zum Kaffeetrinken, Spielen und Lesen nutzen kann.

Heutzutage gibt es kaum noch Gartenbesitzer, die auf ein Gartenhäuschen verzichten. Doch viele dieser Bauten stehen vernachlässigt an eher stiefmütterlich behandelten Orten wie unweit dem Kompost oder vergessen in einer unaufgeräumten Gartenecke, wo sie als Geräteschuppen ein tristes Dasein fristen. Doch für immer mehr Gärtner avanciert das Häuschen zum Lieblingsplatz im Grünen: als Blickfang eines Wegekreuzes, am Ende eines geschlungenen Pfades, vor einer Natursteinmauer oder Hecke sowie als Ensemble mit dem Wohnhaus, das bereits vom Eingang aus Blicke auf sich zieht. Mittlerweile ist die Auswahl schöner, stilvoller Häuschen riesig, und auch wer sich selbst eines bauen möchte, kann einen fertigen Bausatz mit vormontierten Wänden ebenso erwerben wie sich mit einer individuell ausgearbeiteten Selbstbau-Anleitung seinen ganz persönlichen Traum erfüllen oder sich sein neues Domizil schlüsselfertig übergeben lassen.

Es gibt Gartenhäuser mit verglasten Wandelementen und Türen in den verschiedensten Designs und mit unterschiedlichen Dachkonstruktionen, die vom klassischen Sattel- bis hin zum Pult- und Tonnendach mit dazu passenden Regenrinnen reichen. Wichtig ist, die Dachform an die des Hauses anzupassen, wenn die beiden Gebäude nahe beieinander stehen. Die meisten Gartenhäuser werden aus Massivholz wie Fichte, Eiche oder Tanne gefertigt, üblich ist dabei eine Wandstärke von 20–30 mm. Für gut isolierende Häuser zum gelegentlichen Bewohnen und Sau-

links: Ob charmanter Freisitz, Sommerdomizil oder sogar Saunahaus – heutzutage werden neue wie alte Gartenhäuser ganz auf die vielfältigen individuellen Bedürfnisse ihres Besitzers abgestimmt.

rechts: Gartenhäuschen wie dieses dienten unseren Vorfahren hauptsächlich dazu, um Handgeräte in ihnen abzustellen.

nieren sind die Wände auch dicker. Meist wird das Dach nach Anbringen der Dachkonstruktion an den Wänden aufgesetzt und anschließend entweder mit Dachschindeln oder -pappe abgedeckt. Sobald das Haus fertig ist, sollten Sie das Holz vor Wind und Wetter schützen. Dies gelingt mit wetterfesten, umweltfreundlichen Lasuren in verschiedenen Farbnuancen, die Mineralpigmente enthalten. Besonders hübsch wirken Häuschen, deren Anstrich auf die Blütenfarben der Umgebung abgestimmt sind. Dabei kann beispielsweise ein Gebäude mit fliederfarbenen Wänden vor einem Hintergrund von pastellfarbigen Blühern wie Löwenmäulchen, Clematis, Rosen und Astilben einladend wirken. Eine Sitzbank in dazu passenden Tönen lädt zum Verweilen ein. Manche Gartenhäuser bieten überdachte Freisitze, Unterstellmöglichkeiten für Fahrräder oder Plätze zum Holzstapeln an – wichtig ist, dass Sie sich vorher genau über Ihre Bedürfnisse klar werden.

Rund um ein Gartenhaus dürfen passende Accessoires nicht fehlen, die erst den Stil des neuen Domizils hervorheben: beispielsweise alte Emaillegefäße auf einem Eisentisch vor dem Haus, bunte Lampen, Fackeln und Kerzen vor der Veranda oder alte Gartengeräte wie Zinkkannen und Spaten, die ans Haus gelehnt Atmosphäre verströmen.

Wer sich ein Gartenhaus als Sommerrückzugsort zulegt, sollte zunächst den Platzbedarf ermitteln, den das zukünftige Traumschloss erfüllen soll: Bei 3 × 3 m beispielsweise können vier Personen an einem Rundtisch Platz finden. Im Inneren eines Holzhauses herrscht oft eine sehr behagliche Atmosphäre. Mit farbigen Vorhängen, Teppichen und alten, frisch überzogenen Möbeln entstehen kleine Wohnzimmer für jeden Geschmack. Wichtig für jedes Gartenhaus ist jedoch, es regelmäßig zu lüften, um muffiger Luft und Fäulnis vorzubeugen.

Andere sehen ein Gartenhaus pragmatischer und brauchen es, um Gartenutensilien wie Werkzeuge, Rasenmäher, Gartenschlauch, Erntekörbe, Töpfe, Kinderspielzeug und Sitzpolster unterbringen. Dann begnügen sich viele mit preisgünstigen Häusern, doch auch hier lohnt es sich sorgfältig abzuwägen, ob es der eigenen Ästhetik entspricht, wenn beispielsweise in einem stimmigen Bauerngarten eines norddeutschen Bauernhofs plötzlich eine Fichtenhütte „Modell Appenzell" steht. Manch einer will ein Gartenhaus auch benutzen, um Kartoffeln und anderes Gemüse darin zu lagern. Dazu muss das Haus unbedingt gut isoliert sein.

Auch wenn man das Häuschen zum Saunieren – seit einiger Zeit im Trend – nutzt, empfiehlt es sich, entsprechend starke Außenwände zu nehmen und auf wärmeisolierende Türen zu achten, außerdem sollte ein Stromanschluss vorhanden sein. Schließlich will man während und nach dem Saunagang nicht im Dunkeln sitzen. Im Haus findet sich die Saunazelle mit wärmeisolierten Wänden und Ofen. Zur Wärmeisolierung gibt es mittlerweile Häuser, die statt auf Mineralwolle auf Hanf setzen. Dieser besitzt gute Diffusionseigenschaften und sorgt für ein gesundes, Feuchte ausgleichendes Raumklima.

Das Wichtigste bei jedem Gartenhaus ist ein trockener Sockel, da das Holz niemals mit dem Boden in Kontakt treten sollte. Zwar kann man die Tragpfosten kleiner Häuser auch auf Ziegelsteine oder Betonklötze stellen, doch ist es besser, die gesamte Grundfläche auf einen Betonsockel zu setzen. Ehe Sie sich für ein Haus entscheiden, sollten Sie bei der Gemeinde und der zuständigen Baubehörde nachfragen, welche Grenzabstände zum Nachbarn hin eingehalten werden müssen und welche Bauflächen und -höhen erlaubt sind. Am besten Sie sprechen sich auch mit dem Nachbarn über Ihr Vorhaben ab, da dies im Vorfeld viel Ärger ersparen kann.

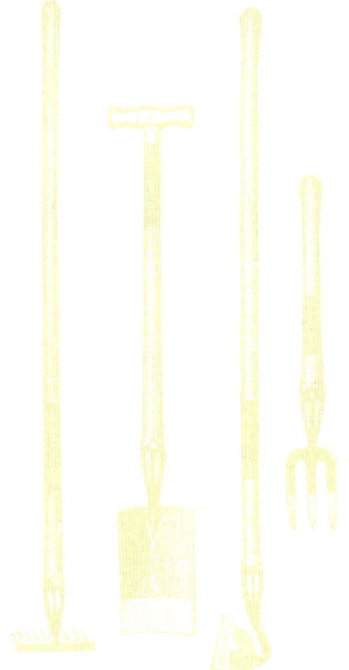

Wer möchte hier nicht auf Schnupper-
tour gehen und weiß blühendem Duft-
steinrich, Duft-Phlox und Malven nahe
kommen? Übrigens wirken auch unbewusst wahrgenommene Pflanzendüfte
unmittelbar auf unsere Seele.

LUSTGÄRTEN – SINNENREIZE UND ENTSPANNUNG

Duftgarten – Wohlgeruch zu jeder Stunde

Duftpflanzen üben auf uns seit jeher einen sinnlichen Zauber aus. Komponieren Sie Ihre eigenen Aromasymphonien und wählen Sie passende
Sträucher, Stauden, Kräuter und Kletterpflanzen aus. Denken wir an den Geruch der ersten
Narzissen an einem Frühlingsmorgen oder an
das schwere Parfüm von Rosen an einem lau-
en Frühsommerabend – Düfte werden von uns
zwar oft nur unbewusst wahrgenommen, wirken
jedoch unmittelbar auf unsere Seele und beein-
flussen unsere Stimmung. Wer sich bewusst einen Duftgarten anlegt, schafft sich ein sinnliches

Paradies, das auch Gäste magisch anzieht. Die
Duftstoffe der Pflanzen sind Verführungstricks
der Natur, die im Laufe der Evolution entstanden. Sie dienen dazu, potentielle Bestäuber zu
locken, auf sich aufmerksam zu machen, sich gegen Hitze und Trockenheit zu schützen oder sich
gegen Fressfeinde zu wappnen. Dementspre-
chend gibt es die unterschiedlichsten chemischen
Duftstoffe, die Pflanzen produzieren. Nicht nur
Blüten, sondern auch Blätter und Nadeln, Stängel, Früchte, Samen, Hölzer und Harze besitzen
Duftstoffe. Unter den Pflanzen gibt es Aroma-
dufter, die ihre Inhaltsstoffe erst beim Berühren
freisetzen und zu denen viele Küchenkräuter
gehören. Darunter sind auch Kontaktdufter, die
Duftwolken verströmen, wenn wir sie beispielsweise am Wegesrand streifen, mit den Füßen zart
treten oder mit den Händen ihre Blätter strei-
cheln. Interessant ist der Zusammenhang von
Blütenfarbe und -duft. Hier lautet das Motto:

Wer auffällige Signalfarben trägt, kann es sich leisten, weniger intensiv zu duften. Daher finden wir oft bei pastelligen, dezenteren Blütenfarben intensive Wohlgerüche. Im Reich der Düfte können Sie zwischen Kräutern, Einjährigen, Stauden, Gehölzen und Kletterpflanzen wählen.

Im Kräutergarten treffen Sie auf viele Dufter wie Anis, Basilikum, Bohnenkraut, Dill, Estragon, Fenchel, Koriander, Kümmel, Lavendel, Liebstöckel, Majoran, Minze, Oregano, Petersilie, Pfefferminze, Rosmarin, Salbei, Schnittlauch, Thymian und Ysop. Zitrusdüfte beleben unsere Sinne und regen Körper und Geist an. Es gibt zahlreiche solcher Pflanzen, die uns bei einem Rundgang durch den Kräutergarten begegnen können und die wohlschmeckend sind. Sie enthalten ätherische Öle wie Citral, Citronellal, Citronellol und Geraniol.

Blühende Duftsträucher pflanzen Sie am besten in Bereichen, an denen Sie öfter zum Schnuppern vorbeikommen, beispielsweise im Eingangsbereich vor einer Mauer oder einem Zaun oder als Hintergrund einer eigens angelegten Duftecke. Neben den vorgestellten Sträuchern sind auch Rosensträucher wie die Damaszenerrose ‚Trigintipetala‘ oder die Bourbon-Rose ‚La Reine Victoria‘ nicht zu vergessen.

Beim Duft dürfen die Rosen an dieser Stelle natürlich nicht fehlen, auch wenn Ihnen ein eigener Abschnitt gewidmet ist. Moosrosen ordnen Rosen-Gourmets eher balsamisch-harzige Duftstoffe zu, Gallica-Rosen würzig-intensive Nuancen, während Damaszenerrosen für ihren reinen, schweren Geschmack beliebt sind und in Zentifolien erfrischend-würzige Eigenschaften stecken. Alba-Rosenblüten zergehen eher lieblich auf der Zunge, während sich moderne Rosen

Die rosavioletten Blüten der Nachtviole duften an warmen Abenden, an denen die Luftfeuchtigkeit hoch ist, sehr intensiv und ziehen dann menschliche Nachtschwärmer und Nachtfalter gleichermaßen an.

- *Zitronenmelisse (Melissa officinalis): Ein Tee aus frischen Blättern schmeckt zart nach Zitrone.*

- *Zitronenysop (Agastache mexicana): Die Auslese ‚Toronjil Morado‘ duftet zitronenfrisch und mundet als Tee, in Salaten und Süßspeisen.*

- *Zitronenverbene (Aloysia triphylla): Auch nach dem Trocknen behalten die Blätter ihr edles Aroma.*

- *Zitronenkraut (Satureja biflora): Die afrikanische Bohnenkraut-Verwandte schmeckt etwas scharf, sehr zitronig und bewahrt sogar tiefgefroren ihren Zitrusgeschmack.*

- *Zitronenbasilikum (Ocimum americanum): Die Blätter duften zitronig-süß und sind nur frisch lecker.*

- *Zitronen-Duftgeranien (Pelargonium): Ihr Blattaroma zeigt sich beim Berühren ihrer Blätter. ‚Queen of Lemons‘ und die buntblättrige ‚Lady Plymouth‘, ‚Lemon Fancy‘, P. citronella oder P. citrosum duften zitronenfrisch und würzen Süßspeisen, Kuchen, Konfitüren und Tees oder bereichern Potpourris.*

- *Zitronen-Studentenblume (Tagetes tenuifolia): Die orange blühende ‚Orange Gem‘ und die gelbe ‚Lemon Gem‘ sind kompakte Rabatten- und Balkonpflanzen und spendieren Blüten und Blätter mit Mandarinenschalen-Aroma.*

Köstlich duftende, einjährige Duftwicken mit Schmetterlingsblüten umwickeln mit ihren Ranken zielstrebig Stäbe und Geflecht. Bereits wenige Blütenstiele in der Vase reichen aus, um ein Zimmer mit Duft zu erfüllen.

Pflanze	Deutscher Name	Duft	Blütezeit
Buddleja davidii	**Schmetterlingsflieder**	*Honigduft*	JULI–AUGUST
Daphne mezereum	**Seidelbast**	*aromatisch*	FEBRUAR–APRIL
Fothergilla gardenii	**Federbuschstrauch**	*Honigduft*	MAI–JUNI
Lonicera purpusii	**Winterduftendes Geißblatt**	*blumig*	DEZEMBER–APRIL
Magnolia stellata	**Sternmagnolie**	*blumig*	FEBRUAR–APRIL
Philadelphus ,Manteau d'Hermine', Ph. × ,Dame Blanche'	**Falscher Jasmin, Bauernjasmin**	*fruchtig*	MAI–JUNI
Rhododendron luteum ,Raimunde', Rh. viscosum-Hybride ,Soir de Paris'	**Azalee (Knap-Hill-Azalee)**	*blumig*	MAI–JULI
Rhododendron praecox	**Rhododendron**	*blumig*	MAI–JUNI
Rhododendron viscosum ,Sommerduft'	**Rhododendron**	*blumig*	JULI–AUGUST
Syringa meyeri ,Palibin'	**Zwergflieder**	*süß*	MAI–JUNI
Syringa vulgaris	**Bauernflieder**	*blumig*	MAI–JUNI
Viburnum × bodnantense ,Dawn'	**Winter-Duftschneeball**	*aromatisch*	NOVEMBER–APRIL
Viburnum × burkwoodii ,Anne Russell'	**Oster-Duftschneeball**	*Nelkenduft*	APRIL–MAI
Viburnum × carlcephalum	**Großblumiger Schneeball**	*Nelkenduft*	MAI–JUNI
Viburnum carlesii	**Wohlriechender Schneeball**	*Nelkenduft*	APRIL–MAI
Wisteria sinensis, W. floribunda	**Chinesische, japanische Glyzinie**	*Vanillearoma*	MAI–JUNI

durch eine neue Duftverbindung auszeichnen, die Kenner als feucht-grüne Note mit würzig-pudrigem Duft beschreiben. Ihr Bouquet gilt als weicher, weniger raffiniert und betörend wie das ihrer betagten Verwandten.

Besonderen Sinnenreiz bietet ein Spaziergang durch den abendlichen Garten, wenn Sie Abenddufter angepflanzt haben: Levkojen *(Matthiola incana)* sind atemberaubende Vanille-Zimt-Nelken-Duftspender, von denen unsere Großmütter schon begeistert waren. Auch das Seifenkraut *(Saponaria officinalis)* duftet angenehm, ebenso die kecken, grünen Blütenzipfel der Resede *(Reseda odorata)*, die ein feines Veilchen-Himbeer-Aroma verströmen. Die Wunderblume *(Mirabilis jalapa)* riecht zuverlässig nach Orange, während der Ziertabak *(Nicotiana alata, N. sylvestris, N. scanderae)* mit Blütenrispen in Weiß, Rot und Rosa die Sommerluft mit süßlichen Duftnoten würzt. An eine Sitzlaube oder Mauer in Terrassennähe gepflanzt, begeistert uns das Jelängerjelieber *(Lonicera caprifoium, L. periclymenum)* mit süßem Sommerduft, der auch noch in 2 m Höhe verströmt wird. In Kübeln auf der Terrasse empfängt uns die Königslilie *(Lilium regale)* ebenso gerne wie der Sternjasmin *(Trachelospermum jasminoides)* mit schweren, süßen Aromen.

Auf duftenden Wegen wandeln – wer träumt nicht davon? Englische Gärtner haben sich diesen Traum schon lange verwirklicht und auch hierzulande genießen immer mehr Hobbygärtner die flüchtigen Aromen von Kräuterkissen. Wer sich die Dufter besorgt, siedelt sie in Pflasterritzen und -fugen an oder ersetzt Rasengräser durch Kräuter. Die schnellsten Erfolge erzielen Duftrasen-Fans mit Römischer Kamille *(Anthemis nobilis)*: Sie riecht fruchtig, wächst anspruchslos, schiebt bis zum Herbst weiße Blüten nach und trägt das ganze Jahr ihren grünen Pelz; Bienen und Schwebfliegen fliegen auf sie, Staunässe kann sie nicht leiden. Kriechender Zitronenthymian *(Thymus herba-barona var. citriodorus)* ist trittfest und riecht stark, aber bleibt nicht immergrün und treibt spät aus. Dichte Teppiche webt die Kriechende Poleiminze *(Mentha pulegium ssp. repens)* an feuchteren Stellen. Im Gegensatz zu ihren Verwandten halten Sie sie leicht im Zaum, da sie nur oberirdische Ausläufer bildet.

Ein Duftweg ist schnell angelegt: Pro Quadratmeter 5 größere oder bis zu 20 kleinere Pflanzen auswählen und in durchlässige, sandige Lücken etwa 2 cm tief einsetzen. Große Wurzelballen dabei in mehrere kleine aufteilen. Wer jetzt pflastert, lässt breitere Fugen zu oder nimmt beim fertigen Pflaster einzelne Steine oder ein Band entlang des Wegrandes heraus. Für Duftrasen Rasensoden ausstechen, den Boden freilegen, mit Sand abmagern und andere Wildkräuter zuvor entfernen.

Blumengarten – Prachtvoll und robust

Allein der Begriff Blumengarten weckt sehnsuchtsvolle Assoziationen von ländlichen Gärten aus der guten alten Zeit. Einst waren robuste, nützliche und schöne Pflanzen im Blumengarten sinnvoll miteinander kombiniert und von ihren Standortansprüchen ebenso aufeinander abgestimmt wie in Bezug auf ihre Wuchshöhen, ihre Blütezeiten und ihre Farben. Die ausgewählten Gewächse waren nicht immer alteingesessen, da gerade in den vergangenen 100 Jahren viele Neueinwanderer dazukamen, doch wer sich bewährte, durfte wachsen. Stauden und Sommerblumen wuchsen meist nicht auf eigenen Beeten, sondern zeigten sich im Bauerngarten in trauter Eintracht mit Gemüse, Obst und Kräutern. Die Kombination mit diesen ist nicht nur sinnvoll, sondern auch dekorativ: So können Sommerblumen und Staudenrabatten Gemüsebeete umlaufen und Einjährige auf die Schnelle Pflanzlücken kaschieren. Egal ob Sie Blumen ein eigenes Beet

einräumen oder sie mit anderen Pflanzen kombinieren, es gilt, wichtige Gestaltungselemente zu kennen: So staffeln Sie am besten der Höhe nach, wobei die Kleinsten nach vorne kommen. Die Größten wie Goldrute oder Rittersporn nehmen hinten, entlang eines Zaunes Platz, während mittelhohe wie Sonnenhut und Phlox davor gedeihen und die Niedrigen wie Polsterglockenblumen den Beetrand einfassen. Wichtig ist, für einen ruhigen Hintergrund des Blühspektakels zu sorgen. Als beruhigende Kulisse kann eine dunkle Hecke aus Eibe oder Buchs ebenso sorgen wie ein Gartenzaun oder eine mit Efeu umrankte Wand.

Bei der Frage nach geeigneten Farbkombination sind Ton-in-Ton-Pflanzungen ebenso reizvoll wie Kontrastfarben. Blattschmuckpflanzen wie Frauenmantel und Wollziest sollten eingeplant werden, um zwischen den Pflanzenfarben zu vermitteln. Geschickt ist es, einige Leitstauden zu wählen, die das Grundgerüst bilden und in punkto Blütenfarbe und Wuchsform das Motto vorgeben. Das rhythmische Wiederholen einiger solcher Pflanzen, die Sie als erstes ins Beet setzen, sorgt für Harmonie und lässt Pflanzungen geordneter wirken. Geben Sie solchen Leitstauden immer auch Gefolge mit, das sich bei jedem dieser Anführer wiederholt. Wer niedrige und mittelhohe Stauden pflanzt, achtet darauf, diese immer zu mehreren zusammen zu setzen, da sie einzeln oft verloren wirken. Lücken im Beet dürfen schnellwüchsige Einjährige erobern, im Frühjahr setzen Zwiebelblumen wie Tulpen und Narzissen erste Farbakzente. Nachwachsende Stauden überdecken später deren welkendes Laub. Damit dies gut gelingt, sollten Zwiebelblüher nicht zu nah am Beetrand wachsen.

Ton-in Ton-Pflanzungen wirken harmonisch, wobei Sonnenhüte und Agastachen im Hintergrund Höhe geben. Wichtig ist, die Wuchshöhen, Blütezeiten und Standortansprüche von Stauden aufeinander abzustimmen.

links: Aus England stammt die Idee der „hanging baskets", der hängenden Blumenkörbe: Aus ihnen wogen zarte Blütenkaskaden einjähriger Schönheiten.

rechts: Mit ihren zarten Blüten wirken Einjährige fröhlich, leicht und heiter und lassen sich aus Samen selber ziehen. Wer artenreiche Wildblumenwiesen wünscht, setzt auf abgemagerte Böden.

Wenn Sie im Blumengarten auf eine lockere Blütenfülle setzen, kann ein strenger Rahmen als wirkungsvoller Kontrast für Ordnung sorgen. So kann eine niedrige Bordüre aus Buchsbaum, Currykraut, Lavendel oder sogar aus Schnittlauch bunte Blumenbeete aufs Schönste einrahmen.

Für eine durchgehende Blütezeit und Vielfalt im Beet kombinieren Sie am besten Einjährige, Zweijährige und Stauden. Im Frühling gesät, blühen Einjährige den Sommer über, der erste Frost setzt ihrem Leben ein Ende. Viele Einjährige säen Sie direkt in humusreiche Erde und ge-

ben ihnen zu Beginn des Hauptwachstums eine Düngegabe wie Brennnesseljauche. Wenn Sie regelmäßig Verblühtes wegzupfen, blühen Einjährige reicher und länger.

Unter den Zweijährigen finden sich viele schöne, altbekannte Blumengesichter aus dem Bauerngarten. Ihr Lebenszyklus beginnt mit der Aussaat im Frühsommer. Von Mitte August bis September kommen die Jungpflanzen an die ihnen zusagenden Plätze, damit sie noch Zeit haben, um sich vor den Frösten gut zu verwurzeln. Im Folgejahr danken sie es mit reicher Blüte und

EINJÄHRIGE

- *Jungfer im Grünen (Nigella damascena):* Auch Gretel im Busch genannt, sät sie sich leicht aus, trägt Sternblüten in verschiedenen Pastelltönen, wirkt zierlich und heiter. Die aparten Samenstände können Sie für Trockensträuße verwenden.

- *Kornblume (Centaurea cyanus):* Sie ist eine großblumigere Verwandte der einfachen Kornblumen. Die Züchtungen blühen in Rosa, Lila, Blau und Weiß und halten sich gut in der Vase.

- *Levkoje (Matthiola incana, M. annua):* Ihre gefüllten, pastellfarbenen Blumen zierten bereits Großmutters Garten, ihren Wohlgeruch verströmte sie als Schnittblume gern auch in Wohnstuben. Levkojen lieben viel Sonne und eher trockenen Boden.

- *Ringelblume (Calendula officinalis):* Die Körbchenblüherin ist seit jeher im Gemüse-, Kräuter- und Blumengarten zu Hause. Ihre kleinen gelben und orangefarbenen Sonnen sind gefüllt oder ungefüllt, sie alle sind reizvolle Schnittblumen. Aus ihren Blüten rührten unsere Großmütter Wundsalben, um Schürfwunden und Hautentzündungen zu verarzten.

- *Kapuzinerkresse (Tropaeolum majus):* Sie kam im 17. Jahrhundert mit den Schiffen der spanischen Eroberer aus Peru nach Europa und fand rasch Zugang zu den Beeten. Sie wächst schnell und unverwüstlich, kaschiert kahle Stellen im Beet, umrankt Zäune und Spaliere in Windeseile und eignet sich zum biologischen Bekämpfen von Blatt- und Blutläusen. Landfrauen setzen sie daher rund um gefährdete Obstbäume, in Gemüse- und Blumenbeete und zwischen Beerensträucher. Die ganze Pflanze schmeckt kresseartig erfrischend und etwas pfeffrig; sie steckt voller Vitamin C, wirkt antibiotisch und hilft bei Hustenreiz.

- *Sonnenblume (Helianthus annuus):* Ihre Sonnenräder sind prachtvoller Blickfang und verbreiten strahlende Laune, daher werden sie nicht nur von Kindern geliebt. Sie geben dem Blumengarten Struktur und bieten sich als schneller Sichtschutz an. Es gibt vielerlei Züchtungen wie hohe, niedrige, einfache und gefüllte Formen – sie alle drehen ihre Blütengesichter der Sonne nach.

- *Weitere Einjährige:* Balsamine (Impatiens balsamina), Bechermalve (Lavatera trimestris), Feuerbohne (Phaseolus coccineus), Federmohn (Papaver rhoeas, P. somniferum), Löwenmaul (Antirrhinum majus), Schleierkraut (Gypsophila elegans), Schmuckkörbchen (Cosmos bipinnatus), Sommeraster (Callistephus chinensis), Strohblume (Helichrysum bracteatum), Springkraut (Impatiens glandulifera), Tagetes (Tagetes patula), Reseda (Reseda odorata), Zinnie (Zinnia elegans), Wicke (Lathyrus odoratus).

Samenbildung. In kalten Regionen empfiehlt es sich, manche der Pflanzen wie Goldlack und Stiefmütterchen mit Reisig abzudecken. Zweijährige haben ähnliche Bodenansprüche wie Einjährige.

Stauden sind treue Begleiter und zeigen sich jedes Jahr aufs Neue, auch wenn die meisten von ihnen im Winter oberirdisch völlig zurückfrieren. Stauden überleben den Winter in den Wurzelstöcken und treiben bei Wärme wieder aus. Unter ihnen sind niedrige Polster- und Steingartenstauden ebenso wie hohe Rittersporne, Dahlien und die unterschiedlichen Zwiebelblumen. Haben sich Stauden zu sehr ausgebreitet, teilt man sie und setzt sie um.

Die Pflege eines Blumengartens ist recht einfach: Sommerblumen wie Cosmeen, Margeriten, Kornblumen und Ringelblumen blühen umso länger und üppiger, wenn Sie diese schneiden. Dies gilt auch für Stauden wie Glockenblumen und Rittersporn sowie für Rosen, die sich stärker verzweigen, buschiger wachsen und umso reicher blühen. Wenn Sie Zweijährigen wie Fingerhut und Bartnelken an die Blütenstiele gehen,

ZWEIJÄHRIGE

- **Königskerze (Verbascum densiflorum):** *Ihre imposanten Blütenkerzen sind im Blumengarten ebenso majestätisch wie im Kräutergarten, in Einzelgruppen oder am Zaun. Die Braunwurzgewächse gedeihen am liebsten in mageren, sandigen Böden ohne Staunässe. Neben der großblütigen Königskerze gibt es viele ebenfalls wildwachsende Verwandte.*

- **Stockrose (Alcea rosea):** *Sie sind das Wahrzeichen alter Bauerngärten, da ihre hohen Blütenschäfte unübersehbar sind, wenn sie zu Dutzenden wie kerzengerade Zaungucker vor Bauernhäusern stehen. An den bis zu 2 m hohen Trieben zeigen sich samtige Blüten meist in Pastelltönen, die sich am liebsten an windgeschützten, sonnigen, warmen Plätze mit nahrhaftem Boden entfalten. Außerdem legen die Schönheiten Wert auf regelmäßige Wassergaben. Wer verwelkte Blüten entfernt und die Pflanzen damit an der Samenbildung hindert, kann sich einen weiteren Sommer an ihnen erfreuen. Ein Tee aus Blüten ist ein altbewährtes Hausmittel bei Heiserkeit und Husten.*

- **Weitere Zweijährige:** *Bartnelke (Dianthus barbatus), Fingerhut (Digitalis purpurea), Gartennelke (Dianthus caryophyllus), Goldlack (Cheiranthus cheiri), Mariendistel (Silybum marianum), Marienglockenblume (Campanula medium), Maßliebchen (Bellis perennis), Muskatellersalbei (Salvia sclarea), Nachtkerze (Oenothera biennis), Nachtviole (Hesperis matronalis), Stiefmütterchen (Viola tricolor), Vergissmeinnicht (Myosotis palustris), Wolfsmilch (Euphorbia lathyris).*

- *Madonnenlilie (Lilium candidum):* Bereits die alten Ägypter verehrten sie und bei unseren Vorfahren galt sie als Sinnbild der Unschuld und der Reinheit. Auch wegen ihrer anmutigen Wuchsform und ihrer reinweißen Blüten ist sie aus keinem bäuerlichen Blumengarten wegzudenken. Das Liliengewächs liebt nährstoffreiche, lockere, kalkhaltige Erde und will regelmäßige Wassergaben. Bereits im Mittelalter verwendeten Mönche die Madonnenlilie, um Quetschungen, Schwellungen und Prellungen zu kurieren.

- *Pfingstrose (Paeonia officinalis):* Sie war über Jahrtausende hinweg das Symbol chinesischer Kaiser und gilt im ländlichen Blumengarten als unverwüstlich. Einmal gepflanzt, lassen Sie diese besser in Ruhe, dann wächst sie zu einem breit ausladenden, bis zu 80 cm hohen Busch heran.

- *Mutterkraut (Chrysanthemum parthenium):* Der Körbchenblüher mit weißen Blütenzungen und gelber Mitte gelangte mit den Mönchen aus Griechenland und Italien nach Nordeuropa und eroberte schnell die Blumengärten, da er ein beliebtes Heilmittel bei Kopfschmerzen und Frauenleiden ist. Ein durchlässiger, kalkhaltiger Boden und warme, sonnige Plätze sagen der bis zu 80 cm hohen Pflanze zu.

- *Sonnenhut (Rudbeckia nitida, R. laciniata, R. fulgida var. sullivantii):* Die sonnenblumenähnlichen Korbblütler blühen unermüdlich und anspruchslos vom Hochsommer bis zum Herbst und bevorzugen durchlässige Böden und sonnige Standorte; sie lassen sich gut mit Astern, Salbei und Sonnenbraut kombinieren.

- *Weitere Stauden:* Akelei (Aquilegia vulgaris), Alant (Inula helenium), Aster (Aster dumosus, A. novi-belgii, A. novae-angliae u.a.), Astilbe (Astilbe-Arendsii-Hybriden, A.-japonica-Hybriden), Christrose (Helleborus niger), Eibisch (Althaea officinalis), Eisenhut (Aconitum napellus), Fetthenne (Sedum spectabile, S. telephium), Hauswurz (Sempervivum tectorum), Hyazinthe (Hyacinthus orientalis), Indianernessel (Monarda didyma), Iris (Iris germanica), Kaiserkrone (Fritillaria imperialis), Karthäusernelke (Dianthus carthusianorum), Küchenschelle (Pulsatilla vulgaris), Lupine (Lupinus-Hybriden), Maiglöckchen (Convallaria majalis), Margerite (Chrysanthemum leucanthemum), Phlox (Phlox paniculata), Rittersporn (Delphinium elatum), Sonnenauge (Heliopsis scabra), Sonnenbraut (Helenium autumnale), Taglilie (Hemerocallis fulva, H. flava), Tränendes Herz (Dicentra spectabilis), Tulpe (Tulipa variabilis), Türkenbund (Lilium martagon), Türkischer Mohn (Papaver orientale), Veilchen (Viola odorata), Winterling (Eranthis hyemalis), Ziersalbei (Salvia nemorosa).

überdauern diese bis ins nächste Jahr. Ernten Sie frühmorgens oder abends, weder bei Regen noch in der prallen Sonne und setzen Sie Ihr Erntegut richtig in Szene – mit der passenden Vase, die farblich auf die Blumen abgestimmt ist und von der Form her zu den Pflanzen passt. Oft inspirieren einen die Pflanzen bereits beim Pflücken zu stimmungsvollen Arrangements. Ein Stückchen Holzkohle, ein abgebranntes Streichholz oder eine Kupfermünze – sie alle helfen, das Wasser länger frisch zu halten, während ein wenig Zucker zur Entfaltung der Knospen beiträgt. Große Säufer in der Vase sind Schafgarbe, Rittersporn und Zinnie.

Rosengarten – Im Reich der Königin

Aus ländlichen Gärten sind Rosen nicht wegzudenken. Sie grüßen aus Beeten und Hecken, von Mauern und Pergolen und seit jeher wissen sich Landfrauen an Duft, Schönheit, Geschmack und Heilkraft der Blumenkönigin zu erfreuen. Es sind sowohl üppig blühende, robuste Wildrosen als auch dicht gefüllte alte Gartenrosen, die Einzug in die Gärten hielten. Spätestens seit Beginn des 19. Jahrhunderts avancierte die Rose zur beliebtesten Blume hinter dem Gartenzaun. Zwar huldigten unsere Vorfahren ihrer Schönheit, doch hatte die Vielgeliebte immer handfesten Interessen zu dienen. Landfrauen pflückten seit jeher ihre Blüten und Hagebutten, um aus ihnen feine Rosengelees, -muse, -liköre, -essige, -sirupe und -zucker sowie Salben und Parfüms zu zaubern. Es war immer das doppelte Vergnügen aus Schönheit und Nutzen, das Menschen veranlasste, sie in die Gärten zu holen.

Rosen können auf eine Jahrtausende alte Geschichte quer durch verschiedene Epochen zurückblicken: So gediehen sie bereits vor 4000 Jahren bei den Chinesen, während sich in Europa erste Darstellungen ihrer Blüten um das Jahr 2000 v. Chr. auf der Insel Kreta finden. Auch die sinnesfrohen Bewohner des alten Roms waren ihr zugetan: Von Kaiser Heliogabalus heißt es, dass er ihre Blütenblätter auf üppige Festgelage regnen ließ – so viele, dass Gäste darunter erstickt sein sollen. Daneben trug man im alten Rom Rosenkränze auf dem Kopf, um die Stirn zu kühlen und um Krankheiten und Gerüche fern zu halten. Es ist nicht überliefert, wie viele Rosensorten die Römer kannten, doch vermutlich gehörte die Weiße Rose *(Rosa × alba)* ‚Maxima‘, eine gefüllte Form aus der Essig- *(Rosa gallica)* und der Damaszenerrose *(Rosa damascena)* dazu. In mittelalterlichen Gärten galten Rosen als Sinnbild der Liebe, obwohl es hierzulande keineswegs viele Arten gab: Nach Aussagen von Albert Magnus, einem deutschen Gelehrten und Bischof aus dem 13. Jahrhundert, gab es nur wenige weiße und rot blühende Vertreter. In den Gärten des Mittelalters und in Bauerngärten gediehen in den folgenden Jahrhunderten hauptsächlich die ungefüllte und gefüllte Wei-

Auch wenn in diesem Rosengarten der rein sinnliche Genuss im Vordergrund steht, so wussten Landfrauen, wie man Blüten und Hagebutten für feine Gelees, Liköre, Essige und Sirupe nutzt.

ße Rose *(R. alba)* sowie die rote Essigrose *(R. gallica officinalis)*, die Hundsrose *(R. canina)*, die Damaszenerrose *(R. damascena)*, wilde Varianten der Apfelrose *(R. villosa)* und die Feld-Rose *(R. arvensis)*, die als einzige Kletterpflanze Mauern schmückte. In den Gärten der Renaissance entstand die Kohlrose, eine Zentifolie *(R. × centifolia)*, die viele Bewunderer fand und auf den Gemälden niederländischer Künstler verewigt wurde. Doch letztlich war es erst die Rosenleidenschaft der französischen Kaiserin Joséphine, der Frau des französischen Kaisers Napoléon, die in ihrem Garten in Malmaison über 250 verschiedene Rosensorten sammelte und bis zu ihrem Tod im Jahr 1814 einige Tausend Kreuzungen aus Rosen veranlasste. Das Züchten von Sorten kam so sehr in Mode, dass die Rose um 1850 herum vermutlich die beliebteste Blume überhaupt war. Noch aus dieser Zeit stammen die meisten Rosen, die wir heute als alte Sorten bezeichnen und die auch in viktorianischen Gärten zu Hause waren: darunter einige Moosrosen *(Rosa × muscosa* ‚Muscosa'), die weltberühmte

‚Souvenir de la Malmaison', die blassgelbe, aprikose- bis orangefarbene, duftende Ramblerrose ‚Gloire de Dijon' sowie die kräftig rosa blühende Strauchrose ‚Louise Odier'. All diese Rosen gelten vor der ersten modernen Rose, der Teehybride ‚La France' aus dem Jahr 1867, als alte Rosen.

Landfrauen überließen solche Einteilungen eher Theoretikern und pflanzten einfach blühende Wildrosen als hübschen Windschutz am Gartenrand wie in Wildstrauchhecken, während sie gefüllte Sorten mit romantischem Flair in Szene setzten, beispielsweise in der Mitte eines Blütenrondells oder im Blickpunkt des Bauerngartens.

Der Boden sollte für Rosen in der Regel humos und gut durchlässig sein. Leichtem Erdreich mischt man Kompost unter, schwerer Erde mit hohem Lehmanteil setzt man scharfen Sand ohne Feinanteil bei. Auf leichten Böden duften Rosen schwächer – ein Nachteil, der sich mit einer Extraportion gut abgelagertem Mist, der alle zwei bis drei Jahre rund um die Pflanze verteilt wird, gut beheben lässt. Die meisten Rosen lieben sonnige Standorte. Dort zeigen sie vor allem bei warmer, feuchter Witterung ihre intensiven Düfte.

Einige bewährte Rosen für ländliche Gärten sind:

- Damaszenerrose *(Rosa × damascena)*: Die Ursprünge dieser Rosen liegen im Dunklen, man nimmt an, dass sie durch Kreuzung mit der Essigrose *(Rosa gallica)* entstanden. Zu ihnen gehört die sogenannte Ölrose des Orients *(R. × damascena)*, die uralte Sorte ‚Trigintipetala'. Diese liefert wertvolles Rosenöl und -wasser, besitzt gefüllte, rosarote, in der Mitte leicht zerzauste Blüten und duftet intensiv und süß. Als winterharter Strauch wächst der Einmalblüher bis zu 2 m hoch. Es gibt sommerblühende Damaszenerrosen und die zwei-

Die Essigrose verbreitete sich dank der Mönche im Mittelalter nördlich der Alpen. Von ihr stammen viele unserer Gartenrosen ab.

mal blühenden Herbstdamaszenerrosen wie die purpurrote ‚Rose de Resht' und die weiße ‚Jacques Cartier'.

- Bibernellrose *(Rosa pimpinellifolia)*: Sie ist auch als Dünenrose und Stachelige Rose bekannt, da sie vor allem auf den Nordseedünen gedeiht und trockene, sandige Plätze bevorzugt. Als kompakter, buschiger, bis zu 2 m hoher Strauch mit Wildrosencharakter blüht sie früh, bereits im Mai ist sie von unzähligen, einfachen, weißen, gelben, selten rosafarbenen oder roten Blüten übersät. Eine sehr beliebte Sorte in samtigem Rot ist ‚Single Red', die den Rosensommer gekonnt eröffnet.

- Essigrose *(Rosa gallica)*: Seit Urzeiten spendiert sie ihre Duftstoffe und allein in der Rosen-Hochzeit um das Jahr 1848 zählte man

in Frankreich über 200 verschiedene Sorten. Dank der Mönche verbreitete sich die Rose im Mittelalter nördlich der Alpen. Von ihr stammen die meisten unserer Gartenrosen ab. Die ursprüngliche Form wächst etwa 1 m hoch und besitzt hellrote bis dunkelpurpurrote, einfache Blüten. Im Handel gibt es 0,50–2 m hohe, mit kleinen Stacheln bewehrte Sträucher sowie ungefüllte wie gefüllte Sorten in vielen Farbtönen. Berühmt sind die purpurrot gestreifte Rosa mundi, auch ‚Versicolor' genannt, mit weißem Grund, die tiefrotviolette ‚Tuscany', auch Samtrose genannt, die reich gefüllte violette ‚Cardinal de Richelieu' und die karminrote bis purpurviolette ‚Charles de Mills'.

- Zentifolie *(Rosa centifolia)*: Sie ist die Urmutter der Bauerngartenrosen und wird auch Kohl-

Die historische Strauchrose ‚Louise Odier' liebten schon unsere Vorfahren, da sie verschwenderisch reich und zuverlässig öfter blüht, wunderbar duftet und sogar nordische Winter gut übersteht.

oder Provencerose genannt. Einst gab es von ihr über 200 Sorten, eine Fülle, die teilweise verloren ging. Zentifolien sind 1–1,50 m hoch und besitzen aufrechte, teils auch ein wenig überhängende Triebe. Ihre meist nur halb geöffneten, reich gefüllten Blüten verströmen einen intensiven, edlen Duft und stehen einzeln oder zu wenigen vereint. Am häufigsten finden sich Rosa- und Rottöne wie bei ‚Reine des Centfeuilles‘ und ‚Cristata‘. Die Moosrose (*Rosa centifolia* ‚Muscosa‘) ist eine besondere Zuchtform der Zentifolie, deren Kelchblätter und Blütenstile mit borstigen, drüsigen Auswüchsen überzogen sind. Derartige moosähnliche Überzüge finden sich auch an den Hauptnerven der Blätter und an den Stielen.

- Romantische Rosenbäume: Rosenbäume bieten ihre verschwenderische Blütenfülle in Augenhöhe dar und fanden erst im 19. Jahrhundert im Bauerngarten ihren Platz. Als Unterlage für Hochstammrosen verwenden Züchter meist 90–110 cm hohe Wildrosenstämme, auf die Edel- oder Beetrosen aufgepfropft werden. Kaskadenstämme besitzen eine Stammunterlage von meist 140 cm Höhe. Sie lassen ihre Blütentriebe elegant herunterhängen. Beliebte Hochstämme sind ‚Ghislaine de Féligonde‘ in aprikosefarben bis gelb-weiß und ‚Blush Noisette‘ in Rosa. Rosenbäumchen stehen gern inmitten eines Rondells, entlang von Wegen oder rechts und links von einem Tor oder Durchgang.

- Kletterrosen: Gegen Ende des 19. Jahrhunderts kamen Kletterrosen im Bauerngarten in Mode. Rosenfreunde unterscheiden kletternde Rosen in Climber mit aufrechten, steigenden Haupttrieben und Rambler mit langen, biegsamen Trieben und kleinen Blüten. Von letzteren gibt es duftende Sorten, die bis zu 10 m hoch kommen. Für Rosenbögen und den Gartenzaun eignen sich beispielsweise ‚New Dawn‘ (zartrosa, öfterblühend), ‚Ghislaine de Feligonde‘ (aprikot-rosa, nachblühend). Obelisken und Pergolen erobern ‚Glenn Dale‘ (hellgelb) und ‚Guirlande d'Amour‘ (weiß, nachblühend), während ‚Bobby James‘ (weiß, duftend) und ‚Rambling Rector‘ (weiß, duftend) große Bäume in Beschlag nehmen. Die etwas steifer wirkenden Climberrosen kommen gut an Mauern zur Geltung: Für Dornroschen-Ambiente sorgen ‚Kir Royal‘ und ‚Alchymist‘ mit Wuchshöhen zwischen 3 und 5 m.

- Moderne Romantikrosen: Sie heißen Englische Rosen und werden wegen ihrer stark gefüllten Formen und ihres herrlichen Duftes oft auch den alten Rosen zugerechnet. Sie gehen jedoch auf moderne Rosenzüchtungen des Engländers David Austin zurück und haben längst im ländlichen Garten Einzug gehalten.

Dornröschen-Ambiente im Bauerngarten zaubern Kletterrosen seit Ende des 19. Jahrhunderts. Es gibt duftende Sorten, die bis zu 10 m hoch werden.

Hecken, Mauern und Pflanzungen – Gartenräume schaffen

Mit Hecken, Mauern, Kletterpflanzen und Sträuchern lassen sich Gartenräume schaffen, die zum Verweilen und Erkunden einladen. Wenn Sie Ihren Garten in verschiedene Nutzungsbereiche unterteilt haben, dann können Sie überlegen, ob eine optische Trennung dieser Bereiche in einzelne Gartenzimmer sinnvoll ist. In einem langen, schmalen Garten ist es beispielsweise ideal, wenn Sie mehrere Zimmer hintereinander anlegen, um für Überraschung zu sorgen. Eine Gliederung lässt sich auch mit niedrigen Begrenzungen schaffen: Flechtwerk aus Weide, Eisengitter sowie niedrige Holzelemente rahmen Kräutergärten, Gemüsebeete und Staudenrabatten aufs Schönste ein. Die klassische Einfassungspflanze im Bauerngarten ist der Buchs, der beinahe immer und überall wächst und von dem es viele schöne, interessante Sorten wie *Buxus*

sempervirens ,Herrenhausen' mit mittelgrünen, frisch glänzenden Blättern oder ,Blauer Heinz' mit blaugrünem Laub gibt. Für schöne Beeteinfassungen sorgt auch Heiligenkraut (*Santolina chamaecyparissus*). Beschränken Sie sich möglichst immer auf ein Material oder wenige Einfassungsarten in einem Gartenbereich, da dies für ein harmonisches Gesamtbild sorgt.

Hecken umlaufen ländliche Artengrenzen als Sicht- und Windschutz. Dabei unterteilen sie grüne Gartenzimmer und schaffen eine heimelige Atmosphäre. In Bauerngärten finden sich vor allem Hecken mit laubabwerfenden Gehölzen, wobei Weißdornhecken (*Crataegus monogyna*) besonders beliebt sind, da sie sich wunderbar schneiden lassen und vom Weidevieh kaum angeknabbert werden. Laubgehölze, die Sichtschutz spenden und Wind abhalten, sind Hainbuche (*Carpinus betulus*), Rotbuche (*Fagus sylvatica*), Blutbuche (*Fagus sylvatica purpurea*) sowie Liguster (*Ligustrum vulgare*). Für kleinere Gärten

Im Bauerngarten sorgen wadenhohe Buchshecken für Struktur, während sich mit grünen Hecken windgeschützte Gartenzimmer mit heimeliger Atmosphäre schaffen lassen.

eignen sich schmale Heckenwände gut, die sich vor allem aus Hain- und Rotbuche ziehen lassen.

Wer sich auch in der kalten Jahreszeit vor Blicken schützen möchte, wählt immergrüne Pflanzen. Klassische Hecken hierfür sind Buchs (*Buxus sempervirens*, *B. arborescens*) für sonnige bis halbschattige Gärten und Eibe *(Taxus baccata)* für eher schattige Bereiche. Hecken aus Kirschlorbeer *(Prunus laurocerasus)* und Lebensbaum (Thuja-Arten) sind dagegen eher in den Vorstädten zu finden und wirken im ländlichen Garten fremd.

Damit die Hecken dicht sind und formale Strukturen bilden, müssen sie regelmäßig geschnitten werden. Sie sollten aber erst schneiden, wenn Jungvögel ihre Nester verlassen haben. Der letzte Termin zum Heckenschnitt liegt gegen Ende August, vorzugsweise an einem bewölkten Tag, damit die Nadeln und Blätter, die zuvor beschattet waren, der Sonne nicht zu intensiv ausgesetzt werden. Schneiden Sie die Hecke möglichst trapezförmig, damit die unteren Blätter einer Hecke genügend Licht bekommen. Dies beugt dem Verkahlen vor. Als Faustregel gilt, dass sich die Hecke auf 1 m Höhe um etwa 20 cm verjüngen soll. Einen rechteckigen Querschnitt vertragen Schattengehölze wie Eibe und Hainbuche. Wer eine exakte Oberkante wünscht, spannt zuvor waagrecht in der gewünschten Endhöhe ein Seil über der Hecke. Laubholzhecken können Sie jährlich ohne Probleme ca. 20–30 cm einkürzen, die von Nadelhölzern rund 10 cm. Am besten breiten Sie unter der Hecke ein Tuch aus, dann lässt sich Schnittgut leichter entsorgen. Wenn die Hecken verkahlt sind, können sie teilweise verjüngt werden. Bei Eiben und Laubgehölzen gelingt dies ohne Probleme, bei Scheinzypressen und Thujas nicht. Schneiden Sie diese niemals ins kahle Holz, da sie nur in den benadelten Bereichen wieder austreiben.

Mauern aus heimischen, regional vorkommenden Natursteinen und Ziegeln sind nicht nur dekorativ, sie strukturieren einen Garten, bieten einen optimalen Wind- und Sichtschutz und sind ökologisch wertvoll: In den Mauerritzen dürfen Mauerblümchen wie Fetthenne- und Hauswurzarten, das Zimbelkraut, Thymian, Habichtskraut, Heide- und Felsennelke sowie Gelber Lerchensporn gedeihen, während sich Eidechsen, Spitzmäuse und verschiedene Insekten in und an dem Bauwerk tummeln. Steinmauern, die im Rücken eines Sitzplatzes stehen, geben tagsüber gespeicherte Wärme auch in den Abendstunden wirkungsvoll ab, sodass es sich gemütlich sitzen lässt und Kübelpflanzen wie Olivenbaum und Oleander gerne die Wärme aufnehmen. Außerdem dienen Mauern zum Abstützen von Hängen und Böschungen, wobei diese Bauwerke eine konstante Neigung zum Hang hin (10–16 cm auf 1 m Höhe) aufweisen sollten. Ehe Sie nun Mauern

links: Wärme spendende Natursteinmauern sind ideal, um davor zu sitzen, mediterrane Kübelpflanzen wie Oleander aufzustellen oder Spalierobst zu ziehen.

VOGELPARADIES AUS BAUMSCHNITT

Haben Sie Baumschnitt übrig und wissen nicht wohin? Das Wegtransportieren und Schreddern ist energieaufwendig, daher empfiehlt sich als altbewährte Alternative, ein Vogelparadies anzulegen: Legen Sie den Grundstein für eine Wildstrauchhecke. Diese ist ein Biohotel vom Feinsten, da sich viele Tiere in ihr wohl fühlen. Vögel lassen sich nieder und betätigen sich als Gärtner: In ihrem Kot enthaltene Samen keimen und mit etwas Glück entstehen blühende und fruchtende Wildgehölze zum Nulltarif. An diesen laben sich Vögel und bauen ihre Nester im Unterholz.

- *Den Schnitt von Laub- und Nadelbäumen zu Wallhecken aufschichten, beispielsweise rund 1 m breit und 2 m hoch und so lang wie benötigt.*

- *An den Seiten einige dicke Äste als Pfähle in den Boden rammen und diagonal mit langen Hölzern verbinden sowie einige Äste senkrecht in den Böden stecken, damit sich die Gefiederten niederlassen.*

- *Im Laufe der Jahre entstehen dichte Hecken, die guten Windschutz bieten, während sich darin neben Vögeln auch Kröten, Igel, Blindschleichen und Insekten wie Wildbienen wohl fühlen.*

Gehölze mit besonders schönen, auch duftenden Blüten und attraktiven Früchten finden sich im Landhausgarten traditionell in Wildstrauchhecken entlang des Zaunes oder als Sichtschutz neben dem Sitzplatz. Sie werden naturgemäß nicht in formale Formen gezwängt, sondern nur so geschnitten, dass sie reichlich und über Jahre schön blühen.

- *Schmetterlingsflieder (Buddleja davidii):* Er ist der Schmetterlingsmagnet unter den Sträuchern. Am liebsten wächst er an sonnigen, trockenen Plätzen, wo er unermüdlich in Violett, aber auch Weiß und Gelb blüht und bis zu 4 m hoch wird. Der Strauch stammt aus Ostasien und kann in kalten Wintern zurückfrieren, treibt aber wieder gut aus.

- *Blut-Johannisbeere (Ribes sanguineum):* Die roten Blüten erscheinen in bis zu 7 cm langen Trauben, während die drei- bis fünflappigen Blätter aromatisch duften. Auch dieser Strauch ist anspruchslos, bevorzugt jedoch Sonnenplätze, an denen er zahlreiche Hummeln und Bienen anlockt.

- *Ranunkelstrauch (Kerria japonica):* Auf einem Strauch sitzen im Frühjahr beinahe unendlich viele goldgelbe, gefüllte Blüten. Das Gehölz bildet durch Ausläufer dichte Horste und wird nach der Blüte ausgelichtet.

- *Straucheibisch (Hibiscus syriacus):* Er trägt wunderbare Trichterblüten in Weiß, Rot oder Blau-Lila. Am liebsten wächst er auf feuchten, humusreichen, durchlässigen Böden. Der Strauch wirkt im Frühjahr lange kahl, wie abgestorben, schneiden Sie ihn dann nicht radikal, da er daran zugrunde gehen kann.

- *Weigelie (Weigelia-Hybride):* Die glockenförmigen, roten Blüten erscheinen von Mai bis Juni am mittelhohen, buschig wachsenden Strauch. Dieser gedeiht beinahe überall und sollte alle paar Jahre ausgelichtet werden.

ziehen, müssen Sie dies bei der örtlichen Baubehörde bekannt geben und sich über bestehende Bestimmungen informieren.

Wer Mauern, Spalieren, Hauswänden oder alten Bäumen ein Pflanzenkleid überziehen möchte, setzt auf Kletterpflanzen. Diese ranken und hangeln, klimmen und winden sich dem Licht entgegen. Dabei finden sich in bäuerlichen Gärten robuste Klettermaxe, die rasch emporkommen, wüchsig gedeihen und mit unterschiedlichen Lichtverhältnissen klarkommen. Unter ihnen sind viele Clematisarten und -sorten mit Teller-, Röhren- oder Glockenblüten, die Blütenwände in Rekordzeit schaffen. Ein schattiger Fuß in nahrhafter Erde und immer dem Licht entgegen lautet ihr Motto. Besonders wüchsig und bewährt sind Italienische Waldreben *(Clematis viticella)*

und ihre Sorten wie ,Purpurea Plena Elegans' mit violettpurpurnen Blüten oder die dunkelviolette ,Etoile Violett', die auch Laien viel Freude macht. Ideale Partner für Blumenwände mit Clematis sind Rosen, da sie sich in punkto Blütenfarben und Wuchshöhe gut aufeinander abstimmen lassen. Gelungene Duos sind beispielsweise ,Venosa Violocea' (Clematis, violett) mit ,Bobby James' (Rose, weiß) oder ,Betty Corning' (Clematis, zartviolett) mit ,Graham Thomas' (Rose, honiggelb).

Für grüne Wände in ländlichen Gärten ist auch unverzichtbar die selbstkletternde Jungfernrebe *(Parthenocissus quinquefolia)*, die mithilfe von Haftscheiben rasch an Wänden emporwächst, sommergrün ist und fünfzählige, handförmig gefingerte Blätter mit intensiv roter Herbstfärbung trägt. Ebenso beliebt ist die Echte Weinrebe *(Vitis vinifera subsp. vinifera)*; sie braucht warme, sonnige, windgeschützte Ecken in milden Gegenden, dann können Sie auf eine reiche Ernte hoffen. Im Spätwinter ist der Haupterziehungsschnitt erforderlich.

Allseits zu finden ist auch der Efeu *(Hedera helix)*: Er wächst oft in vernachlässigten Ecken, wo er sich kriechend am Boden oder mithilfe von Haftwurzeln als kletternder Strauch bewährt. Es gibt zahlreiche Sorten, darunter auch weißgelb panaschierte. Schön ist auch die Kletter-Hortensie *(Hydrangea anomala ssp. petiolaris)*: In Bauerngärten ziert sie Pergolen, Laubengänge und Hauswände und bildet ab Juni die typischen weißen Blütendolden, die angenehm süß duften. Am liebsten gedeiht sie in halbschattigen oder schattigen Lagen.

AUFFÄLLIGE FRUCHTGEHÖLZE

- *Gemeiner Schneeball (Viburnum opulus):* Die seit rund 400 Jahren kultivierte Sorte ‚Roseum' ist seit jeher in Bauerngärten beliebt, vielleicht weil sie auffällige rote Früchte besitzt, die sich aus stark duftenden, schneeballförmigen Blüten entwickeln. Der Strauch wächst rasch und verzweigt sich stark.

- *Sanddorn (Hippophae rhamnoides):* Der weibliche Wildstrauch spendiert Vitamin-C-Bomben, sofern sie weibliche und männliche Sträucher zusammen pflanzen, denn die Pflanze ist getrenntgeschlechtlich. Sanddorn befestigt als robustes Pioniergehölz Böschungen und Dünen in nördlichen Küstenregionen.

- *Kornelkirsche (Cornus mas):* Die glänzend roten, länglichen, bis zu 2 cm langen Früchte verarbeiten Landfrauen in Konfitüren und Likören und auch die Vögel fliegen darauf. Der Strauch ist pflegeleicht und wächst bis zu 7 m hoch.

- *Pfaffenhütchen (Euonymus europaeus):* Die Früchte sind aufgrund ihrer auffälligen Farbe und Form in jedem ländlichen Garten beliebt. Das Vogelnährgehölz ist aber für uns giftig.

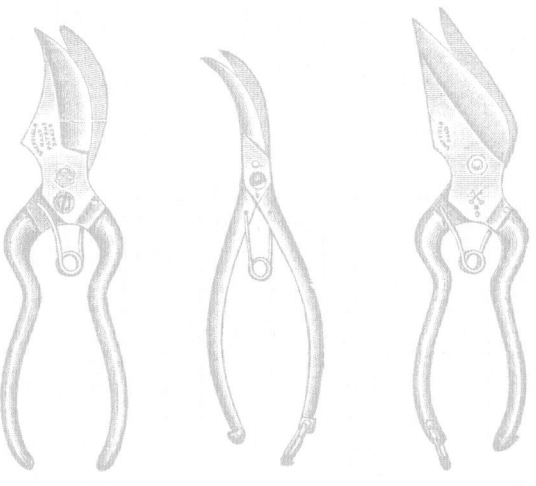

LEBEN MIT TIEREN

HÜHNER, GÄNSE UND ENTEN – FEDERVIEH

Hühner – Kikeriki und Gegacker

Hühner können zwar nicht besonders gut fliegen, dafür aber umso besser rennen: Am liebsten sind sie auf Wiesen unterwegs, um unablässig nach Körnern und Grünzeug zu picken und nach Würmern und Insekten zu scharren. Während Gockel, Henne oder Kücken ihr Futter scharfäugig erkennen, lässt ihr Sehvermögen in der Ferne rapide nach: Für alles, was weiter als 50 m entfernt liegt, sind sie „blind wie ein Huhn". Ihre Verhaltensweisen und Eigenschaften stammen von ihrem wilden Verwandten, dem Bankiva-Huhn aus Südostasien. Dieses ist kleiner als das Haushuhn (Gallus gallus domesticus).

Früher war es üblich, bei Wetterprognosen die Bauernhoftiere, darunter besonders die Hühner, zu beobachten: „Kräht der Hahn auf dem Mist, bleibt's wechselhaft wie's ist, kräht er aus dem Hühnerhaus, hält's schöne Wetter noch ein Weilchen aus." In diesem Spruch findet sich ein wahrer Kern, denn in feuchten Misthäufen bei regnerischem Wetter finden sich Kleintiere weiter oben im Haufen, folglich machen Hühner hier gute Beute, der Hahn kräht vom Misthaufen. Bei schönem Wetter dagegen gibt es keinen Grund, den Misthaufen zu suchen, der Hahn bleibt in oder auf dem Haus.

Ein Hahn ist viel massiger als eine Henne, das Gefieder ist an Farben und Formen reicher und brillanter, seinen tiefroten Kamm trägt er wie eine Krone, während sein Kehllappen wie ein kaiserlicher Backenbart wirkt. Da Hennen bei der Partnerwahl extrem wählerisch sind und nur starke, gesunde, laut krähende Gockel als Liebes-

Der Traum von der eigenen Hühnerschar lässt so manches Gärtnerherz höher schlagen, symbolisiert das Federvieh doch das Idyll vom Landleben.

links: Ein stolzer Hahn mit zwei seiner Damen. Er ist treuer Begleiter und Beschützer, lockt die Hennen zum Futter, warnt vor Feinden und sucht Ruhe- und Nistplätze.

rechts: Dieser Traum von einem Hühnerhaus macht das Leben mit dem Federvieh noch einmal so schön. Mittlerweile gibt es sogar mobile Heime, mit denen es sich problemlos im Gelände umziehen lässt.

partner akzeptieren, ist ein gepflegtes Äußeres ohnehin ein Muss. Haben Hennen einen Partner für gut befunden, lassen sie sich gern mit leckeren Futterbrocken zum Rendevous verführen. Ein kräftiger Hahn besitzt idealerweise einen Harem aus acht bis zwölf Damen, wobei er immer eindeutige Favoritinnen hat, was manchen Züchter zur Verzweiflung treibt. Daneben tut sich ein Hahn als Begleiter und Beschützer seiner Familie hervor. Er lockt seine Hennen zum Futter, sucht Ruhe- und Nistplätze und warnt vor Feinden.

Hühner können Sie auch auf kleineren Grundstücken halten. Wer in dichter besiedelten Gegenden wohnt, sollte sich auf alle Fälle vorher mit seinen Nachbarn abstimmen und eher auf eine Frauencrew ohne Hahn setzen. Ein gut isoliertes Hühnerhaus, in dem der Hahn kräht, kann den einen oder anderen Konflikt von vornherein entschärfen.

Eine kleine Hühnerschar von fünf bis sieben Tieren braucht mindestens etwa 100 m² Fläche. In kleinen Gärten ist es sinnvoller, sich für eine Zwerghuhnrasse wie ein Seidenhuhn oder für eine verzwergte Rasse zu entscheiden. Das Grundstück sollten Sie immer mit einem Zaun umgeben, der, je nach Rasse, zwischen 1,50 und 2,50 m hoch sein sollte, da Hühner mitunter fliegen und Fuchs und Marder draußen bleiben sollen. Katzen stellen Hühnern in der Regel nicht hinterher. Ein ideales Grundstück für Hühner besitzt nicht nur ausreichend Wiese, sondern auch Gebüsch und Bäume, die das Gelände vor Wind schützen und in denen sich die Tiere gut verstecken können.

Für die gackernde Schar sollte immer frisches Wasser, genügend Nahrung aus einem Getreidetrog, ein Netz für Grünfutter, eine Sandkiste und ein Hühnerhaus bereitstehen. Wenn Sie gelegentlich den Boden im Hühnerstall mit einer

Harke bearbeiten, wird ihnen die gefiederte Schar nicht von der Seite weichen, um sofort Beute zu machen. Hühnern streut man etwas Korn auf die Wiese, zusätzlich brauchen sie Kalk, der als Futter- oder Muschelkalk angeboten wird, sowie sogenannten Grit oder kleine Steinchen, die im Magen helfen, das Futter aufzuschließen. Im Fachhandel ist Hühnerfutter erhältlich, dass vor allem Anfängern den Einstieg in die Hühnerhaltung erleichtert. Im Winter brauchen Hühner immer noch zusätzlich Eiweiß, wie es in Sojamehl enthalten ist.

Ein Hühnerstall sollte warm, trocken, hell, zugluftfrei und trotzdem gut belüftet sein. Es gibt tragbare Hühnerhäuser, die man leicht auf ein frisches Stück Wiese umsetzen kann. Falls Sie es selber bauen, können Sie Stein, Ziegel oder Holz verwenden. Rechnen Sie für eine kleine Schar von drei Hühnern mit einer Grundfläche von mindestens 1 m². Im Hühnerdomizil können die Tiere ruhen und Eier auf Stroh ablegen. Wichtig ist ein trockener, gut isolierter Boden, der mit ausreichend Einstreu überdeckt wird. Da die Hühner zum Schlafen gern auf Stangen sitzen, bringen Sie diese leicht erhöht, nicht zu dicht unter dem Dach an und befestigen darunter ein Kotbrett, um die gründliche Reinigung des Stalles alle ein bis zwei Wochen zu erleichtern. Mittlerweile gibt es sogar mobile Hühnerställe, die sich besonders gut für kleine Gärten eignen (siehe Anhang).

Enten und Gänse – Munteres Geschnatter

Einst galten die Gans als Schaf und die Ente als Schwein des kleinen Mannes. Heutzutage sind beide Gattungen bei Kleintierhaltern wie Selbstversorgern beliebt. Gänse sind im Unterschied zu Enten reine Vegetarier, doch beide Gattungen lassen sich mit einfachsten Mitteln und ohne kostspielige Einrichtungen halten – ein Grund,

HÜHNERRASSEN – DIE RICHTIGE WAHL

Wer sich Hühner zulegen möchte, sollte bei der Rassenwahl Folgendes beachten: Haben Sie es auf die Eier abgesehen oder auf die Tiere selber, wollen Sie sich nur an ihnen erfreuen und sie beobachten oder ist es Ihr Ziel, Nachwuchs zu züchten und gefährdeten Nutztierrassen überleben zu helfen? Für jeden dieser Wünsche gibt es geeignete Hühnerrassen.

- *Richtige Legerassen wie Westfälische Totleger oder Italiener spendieren jährlich etwa 180–200 Eier.*

- *Große, massige Hennen, die viel Fleisch besitzen, bringen zwischen 2,5 und 4 kg auf die Waage, die Hähne wiegen mehr. Zu ihnen zählen Rassen wie Mechelner und Dorking.*

- *Zwiehuhnrassen liefern sowohl reichlich Eier als auch Fleisch. Zu ihnen zählen Dresdener, Altsteirer, Deutsches Lachshuhn, Augsburger Huhn und Bergischer Schlotterkamm. Die beiden letztgenannten Arten sind extrem selten geworden und vom Aussterben bedroht. Dabei sind vor allem die alten, regionaltypischen Landhuhnrassen für Selbstversorgen wertvoll.*

- *Auf kleinen Grundstücken fühlen sich Zwerghühner wohl. Wie ihr Name verrät, brauchen sie weniger Platz als Großhühner, liefern weniger Fleisch und Eier. Viele, die sich das erste Mal Hühner zulegen, setzen auf das Deutsche Zwerghuhn oder das Federfüßige Zwerghuhn: Letzteres besitzt den Vorteil, dass es kaum scharrt und nur wenig Platz zum Leben braucht.*

- *Wer es nur aufs Aussehen abgesehen hat, für den ist Ziergeflügel die richtige Wahl.*

- *Bei Gartenbesitzern stehen Seidenhühner hoch im Kurs: Die kuschelweichen Eierleger scharren kaum und ermöglichen ein friedliches Miteinander im Garten. Mitunter erweisen sie sich als effektive Schädlingsvertilger, beispielsweise wenn sie Schneeballkäferlarven vertilgen. Die kleinen, zwischen 500 und 600 g schweren Minihühner sind handzahm, zutraulich, ruhig und besitzen kugelige, kecke, schwarzbraune Augen. Die Tiere zählen zu den Großhühnern und waren schon vor über 700 Jahren in Asien bekannt. Sie futtern gern fertiges Mischfutter, aber auch Gerste, Maisschrot und Weizen. Drei bis sieben der Zwerge brauchen etwa 30–60 m² Auslauf. Ihr Federkleid ist schwarz, blau, rot, gelb, silbergrau oder weiß, die Haut darunter ist meist bläulich-schwarz, ihre Brust ist breit, der Hals kurz, der Bauch wirkt recht stattlich, der kurze Schwanz wird hoch getragen. Beliebte Rassen sind Altsteirer, Blausperber und Holländische Zwerge.*

weshalb sie seit Jahrtausenden weltweit verbreitet sind. Viele halten die wilde Stockente *(Anas platyrhynchos)* für die Urmutter unserer heimischen Enten, doch Experten bezweifeln dies, da die Brut der Stockenten 21–25 Tage dauert, die der Hausenten meist 28 Tage. Wer sich Gänse oder Enten anschafft, sollte immer über Weideland verfügen, in dem sich Wasser wie ein Teich oder Bachlauf befindet.

Federvieh wie Enten, Gänse und Hühner kann auf einem Anwesen mobil gehalten werden. Hühner werden beispielsweise über verschiedene Flächen von Grasland umgezogen, da ihr Kratzen und Scharren viele Larven und Würmer aus dem Boden schafft. Geflügel kann auch eine Zeitlang auf Gersten- und Weizenstoppelfeldern gehalten werden. Nachdem Enten und Gänse auf Grasgelände unterwegs waren, können gut Schweine folgen.

Enten sind leicht zu halten, legen feine Eier, ihr Fleisch schmeckt köstlich, sie ernähren sich von Küchenabfällen und sind sehr gesellig. Dabei sind Enten sehr mitteilsame Tiere und setzen ihre Stimmlaute und Körpersprache geschickt zur Kommunikation ein. Wissenschaftler haben herausgefunden, dass die Tiere sogar über regionale Akzente verfügen. Beim Baden, Gründeln oder Schwimmen bewegen sie sich ausgiebig und entwickeln viel mageres Muskelfleisch. Wenn Enten an der Wasseroberfläche mit dem Schnabel entlangschlürfen und den Kopf immer wieder ins Wasser tauchen, nehmen sie Nahrung auf.

Zum Brüten bauen Enten ein Strohnest, in das sie bis zu 20 Eier legen. Während die Eltern anfangs noch das Nest häufig verlassen, sitzen sie später fest darauf. Nach 28 Tagen schlüpfen die Entenküken aus den Eiern. Während dieser Brutdauer ist es sinnvoll, den Eltern Futter sowie Trinkwasser in der Nähe aufzustellen. Die jungen Enten kommen mit voll ausgebildetem Daunenkleid aus den Eiern und sind gleich in der Lage, ihre einstige Behausung zu verlassen – daher nennt man sie Nestflüchter. Die Kleinen können sofort schwimmen und ohne die Hilfe der Eltern Nahrung aufnehmen. Allerdings führt die Mutter in den folgenden Wochen die Küken. Bis zur 10. Lebenswoche füttern Entenhalter den Jungtieren Gersten- oder sonstiges Mehl, dem Milch untergerührt wird.

Enten wie auch Gänse sind Schwimmvögel, die einen Siebschnabel besitzen. Dieser ist, ebenso wie die Zungenränder, so fein gezahnt, dass sie Nahrungsteilchen siebartig aus dem Wasser herausfischen. Außerdem sind die Schnäbel mit einer feinen Haut überzogen, während sich an der Schnabelspitze meist ein sogenannter Nagel, die scharfe Spitze des Oberschnabels, befindet. In Teichen finden die Tiere Nahrung wie Wasserlinsen, die im Volksmund Entengrütze heißen, oder Unterwasserpflanzen. Daneben stillen Enten ihren Hunger an Kaulquappen, kleinen Fischen und Lurchen, während sie Würmer und Ackernacktschnecken von den Wiesen fressen. Ansonsten können Sie den Tieren, vor allem in den Wintermonaten, Schmackhaftes vorsetzen: Soja-, Weizen-, Mais- und Gerstenschrot, fein gehackte Möhren, Rüben, gekochte Kartoffeln und klein gehackte Brennnesseln. Auch Milchprodukte und Backwarenreste sind gern gesehen. Bieten Sie Futter fein krümelig, mit etwas Wasser getränkt an. Ansonsten geben die meisten Kleintierhalter Enten dasselbe Futter wie Hennen. Zu Küchenabfällen und zerstoßenen Eierschalen kann man ihnen pelletiertes Fertigfutter oder Grünfutter anbieten. Etwas untergerührtes Fischöl sorgt für ein schönes Gefieder.

Wer Enten hält, bietet ihnen ein umzäuntes Freigelände an, eine Möglichkeit zum Baden und eine Unterkunft. Rechnen Sie pro Tier mindestens 16 m² Platz ein, außerdem brauchen Enten eine Tränke und einen Futtertrog. Sind Füchse und Marder unterwegs, decken Sie den Auslauf mit einem Drahtgitter ab oder schaffen sich einen

niedrigen Elektrozaun an. Sinnvoll ist es, den Tieren eine sicheres Zuhause zu bauen, in dem sie sich nachts aufhalten können. Der Stall sollte zugluftfrei sein sowie Schutz vor Regen bieten und auf dem Boden mit einer dicken Schicht Stroh oder Sägemehl ausgekleidet sein, damit der Boden trocken und warm ist. Ein idealer Entenstall ist tragbar und besitzt seitliche Tragegriffe zum Umziehen. Wasser und Futter geben Sie besser draußen, damit der Stall lange sauber bleibt. Zum Wasser hin empfiehlt sich ein sanfter Abhang, der mit Kies bedeckt ist. Am Teichrand bieten Wildgräser zusätzlich Nahrung, während ein auf dem Wasser schwimmendes Holzdeck gerne als Ruheplatz angenommen wird.

Neben den nebenstehend aufgeführten Rassen für Fleisch und Federn gibt es natürlich auch Legerassen. Mit am bekanntesten sind die Indischen Laufenten, die ihrem Namen gerecht werden: Sie gehen aufrecht und watscheln nicht. Viele vergleichen ihren Gang mit dem von Pinguinen. Fliegen können sie nicht, dafür haben Geflügelzüchter sie in den vergangenen Jahren optisch immer eleganter gemacht. Es gibt sie mit braunem Federkleid, bunt gescheckt oder schillernd schwarz, die Tiere können bis zu zehn Jahre alt werden und legen beinahe täglich, in der Zeit von März bis August, ein Ei. Die Eier schmecken fein, sollten jedoch, um Salmonellen abzutöten, etwa zehn Minuten gekocht werden. Doch weder ihr Aussehen noch ihre Eier haben sie zu beliebten Mitbewohnern im Garten gemacht: Indische Laufenten sind 1A-Schneckenvertilger – sie patrouillieren Ihr Grundstück mit schöner Regelmäßigkeit nach den unerwünschten Gästen ab und schlingen sie kurzerhand herunter. Im Gegenzug sollten Sie den Tieren immer ausreichend Wasser anbieten. Denn die Schnecken sondern sehr große Mengen zähen Schleims ab, der in den Schnäbeln und Hälsen der Tiere haften bleiben kann und nur durch das Aufnehmen von viel Wasser gelöst wird. Gärtner sind den Indischen Laufenten vor allem für das

ENTENRASSEN FÜR FLEISCH UND FEDERN

- *Pekingente:* Die meisten Küken, die auf Wochenmärkten oder in landwirtschaftlichen Zeitschriften angeboten werden, sind Pekingenten. Hierzulande sind es vor allem weiße sowie amerikanische Pekingenten, die Fleisch und Gefieder liefern. Aus China gelangten im Jahr 1870 die ersten Pekingenten in den zoologischen Garten der belgischen Stadt Gent. Unter diesem Namen verbreiteten sich die gedrungen wirkenden Tiere, die eher aufrecht stehen und ein kurzes Hinterteil besitzen, rasch. In den USA wurden die Tiere mit der schweren Aylesburyente gekreuzt und gelangten als Amerikanische Pekingenten auch nach Deutschland. Mittlerweile ist eine Unterscheidung beider Schläge kaum noch möglich, da die Tiere massenhaft vermischt und vermehrt wurden.

- *Sachsenente:* Sachsenenten sind selten geworden, da sie von den Pekingenten verdrängt wurden. Sie besitzen graues oder weißes Gefieder und entstand in den 1930er-Jahren als Kreuzung aus Pommern-, Peking- und Rouenente.

- *Pommernente:* Pommernenten sind nur noch wenig verbreitet, dabei handelt es sich um robuste, schwere Tiere. Erpel zeigen sich mit weißem Hals und Brustlatz, der Rest des Gefieders ist grau-blau. Manche kennen die Tiere auch unter dem Namen Schwedenente, da Vorpommern nach dem Dreißigjährigen Krieg an Schweden fiel und noch Anfang des 18. Jahrhunderts teilweise zu Schweden gehörte.

Verzehren der Spanischen Wegschnecke (*Arion lusitanicus*) dankbar, die sich aufgrund fehlender natürlicher Feine hierzulande nahezu ungehemmt entwickeln konnte. Am besten, Sie lassen Ihre Enten ganzjährig im Revier, dann sammeln sie im Frühjahr Schnecken von den noch nicht bestellten Beeten und wühlen mit ihren Schnäbeln Schneckeneier aus der Erde. Die Tiere spüren Kriechtiere auch unter Hecken und Sträuchern auf. Am meisten Beute machen die Enten morgens. Wenn die Tiere abends noch einmal auf Jagd gehen sollen, füttern Sie mittags etwas weniger: Gersten-, Hafer- sowie Weizenkörner, ganz oder geschrotet, sowie eingeweichtes Brot stehen auf dem Speiseplan ganz oben. Für die Eierschalenbildung geben Sie den Tieren regelmäßig Muschelkalk. Später, wenn das Gemüse in

den Beeten sprießt, sollten Sie einen etwa 50 cm hohen, einfachen Drahtzaun um die Beete ziehen, da Enten saftiges Grün wie Salat- und Kohlblätter gerne herunterschlingen.

Wer sich Laufenten zulegt, schafft sich mindestens zwei Tiere an – entweder ein Damenpaar oder ein gemischtes Doppel, die etwa 100 m² Freifläche benötigen. Im Garten sollte sich eine kleine Wasserstelle wie eine in den Boden eingelassene Duschwanne befinden, in der die Wasservögel plantschen können und dessen Wasser alle paar Tage erneuert wird. Falls die Tiere Probleme mit dem Ein- oder Ausstieg haben, legen Sie einfach ein Holzbrett ins Nass, auf dem die Enten ungehindert ins kühle Nass gehen können.

Neben den genannten Entenarten ist die Stockente die am stärksten verbreitete Ente in Europa, Nordamerika und in Asien; sie ist auch als gemeine, wilde Ente bekannt. Stockenten nisten auf Horsten in Seen, Sümpfen und in Teichen und auf alten Erlen und Weidenbäumen. Mitunter beziehen sie verlassene Elstern- und Rabennester, um ihre Eier auszubrüten.

Wer keinen profanen Nutzen aus Enten ziehen möchte, legt sich vielleicht am besten Zierenten zu. Voraussetzung für ein Zusammenleben im Garten ist ein kleiner Teich, möglichst mit Schilf gesäumt. Es gibt zahlreiche Rassen und Schläge wie Kolben-, Tafel- und Reiherenten, die hierzulande erhältlich sind.

Wem Vegetarier lieber sind, der kann sich statt der Enten- einmal mit der Gänsehaltung versuchen. Gänse sind unermüdliche Rasenmäher, ernähren sich weitgehend selbst und ersetzen jeden Wachhund, da sie sofort unbekannten Besuch auf Ihrem Grundstück melden. Gänse sind ausgesprochen loyale Familientiere, die einen Partner auf Lebenszeit wählen und diesen sowie die Jungen und die Eier beschützen und bei deren Verlust trauern. Die Familien finden sich immer zu mehreren, zu sogenannten Scharen zusammen. Traditionell sind Gänse aus dem Landschaftsbild vieler Regionen nicht wegzudenken und liefern ihren Haltern Eier, Fleisch, Schmalz, Federn und Daunen. Dies sind alles gute Gründe, weshalb das Interesse an der Haltung von Gänsen wieder stark gestiegen ist. Natürlich gehaltene Tiere sind robust, zäh und anspruchslos, grasen selbstständig und sind für Selbstversorger sehr geeignet. Hausgänserassen stammen von der Graugans (Anser anser) ab, die in Nord- und Osteuropa sowie in Asien brütet. Den Winter verbringen Graugänse in Nordafrika oder auf der Iberischen Halbinsel, wo sie einst domestiziert wurden.

Gänse paaren sich auf Lebenszeit, daher sollte man immer eine Gans und einen Ganter als Brutpaar haben. Bereits im Februar oder März beginnen sie Eier zu legen. Sehr leistungsfähige Gänserassen legen jährlich bis zu 70 Eier, aus denen zu einer Wahrscheinlichkeit von beinahe 90 Prozent Junge schlüpfen. Gänsehalter nennen diese Gössel, im Unterschied zu den Entenküken. Gössel sind, wie Entenjunge, Nestflüchter, die ein voll ausgebildetes Daunenkleid besitzen. Die kleinen Gänschen können Sie in den ersten drei Lebenswochen mit Brot aufziehen, das Sie in Milch tauchen. Gössel folgen ihrer Mutter kurz nach der Schlupf überall hin. Wenn diese auf dem Wasser die Führung übernimmt, bildet der Vater, auch Gänserich oder Ganter genannt, die Nachhut. Dabei kann das Männchen, sobald es Gefahr für die Seinen wittert, aggressiv werden: Dann streckt es seinen Hals lang nach vorn, gibt zischende Geräusche von sich und versucht den Feind mit Schnabelhieben und Flügelschlägen anzugreifen.

Gänse fressen reichlich Gras, zarte Kräuter und Wasserpflanzen wie Wasserlinsen. Auf fruchtbarem Gelände brauchen sie meist kein zusätzliches Futter, in den Wintermonaten bekommen sie

etwas Getreide. Ansonsten nehmen Gänse gerne Rüben- und Möhrenschnitzel, Rübenblätter, gequetschten Mais, Getreide wie Hafer sowie gekochte Kartoffeln. Schimmelfreie Brötchenreste schmecken den Tieren auch. Bei genannter Ernährung brauchen Gössel etwa 20–32 Wochen, bis sie ihr ausgewachsenes Gewicht von 6,5 bis 7,5 kg erreicht haben.

Ein Obstgarten ab etwa 400 m² Größe ist ideal, um mehrere Gänse zu halten, da diese das Gras auch rund um die Bäume niedrig halten. Die Bedürfnisse von Gänsen in punkto Behausung sind gering, sodass Sie ihnen mit Holzbrettern eine Hütte zimmern können, die Schutz vor Zugluft bietet und trockenes Einstreu enthält: Ein alter

Schuppen, ein Stall mit Wänden aus Strohballen und mit einem Wellblechdach sind ihnen recht – Hauptsache es ist trocken darin, sie finden einen Platz zur Eiablage und sie können sich aufrecht bewegen.

Die Feinde der Gänse sind meist Füchse und Ratten. Ratten stehlen Gänseeier unter einer brütenden Gans und töten junge Tiere, sobald sich die Gelegenheit ergibt. Gegen Füchse können sich ausgewachsene Gänse oft gut behaupten, doch müssen die Tiere vor allem nachts in Sicherheit gebracht werden. Ab einer Gänseschar von sechs Tieren riskiert ein Fuchs in der Regel keinen Angriff mehr.

Wer Gänse hält, braucht keinen Wachhund, da sie sofort unbekannten Besuch melden. Eine Schar rund um Haus und Hof ist meist geräuschvoll schnatternd unterwegs.

REGIONALE GÄNSERASSEN

In Deutschland gibt es regionale Rassen wie die Bayerische Landgans, die Pommern-, Diepholzener, Deutsche Lege- und Höckergans sowie die Rheinischen Vielleger. Manche besitzen nur eine Gefiederfarbe wie weiß, braun, grau oder bläulich, während für andere mehrere Farbschläge typisch sind. So gibt es die Pommerngans, die auch als Rügener Gans bekannt ist, in den Farbschlägen Weiß, Grau und Grau-Weiß gescheckt. Verschiedene Rassen sollten besser nicht zusammen gehalten werden.

- *Bayerische Landgans: Ihr Rumpf ist eiförmig, die Brust ist voll und rund und ihr Gefieder trägt sie teils reinweiß, teils grau mit Schenkelbinden. Weitere Farben sind Schecken in Schwarz, Grau, Mittelblau und Hellblau sowie rein dunkelblaue, hellblaue und braune bis 6 kg schwere Tiere.*

- *Emdener Gans: Sie tragen ein weißes Gefieder, sind groß und bis 12 kg schwer und nicht nur hierzulande, sondern auch in Amerika und in England verbreitet. Sie ist die älteste und bekannteste Gänserasse hierzulande.*

- *Diepholzer Gans: Diese Rasse trägt weißes Gefieder, besitzt eine geradlinig abfallende Rückenpartie, läuft recht aufrecht, wird bis 7 kg schwer und gilt als anspruchsloser Weidegast.*

VIERBEINER – FRÖHLICHES MITEINANDER

Schafe – Friedliche Landschaftspfleger

Schafe gehören – neben den Ziegen – zu den ältesten Nutztieren der Menschheit: Die Haustierwerdung, die sogenannte Domestikation, begann vor 10 000 bis 12 000 Jahren. Nomaden fingen Jungtiere des Armenischen Mufflons *(Ovis orientalis orientalis)*, die einen ausgeprägten Herdentrieb besitzen, zähmten sie und begannen sie züchterisch zu verändern, sodass die Hausschafe *(Ovis orientalis aries)* entstanden. Sie paarten immer die Tiere, die Eigenschaften wie einen hohen Milch- und Wollertrag hatten. Im Verlauf von Jahrhunderten entstanden – je nach Bedürfnissen der Menschen – Hunderte unterschiedlicher Rassen: So unterscheidet man heute Nutzungstypen wie Landschaf- und Milchschafrassen.

Schafe sind die Idealbesetzung für die Pflege von Magerrasen, Brachen, Feuchtwiesen, Heide- oder Moorlandschaften. Der Schäfer bestimmt durch sein Verweilen oder Weiterziehen die Intensität der Beweidung. Zur Pflege ganzer Landstriche sind anspruchslose und robuste Landschafrassen gefragt, da Fleischschafe mit mageren Standorten nicht so gut zurechtkommen. Letztere werden in der Regel auf Koppeln gehalten, wie das Texel-Schaf oder das Deutsche Schwarzköpfige Fleischschaf. Auch das Merinolandschaf steht hoch im Kurs, da es ein robuster Allround-Typ ist, der sowohl marsch- als auch pferchfähig ist. Mit fast 30 Prozent ist es die häufigste in Deutschland gehaltene Schafrasse. Mitunter gibt es Projekte zum Schutz regionaler Rassen. Diese gehen oft mit einem Vermarktungskonzept für das Lammfleisch als regionale Spezialität einher. „Artenschutz per Speisekarte" ist hier die Devise, die Verbraucher in die Pflicht nimmt.

Werden Schäfer mit ihren Herden in der Landschaftspflege eingesetzt, profitieren auch die selten gewordenen Hütehunde davon. Sie bilden seit jeher mit ihrem Rudelführer ein eingespieltes Team, da sie helfen, die Herde zusammenzuhalten, sie dirigieren die Schafe in die gewünschte Richtung, separieren Tiere von der Herde oder holen Ausreißer zurück. Jedes Land hat seine eigenen Hütehunde hervorgebracht: Es gibt beispielsweise die englischen Collie-Rassen, den französischen Briard, den oberitalienischen Bergamasker sowie den nordamerikanischen Australian Shepherd. In Deutschland sind es traditionell Schäferhunde, aber auch Altdeutsche Hütehunde – sie alle sind nicht als Familien- und Sofahunde zu empfehlen. Die schwindende Zahl der Schäfer führte dazu, dass Letztere von der Gesellschaft zur Erhaltung alter und gefährdeter Haustierrassen (GEH) als gefährdet eingestuft wurden.

Schafe sind sanftmütige, friedliche Tiere, die Gras auch um Bäume und auf unebenem Gelände mähen. Wer einen Obstgarten oder Brachland besitzt, kann sie ansiedeln, wobei drei Mutterschafe rund einen halben Hektar Fläche brauchen. Entgegen landläufiger Meinung fühlen sich Schafe nicht in großen Herden am wohlsten, sondern in überschaubaren Gruppen. Unter den Milchschafen ist es das Ostfriesische Milchschaf, das man – anders als andere Rassen – auch einzeln halten

kann, vorausgesetzt das Tier erfährt viel liebevolle Zuwendung, dann wird es sehr anhänglich und zahm. Schafe ersparen dem Halter auch das Rückschneiden unerwünschter Gehölze – eine Tatsache, die man sich in der Landschaftspflege wieder zunutze macht. Für private Kleintierhalter und Selbstversorger eignen sich robuste, teils vom Aussterben bedrohte Landrassen. Suchen Sie sich am besten eine Rasse aus, die der Gegend angepasst ist und die Ihren Bedürfnissen entspricht: Halten Sie Schafe wegen der Wolle, des Fleisches oder zur Landschaftspflege? Wollen Sie selber einen Schafbock halten oder einen zum Decken holen? Wer Schafe scheren und Wolle spinnen will, sollte sich bei einem Fachmann kundig machen. Mitunter gibt es Möglichkeiten, das alte Handwerk wieder zu erlernen.

Schafe sind ganzjährig auf der Weide, sie brauchen meist nur einen einfachen Stall zum Lammen. Dieser kann auch aus Strohballen bestehen, auf die ein Wellblechdach gelegt wird, und mit einem Gatter verschlossen werden. Schafe werden mit 15–20 Monaten geschlechtsreif und tragen rund 150 Tage. Trächtige Tiere bekommen zusätzliches Futter wie Rübenschnitzel, spezielles Pelletfutter oder solches auf Maisbasis. Sobald das Lamm geboren ist, leckt die Mutter den Schleim ab. Muttertiere besitzen einen engen Kontakt zu ihren Lämmern, sie erkennen ihr

links: Gänse sind loyale Familientiere, die sich Partner auf Lebenszeit wählen, daher sollte man immer eine Gans und einen Ganter als Brutpaar haben.

unten links: Schafe sind sanftmütige, friedliche Gefährten, die Gras auch um Bäume und auf unebenem Gelände flachhalten.

unten rechts: Robuste Landschafrassen wie diese Grau Gehörnte Heidschnucke sind genügsam und für private Kleintierhalter gut geeignet.

• *Rauhwolliges Pommersches Landschaf:* Dies ist eine vom Aussterben bedrohte Rasse, die ursprünglich in den Küstenregionen der Ostsee – Pommern, Mecklenburg, Polen und Ostpreußen – beheimatet war. Die Tiere sind sehr genügsam und haben sich dem rauen Küstenklima bestens angepasst. Sie kommen sowohl auf mageren Sand- und Moorböden als auch auf feuchten Weiden gut zurecht und wurden einst in Kleinstbeständen zur Eigenversorgung gehalten. Das hornlose, mittelgroße Schaf besitzt ein meist graubraunes bis stahlblaues Vlies, Kopf und Beine sind schwarz und es hat einen typischen Aalstrich. Früher wurde es vor allem als Milchschaf gehalten. Das magere Fleisch schmeckt wildartig.

• *Moorschnucke oder Weiße hornlose Heidschnucke:* Das sehr leichte, kleine, anspruchslose und hornlose Schaf wird traditionell für die Pflege von Hochmooren und Feuchtgebieten vor allem in Nord- und Mitteldeutschland eingesetzt: Moorkräuter, harte Gräser, Heidekraut und junger Baumwuchs zählen zu ihrer Nahrung. Das Fleisch ist als Delikatesse im Handel.

• *Rhönschaf:* Als „Mouton de la reine" (Fleisch der Königin) war es schon Anfang des 20. Jahrhunderts in Paris geschätzt. Das weiße Rhönschaf mit dem schwarzen hornlosen Kopf, das ursprünglich aus der Region um Fulda stammt, ist sehr widerstandsfähig und kommt mit feucht-kaltem Wetter gut zurecht. Das mittelgroße Tier ist sehr fruchtbar und eignet sich zur Pflege magerer Standorte und Streuobstwiesen. Das Fleisch wird dank seiner guten Qualität als regionale Spezialität vermarktet.

• *Coburger Fuchsschaf:* Diese Rasse war im 19. Jahrhundert in weiten Teilen der europäischen Mittelgebirge zu finden. Die fuchsfarbigen Schafe waren unter vielen Namen bekannt: So finden wir Goldfüchse, Eifeler Schafe, Eisfelder Fuchsschafe, Ardenais, Solognotes, Rousse Tetes, Welsh Mountain Sheep. Neben seiner hohen Fleischqualität schätzen Schafhalter vor allem die Farbe seiner Wolle: Die Vliesfarbe reicht von rotbraun bis goldgelb und ist auch als „Goldenes Vlies" bekannt.

• *Soay-Schaf:* Die kleinwüchsigen, bei Hobbytierhaltern immer beliebter werdenden Soay-Schafe sind mit ihrem dichten, hell- bis dunkelbraunen Fell, den langen Beinen und dem kurzen Schwanz hübsch anzusehen. Als Haarschafe zählen sie im weitesten Sinne noch zu den Landschafen. Unter Züchtern gelten sie als sogenannte Primitivrassen, die in ihrem Aussehen stark den Mufflons ähneln. Die Tiere sind sehr pflegeleicht, da bei ihnen keine Schur erforderlich ist, sie wenig durstig sind, ihre Klauen nur langsam wachsen und sie nicht blöken, was in dicht besiedelten Regionen vorteilhaft ist. Außerdem lammen die Tiere im Frühjahr in der Regel problemlos und fühlen sich bereits auf Grundstücken ab 200 m² Fläche wohl. Daneben sind die Tiere robust und können ganzjährig draußen bleiben. Dazu brauchen Sie nur einen etwa 1 m hohen Unterstand und einen Zaun. Gartenbesitzer setzen ihnen zum Fressen auch Hecken-, Busch- und Baumschnitt vor, sogar der Fichten-Weihnachtsbaum wird angeknabbert. Ballaststoffreiches Futter wie Knospen, Rinde und Blattwerk vertragen sie gut. Giftige Pflanzen wie Liguster, Eibe und Efeu gehören jedoch nicht auf den Speiseplan.

Blöken, ihre Gestalt und ihren Geruch. Vor dem Säugen prüfen sie immer auch den Geruch des Jungtieres. Daher ist es schwierig, einem Mutterschaf ein fremdes Jungtier unterzuschieben. Wenn dies erforderlich ist, gelingt es am besten, wenn das Mutterschaf erst wenige Minuten zuvor eigenen Nachwuchs zur Welt gebracht hat. Das fremde Lamm wird dann ausgiebig mit Teilen der Nachgeburt abgerieben, um den Eigengeruch des fremden Tieres zu überdecken. Das feuchte Fell des Jungtieres stellt einen beinahe unwiderstehlichen Reiz für das Muttertier dar, das Lamm trocken zu lecken, wobei es dann meist adoptiert wird.

Seite vorher: Sieht man dieses Frühlingsidyll, kann man kaum glauben, dass die Zunft der Wanderschäfer sehr klein geworden ist.

unten: Mutterschweine sind aufopferungsvoll und bringen ihren Jungen bereits nach wenigen Tagen bei, wie man nach Wurzeln und Käfern wühlt.

Schweine – Schlaue Schnüffler

Die Domestikation des Hausschweins (Sus scofra domestica) begann bereits vor rund 9000 Jahren. Doch noch bis ins 18. Jahrhundert hinein glich deren Aussehen in Mitteleuropa dem eines Wildschweins: schlank, hochbeinig, mit einem spitz wirkenden, lang gestreckten Kopf. Außerdem trugen die Paarhufer einen wildschweintypischen Borstenkamm, der sich vom Kopf bis zum Rücken erstreckte. Damals brauchten die Tiere noch rund anderthalb Jahre, um ihr Lebendgewicht von etwa 50 kg zu erreichen – dies ist weniger als die Hälfte dessen, was eine moderne Hochleistungsrasse bereits mit sechs Monaten auf die Waage bringt! Schweine sind äußerst intelligent und feinfühlig, sie lernen schnell und versuchen, ihre Interessen durchzusetzen. Wer Schweine trainiert, weiß, dass man ihnen in wenigen Minuten Dinge beibringen kann, für die ein Hund mindestens eine Woche bräuchte. Dank ihrer guten Nase sind Schweine bei Trüffelsammlern vor allem in Italien und in Frankreich beliebt. Bei der Polizei werden die Tiere zunehmend als „Spürhunde" eingesetzt, die gründlicher nach Sprengstoff und Rauschgift schnüffeln als ihre bellenden Kollegen.

Es gibt kaum ein Tier auf der Welt, dass sich vielseitiger ernährt: Viele Selbstversorger mästen Schweine mit Mais- oder Gerstenmehl und verabreichen Bohnenmehl als proteinhaltige Nahrung, andere geben den Tieren rohe oder gekochte Kartoffeln, Karotten und entrahmte Milch. Außerdem lieben Schweine Rüben und deren Schnitzel, Soja- und Rapsschrot sowie Luzernen sowie eiweiß- und stärkehaltige Futterpellets. Hochträchtige oder säugende Schweine brauchen tierisches Protein, das als Vitamin-B_{12}-Quelle dient. Neugeborene Ferkel besitzen nur wenige Eisenreserven, weshalb eine zusätzliche Eisenversorgung wichtig ist. Als altbewährtes Hausmittel stechen Halter ein Rasenstück mit reichlich Erdreich ab und legen dieses in die

Ferkelbox. Die Ferkel knabbern und nuckeln instinktiv daran herum und nehmen über das Erdreich Eisen auf.

Schweine brauchen viel Auslauf, da sie ihr Revier ausgiebig erkunden wollen. Für Selbstversorger empfehlen sich robuste Landrassen, die im Freiland leben. Am besten Sie bieten ihnen eine umzäunte Rasenfläche, auf der sich eine Suhle, ein Wassertrog und eine Unterkunft befinden. Der Schweinestall sollte trocken, stabil und frei von Zugluft sein, ansonsten gelten die Tiere als robust. In kälteren Gegenden empfiehlt es sich, Wände und Dach zu isolieren. Schweine bevorzugen Stroh oder Farnkraut als Einstreu und leben am liebsten zu mehreren.

Wenn eine Muttersau Junge erwartet, muss sie ihren eigenen Bereich im Stall haben und die Ferkel bekommen sogenannte Ferkel-Schutzgeländer, damit sie vom Mutterschwein nicht erdrückt werden: Dazu gibt es Holzstangen, die rund 25 cm über dem Boden angebracht werden und unter denen die Ferkel schlafen können. Säue sind 116 Tage trächtig, die Würfe bestehen aus sechs bis zwanzig Ferkeln, wobei es durchschnittlich um die zehn Jungtiere sind. Mutterschweine kümmern sich aufopferungsvoll um ihre Jungen und bringen ihnen nach wenigen Tagen bei, wie man nach Wurzeln und Käfern wühlt. Wer sich mehr als sechs Schweine zulegen möchte, leistet sich meist einen Eber, der mit den Sauen weiden darf. Da sich Schweine gut kreuzen lassen, kann der Eber auch einer anderen Rasse angehören.

Neuerdings sind sogenannte Minischweine, Schweine im Kleinformat, als Haustiere in Mode gekommen, da ihre Besitzer mit den intelligenten Tieren spielen, spazieren gehen und kuscheln können – hundetypisch, wie es auf den ersten Blick erscheint. Sie sind im Gegensatz zu diesen wenig unterwürfig und können bei falscher Erziehung rasch die Rolle der grunzenden Leitsau

in der Familie übernehmen. Als Minischweine gelten ausgewachsene Tiere, die unter 100 kg wiegen. Der Begriff Minischwein steht nicht für eine Rasse und es gilt daher, einen Züchter seines Vertrauens zu finden, dessen Tiere später nicht viel größer als erwartet werden. Übliche Minischweine erreichen ein Gewicht zwischen 40 und 60 kg und sind oft Mischlinge wie das Münchner oder Göttinger Minischwein. Dem Trend, Minischweine in Garten und Wohnung zu halten, zu folgen, ist nicht empfehlenswert, da Pflanzen im Garten wenig Überlebenschancen haben und Wohnräume sehr robust eingerichtet sein müssen. Ein Fliesenboden sowie strapazierfähige Teppiche erleichtern den Zweibeinern das Zusammenleben mit den quirligen Mitbewohnern. Entfernen Sie zuvor alle offenen Stromkabel. Die Tiere dürfen laut Tierschutzgesetz nicht ausschließlich in Wohnräumen und auch nicht einzeln gehalten werden. Außerdem sollte vor der Anschaffung der Minis ein fachkundiger Tierarzt gefunden sein, der einem spätestens im Notfall mit Rat und Tat zur Seite steht. Außer-

Eine herrliche Freude, sich im Dreck zu suhlen!

dem brauchen die Nachbarn von Minischwein-haltern starke Nerven, da die Tiere vor allem in der Brunstzeit lautstark grunzen. Daneben empfiehlt es sich, beim Füttern nicht auf das übliche Schweinefutter zu setzen, da die Tiere schnell außer Form geraten und bei wenig Auslauf unter Problemen mit ihren Gelenken sowie Verdauungsschwierigkeiten leiden. Mittlerweile gibt es im Handel erhältliches Futter für die Minis, das auf deren spezielle Bedürfnisse abgestimmt ist. Bieten Sie ihnen zusätzlich etwas Gemüse, Obst, Heu und Stroh an.

Wer Schweine halten möchte, muss diese beim zuständigen Kreisveterinäramt und der Tierseuchenkasse anmelden. Dies gilt auch für Minischweine. Am besten fragen Sie den zuständigen Amtstierarzt nach wichtigen Bestimmungen.

RASSEN – VON WOLLIG BIS GEMUSTERT

Vom Schwein gibt es zahlreiche Rassen, die sich in vielen körperlichen Merkmalen unterscheiden: Es gibt Schweine unterschiedlicher Färbung, mit sehr lang gestreckten Rückenpartien oder sehr muskulösen Hinterbeinen, mit Steh- oder mit Schlappohren.

- *Ungarisches Wollschwein: Sehr urtümlich und imposant wirken die Ungarischen Wollschweine, auch Mangalitzas genannt: Sie besitzen eine an die Wolle von Schafen erinnernde Körperbehaarung.*

- *Angler-Sattelschwein: Die schwarz-weiß gefärbten Angler-Sattelschweine sind bei Hobbyzüchtern wie Vollerwerbsbauern gleichermaßen beliebt. Deren Zucht war Anfang der 1990er-Jahre fast vollständig zum Erliegen gekommen. Die hübschen Tiere sind robust, zeigen eine gute Weidefähigkeit, und die Muttersauen kümmern sich voller Hingabe um ihre Ferkel.*

- *Rotbuntes Husumer Schwein: Sie gehört zu den vom Aussterben bedrohten Rassen, dabei sind die Schweine vital, robust, genügsam, winterhart und zeigen gute Muttereigenschaften. Sie besitzen rötliches Fell sowie einen weißen Sattel, wobei die Farbe bei älteren Tieren häufig nachdunkelt.*

Ziegen – Charakterköpfe mit Grips

Ziegen *(Capra hircus)* stehen Menschen vor allem in schlechten Zeiten zur Seite; der Gedanke an Ziegenfleisch und -milch löst bei manchen älteren Menschen die Erinnerung an Hunger, Armut, Entbehrung und Krieg aus – so ist die Ziege seit jeher die Kuh des kleinen Mannes.

Ziegen sind schlaue Individualisten mit bescheidenen Ansprüchen, die ihre Halter mit täglich bis zu 4 l wertvoller Milch verwöhnen. Jede Ziege besitzt ihren unverwechselbaren Charakter und individuelle Gesichtszüge, und wer mit ihnen umzugehen versteht, schließt sie schnell in sein Herz. Viele halten Ziegen für die intelligentesten Wiederkäuer, da sie ein erstaunliches Lernvermögen besitzen – vorausgesetzt sie sind interessiert. So finden sie Schwachstellen wie Löcher in einem Zaun sofort, kennen einen neuen Weg vom Stall zur Wiese bereits nach einem Tag und erwarten die Halter bei regelmäßigen Fütterungszeiten mit lautem Gemecker. Wer jedoch Ziegen Verbote beibringen möchte, wird kein Glück haben – vielleicht stammt daher ihr schlechter Ruf, der sich in den Redensarten niederschlägt: So wird ein Mensch als „zickig" bezeichnet, der sich stur und eigensinnig verhält, „Meckern" wird für Schimpfen verwendet und das „Zicken machen" steht für Dummheiten machen.

Die weltweit verbreiteten Paarhufer stammen überwiegend von der Bezoarziege *(Capra aegagrus)* ab, einer Wildziegenart, von der wenige Exemplare noch zwischen dem Himalaya und Kleinasien bis hin zu den griechischen Inseln leben. Ziegen haben eine Lebenserwartung von 15 und mehr Jahren. Dass es Ziegenschafe gibt, ist im Übrigen ein Mythos. Es ist nicht möglich, dass Tiere aus diesen beiden Gattungen gemeinsame Nachkommen haben, da die Chromosomenzahl bei der Ziege 60 und beim Schaf 54 beträgt. Zwar gibt es hierzu immer wieder Berichte, jedoch liegen diesen vermutlich falsche

Beobachtungen zugrunde, da manche Schafe Ziegen sehr ähnlich sehen und umgekehrt.

Die Urformen der Ziege sind gehörnt, entweder schraubenartig verdreht oder säbelförmig gebogen. Hornlose Tiere sind Zuchtziel vieler Ziegenzuchtverbände, da man glaubt, dass die hornlosen Vertreter weniger Zäune und Stalleinrichtung zerstören, sich untereinander und ihre Halter weniger stark verletzen. Doch auch von hornlosen Tieren kann man unsanft geknufft werden. Tiere ohne Horn hauen mit den Köpfen genauso aufeinander ein wie die ursprünglicheren Arten. Manche Halter sind sogar der Meinung, dass hornlose Tiere bei Auseinandersetzungen eher zum Beißen neigen, sich stärker die Köpfe einrennen, den Kopf dem Gegner in

die Flanken schlagen und sich zickiger verhalten. Wer Ziegen artgerecht hält, ihnen genug Platz und eine abwechslungsreiche Umgebung anbietet, wird mit gehörnten Tieren ebenso wie mit hornlosen zurechtkommen.

Ziegen wurden traditionell dort gehalten, wo sie Buschwerk und Gestrüpp niedrig halten sollen und sie anderen Tieren als Pionier vorangehen: Sie ebnen Schweinen den Weg und vertragen sich mit Schafen. Dabei fressen sie diejenigen Kräuter, die Schafe nicht mögen, und lassen diesen genug Gras übrig. Auch in Laubwäldern fühlen sich die Hornträger wohl, verhindern aber die Regeneration des Waldes. Häufig werden die Wiederkäuer an Berghängen mit Stechginster und Heidekraut gehalten.

Wer sich auf solche Charakterköpfe wie diese Deutschen Edelziegen einlässt, wird sich nie wieder über Langeweile beklagen! Weiterer Vorteil: Feine Ziegenmilch ist unvergleichlich lecker und gesund.

Ziegen, die in Gruppen leben, haben eine strenge, festgelegte Rangordnung, die für ein friedliches Miteinander sorgt. Wenn jedoch immer wieder Unruhe herrscht, müssen Sie die Ursache herausfinden. Ziegenhalter haben beobachtet, dass sich bunte und weiße Edelziegen oft nicht gut miteinander vertragen, dass hornlose und gehörnte Ziegen besser nicht zusammen in einer Herde sind und dass ein zu großes Durcheinander verschiedener Rassen Probleme bereiten kann. Mitunter sind es auch einzelne, besonders zänkische Tiere, die für Unruhe sorgen. Glücklich, wer einen Stall mit mehreren Räumlichkeiten hat, um die Tiere so lange umzusortieren, bis sich gute Kleingruppen gebildet haben. Wichtig ist jedoch, dass die Ziegen untereinander Blickkontakt halten können. Die unterschiedlichen Charaktere haben bei diesen Wiederkäu-

ern weniger mit der Rasse zu tun als vielmehr mit Temperament und mit anderen Tieren und Menschen gemachten Erfahrungen.

Ziegen fressen am liebsten alles, was grün ist: junge Blätter von Bäumen und Büschen ebenso wie Rinde und neue Triebe. Wenn sie sich aufrichten, können sie größere Büsche und Äste herunterbrechen – sie erreichen bei solchen Aktionen Futter problemlos, auch wenn es sich in 2 m Höhe befindet. Wenn die Tiere jedoch genügend Auslauf haben, dann fressen sie nicht einen Busch kahl, sondern naschen an vielen Sträuchern und futtern Gras und Kräuter, darunter sogar Disteln. Sie nehmen am liebsten kleine Mahlzeiten zu sich, gut über den Tag verteilt, und legen ausgiebige Pausen zum Wiederkäuen ein. Wer Ziegen hält, sollte ihnen möglichst artenreiche Wiesen

Die Burenziege gelangte erst vor wenigen Jahrzehnten zu uns und stammt ursprünglich aus Südafrika. Es sind kraftvolle Tiere mit langen Beinen und breiter Schulter- und Rückenpartie, die sich gut mit Schafen halten lassen.

mit viel schnell wachsendem Buschwerk bieten können und die Stallfütterung nicht auf zwei Mahlzeiten beschränken – vielmehr sollten beim oder im Stall oder Unterschlupf ständig Heu und Zweige vorhanden sein. Dazu muss ein Salzleckstein bereitstehen und ihnen Zusatzfutter wie eine Mischung aus geschrotetem Getreide und Maisflocken gegeben werden. Während des Säugens bekommen die Tiere noch Futterpellets ins Heu.

Ziegen werden ein- bis zweimal täglich gemolken. Der überdachte Melkplatz kann beispielsweise neben dem Stall liegen. Viele Ziegenhalter heben ihre Tiere auf einen stabilen Tisch, um sie bequem zu melken. Zuerst müssen die Zitzen mit lauwarmem Wasser gesäubert werden. Nun Daumen und Zeigefinger zum Ring um die Zitze an der Ansatzstelle des Euters schließen, die restlichen Finger zur Faust schließen und vorsichtig mit dem Daumen drücken, um den Druck vor der Zitzenspitze zu erhöhen. Die Milch pressen Sie aus der Zitze, indem die Finger nun abwärts bewegt werden. Den Milchstrahl in Richtung einer sauberen Schüssel führen. Ziegenmilch lässt sich auch einfrieren und zu wunderbarem Käse verarbeiten.

Ziegenhalter wissen nur zu gut, dass ihre Schützlinge mit einem stabilen Holz- oder Elektrozaun eingezäunt sein müssen: Mancher Gärtner und Ziegenfreund kennt leidvolle Erfahrungen, wenn die Tiere das Gemüsebeet plündern und junge, sorgsam gehegte Obstbäume rücksichtslos abknabbern. Wenn die meckernden Zöglinge ausreißen, findet man sie schneller wieder, wenn

Dieser Pfauenziegenbock ist ein Prachtexemplar, der jedoch, wie andere Böcke auch, während der Brunstzeit sehr streng riecht und sich recht aufdringlich verhält. Dann steht er im Stall allein und darf Blickkontakt halten.

links: Hier ist viel Fingerspitzengefühl gefragt: Ziegen werden regelmäßig, ein- bis zweimal täglich gemolken.

rechts: Ziegen die genügend Auslauf haben, fressen nicht einen Busch kahl, sondern naschen an vielen Sträuchern, futtern Gras und Kräuter, darunter Disteln.

man ihnen zuvor ein Halsband mit einer eher tief tönenden Glocke angelegt hat. Helles Gebimmel stört die Tiere. Ist der Flüchtling geortet, kann man das Tier einfach zurücktreiben, da es sich den Weg ohnehin eingeprägt hat. Wer sie einzeln vom Stall zur Wiese führt, legt ihnen ein etwas stärkeres, rund 2 m langes Seil an. Wickeln Sie sich dieses jedoch niemals ums Handgelenk! Der Weg zur Weide gelingt vielen Tieren mit der Zeit allein, Hauptsache, es gibt nicht viel Interessantes zu entdecken oder es lauern Gefahren auf dem Weg.

Ziegen verbringen hierzulande viel Zeit im Stall. Meist werden bereits vorhandene Schuppen umgebaut – Hauptsache sie sind hell und trocken. Am wohlsten fühlen sich die Tiere bei Temperaturen zwischen 8 und 15 °C. Da dies im Winter oft schwer einzuhalten ist, wählt man robuste Rassen und sorgt dafür, dass es keinesfalls zugig ist. Auf den Boden kommt Stroh als Einstreu, auch lagenweise, sodass mit der Zeit ein dickes Polster entsteht, das mitunter nur zweimal im Jahr gemistet wird. Der Stall wird meist als ein

Laufstall eingerichtet, in dem sich die Tiere frei bewegen können und in dem das Füttern, Tränken und Melken vorgenommen wird. Rechnen Sie etwa drei Ziegen pro 10 m² Grundfläche ein. Daneben sollte im Stall Platz sein, um Futtermittel sowie Stroh und Heu zu lagern. Mitunter empfiehlt es sich, noch Extrabuchten mit Absperrgittern einzurichten, in denen Lämmer großgezogen werden oder der Bock Quartier findet. Letzterer braucht zwar Blickkontakt zu seiner Gruppe, steht jedoch besser allein, zumal er während der Brunstzeit recht aufdringlich ist und sehr streng riecht.

Wer mit der Ziegenhaltung beginnen möchte, sollte eher klein anfangen. Eine Ziege allein wird zwar Geselligkeit suchen, findet diese aber auch bei Schafen, Ponys oder bei Ihnen. Wer sich zwei Ziegen anschafft, wählt beide hornlos oder nicht. Ab drei Tieren gilt es, diese dem zuständigen Veterinäramt zu melden. Dort werden Nutzungsart und Standort registriert sowie eine Registriernummer vergeben, mit der man bei der zuständigen Behörde Ohrmarken für die Tiere bestellt.

ABC DER RASSEN

- *Edelziegenrassen:* Die Rassen in Mitteleuropa unterscheiden sich weniger in ihrer Milchleistung als in Größe, Gewicht, Haarkleid und dessen Farbe. Die heutigen Hausziegenrassen sind in ihrer Einteilung recht jung. So wurden erst im Jahr 1927 die Bezeichnungen „weiße deutsche Edelziege" sowie „bunte deutsche Edelziege" eingeführt; davor gab es Landrassen ohne festes Zuchtprogramm. Letztere wurde – mit oder ohne Horn – in verschiedenen bunten Landschlägen gezüchtet. Mittlerweile unterscheidet man drei Richtungen: die Frankenziege mit rotbrauner Grundfarbe, die Schwarzwaldziege und Harzziege mit hellerer Fellfarbe und die Toggenburger oder Thüringer-Wald-Ziege mit schokoladenbraunem Fell. Diese besitzt, im Gegensatz zu den beiden zuerst genannten Rassen, keinen schwarzen Aalstrich, also einen schwarzen Streifen, der über das Rückgrat verläuft. Leider ist sie vom Aussterben bedroht, dabei ist sie, ebenso wie die Toggenburger Ziege, ein recht genügsamer, gutmütiger Futterverwerter, der mehr Beachtung verdient. Die „weiße deutsche Edelziege" wurde durch Einkreuzung mit der Schweizer Saanenziege gezüchtet und macht in Deutschland beinahe ein Drittel des deutschen Ziegenbestandes aus. Sie ist vor allem in Norddeutschland, in Nordbaden und in Nordrhein-Westfalen zu finden und wird meist hornlos gezüchtet.

- *Landrassen:* Es gibt Landrassen, die dem Erscheinungsbild von Edelziegen nicht eindeutig zuzuordnen sind, darunter finden sich schön gescheckte Mischlinge. Viele halten diese Tiere für robuster als die reinrassigen Ziegen, meist werden sie preiswerter als diese angeboten.

- *Schweizer Ziegenrassen:* Von den Schweizer Rassen stammen die wichtigsten weltweit verbreiteten Milchziegenrassen ab. So gibt es die große, reinweiße, meist hornlose Saanenziege, die etwas kleinere, ebenfalls weiße Appenzeller Ziege, die Gemsfarbige Gebirgsziege, die der deutschen bunten Edelziege ähnlich sieht, sowie die Bündener Strahlenziege, eine Hochgebirgsziege.

- *Zwergziegen:* Diese finden immer mehr Liebhaber, da sie zwar keine Milch liefern, aber sich auf verbuschtem Grünland gut einsetzen lassen und mit ihren vielerlei Formen und Farben hübsch anzusehen sind.

- *Wollziegen:* Diese werden hierzulande nicht gehalten, da sie ein bestimmtes Klima brauchen: Bekannt sind beispielsweise die Angoraziegen, die in der Türkei, im südafrikanischen Raum und in den USA leben; berühmt sind auch die Kaschmirziegen, die in Höhen bis zu 4 000 m leben und von denen es etwa 20 unterschiedliche Rassen gibt.

- *Fleischziegen:* Hierzulande gibt es nur wenige Tiere der aus Südafrika stammenden Burenziege – einer Rasse mit kurzen Beinen, Schlappohren, gedrungenem Kopf, Widderhörnern und einem Gewicht von rund 70 kg. Die Tiere gelten als recht schwerfällig, wenig kletterfreudig und fressgierig.

Esel – Feinfühlige Freunde

Wer liebt sie nicht – die Esel. Sie sind zuverlässige Kameraden, die ausdauernd, feinfühlig und leistungsfreudig sind, sofern man sie artgerecht hält und fair behandelt. Noch immer gibt es das Bild vom störrischen, dummen Esel, das dem eigenwilligen Pferdeverwandten aus der gemeinsamen Gattung der Einhufer *(Equus)* anhaftet. Mittlerweile finden sich jedoch immer mehr Eselfreunde. Zwar haben die Langohren als Nutztiere hierzulande beinahe ausgedient, doch sind Hausesel *(Equus asinus asinus)* für Kutschenfahrten sowie zum Reiten und für die Therapie von Kindern und Jugendlichen sehr beliebt. Vor allem jungen Menschen mit seelischen und körperlichen Problemen kann, ähnlich wie in der Delphintherapie, geholfen werden. Im Umgang mit den Langohren lernen Betroffene die Bedürfnisse der Tiere sowie ihre eigenen besser erspüren. Auf diese Weise gewinnen sie leichter die Zuversicht ins Leben zurück. Mitunter werden die Tiere sogar in Altenheime gefahren, um die Senioren vor Ort zu erfreuen. Auch als Landschaftspfleger sind Esel im Einsatz: Sie sind oft auf Naturschutzflächen wie magerem, trockenem Grasland aktiv, auf denen sie einträchtig mit Schafen und Ziegen weiden. Dabei gelten sie als zuverlässiger als ihre Weidekameraden, da sie standorttreu sind und sich in der Regel ruhig verhalten. Ihr langgezogenes, mitunter bei Nachbarn berüchtigtes Iaaaah ertönt auf solchen Flächen nur im Notfall. Mitunter lassen Schäfer Esel als Schutztiere gegen wildernde Hunde mitlaufen, da die Langohren diese mit Huftritten in die Flucht schlagen.

Esel besitzen andere körperliche Merkmale, Verhaltens- und Ernährungsgewohnheiten als Pferde, daher sind viele Regeln der Pferdehaltung für sie schädlich: Beispielsweise sind die Pflanzenfresser auf karges, nährstoffarmes Futter wie Kräuter, Gräser, Heu und sogar Stacheliges wie Disteln spezialisiert. Pferdetaugliches Futter dagegen macht sie krank und fett. Daher sollten

Sie ihnen energie- und eiweißarmes Futter bieten, das faserreich ist – sogar Holz wird gefressen. Esel besitzen – im Gegensatz zu Pferden – keinen Schweif, sondern einen Schwanz, sie haben lange Ohren, schreien und tragen – im Gegensatz zu ihren Verwandten – keinen Schweif auf der Stirn. Ihr Haar um Maul und Augen ist feiner, lichter und heller als das ihrer edlen Verwandten. Es gibt auch Kreuzungen zwischen den beiden Verwandten, Maulesel und Maultiere.

Beim Maulesel ist der Vater ein Pferde- oder Ponyhengst, die Mutter eine Eselstute. Beim Maultier ist der Vater ein Eselhengst, die Mutter eine Pferdestute. Beim Züchten von Maultieren versuchte man, die positiven Eigenschaften von Esel und Pferd zu vereinen – eine Praxis, die kaum noch durchgeführt wird. Maultiere sollten sich nur erfahrene Eselhalter anschaffen, da die Tiere sehr sensibel sind. Nicht immer sind Maultiere – wie oft behauptet wird – unfruchtbar.

Weltweit gibt es etwa 15 Eselrassen, die vom Afrikanischen Esel (Equus asinus) abstammen. Dieser war in trockenen, steinigen Gebieten beheimatet, wobei seine Hufe hervorragend an diesen Untergrund angepasst waren. Werden die Tiere auf recht feuchten, weichen Böden gehalten, kommt es mitunter zu Rissen und Löchern in den Hufen. Diese sind dann Eintrittspforten für eitrige, faulige Huferkrankungen, die die Esel beim Bewegen der Beine stark schmerzen. Vielfach entstand dadurch das Bild vom störrischen Esel, weil die Tiere nicht laufen wollten. Es ist daher wichtig, regelmäßig eine fachkompetente Hufpflege durchzuführen.

Esel sollten Sie nie alleine halten. Viel lieber leben sie im lockeren Herdenverband ohne Leittier. Daher gibt es kaum Unterordnung und Dominanzverhalten, vielmehr wechseln sich die Tiere bei der Aufsicht ab. Sobald Gefahr droht, rennen die Fluchttiere erst einige Meter weit, um dann abrupt abzustoppen und die Lage zu überprüfen.

LANGOHREN-ABC

Männliche Esel heißen Hengste, weibliche Stuten und Tiere, die jünger als ein Jahr sind, bezeichnet man als Fohlen. Esel können älter als Pferde werden, 45 Jahre sind keine Seltenheit. Als Fellfarben kommen Grautöne in allen Nuancen vor: Braun, Braunschwarz und manchmal sogar fast Weiß. Zusätzlich tragen viele Tiere dunkle Aal- und Schulterstriche. Eselfreunde unterscheiden die Tiere nach Schulterhöhe (Stockmaß) als Groß-Esel (größer als 131 cm), Normal-Esel (bis 130 cm) und Zwerg-Esel (bis 105 cm). Während Normal- und Zwerg-Esel alle bunt gekreuzt und nicht als Rasse leben, gibt es beim Groß-Esel Rasseeinteilungen. Alle Groß-Esel-Rassen sind vom Aussterben bedroht. Einige davon sind:

- *Poitou-Esel: Er ist der Zottel unter den Eseln, mit langem, dunkelbraunem Fell und ist mit über 400 kg Körpergewicht zugleich der Schwerste.*

- *Katalanischer Großesel: Er ist der Riese unter den Eseln und war einst in der Land- und Forstwirtschaft geschätzt; heutzutage gibt es noch etwa 150 reinrassige Tiere.*

- *Amerikanischer Mammoth Jackstock: Sie sind nicht nur Reit- und Zugtier, sondern werden auch zur Maultierzucht verwendet. In Amerika heißen die meist braunen Tiere mit weißem Abzeichen kurz und knapp „Jackstock".*

links: Esel sind feinfühlige, zuverlässige Kameraden, denen lange Zeit ein falsches Image anhaftete. Heute helfen sie Menschen mit seelischen und körperlichen Problemen und sind als Landschaftspfleger gefragt.

Katzen und Hunde – Samtpfote und Hauswächter

Freilaufende Katzen genießen das eigene Revier, den Garten: Sie liegen gern in der Sonne, möglichst leicht erhöht auf Steinmauern, Gartenbänken und den Dächern von Gartenhäusern und -schuppen. Sie halten die Zahl von Feld- und Wühlmäusen in Schach, wobei Gärtner die Jagdquote ihrer Tiere erhöhen können, wenn sie ihnen Verweilplätze in Kompostnähe einrichten, wo sich die Nager bevorzugt aufhalten. Doch wenn sich Katzen in den frisch angelegten Anzuchtbeeten wälzen, in der Erde scharren und diese als Toilette benutzen, sind Interessenskonflikte vorprogrammiert. Neben mechanischen Barrieren und weiteren Tricks, die Beete zu schützen, können Sie Pflanzen kultivieren, die Katzen nicht riechen mögen. Da Samtpfoten feine Nasen haben, sind solche Duftbarrieren wirkungsvoll: Unter den Kräutern sind es oft solche, die voller ätherischer Öle stecken wie Salbei, Lavendel, Rosmarin und herb riechende

links: Katzen finden in ländlichen Gärten allerorten verheißungsvolle Plätze, an denen es sich toben, jagen oder in der Sonne dösen lässt.

mitte: Das Zusammenleben mit Hunden wie diesem Hütehund-Mischling im Garten klappt gut, wenn man die Bedürfnisse dieser Tiere berücksichtigt.

rechts: Katzen können sich im hohen Gras verstecken und ihre Umwelt beobachten.

Weinraute (Ruta graveolens), Wermut (Artemisia absinthium) sowie Stauden wie Balkan-Storchschnabel (Geranium macrorrhizum), Harfenstrauch sowie die Verpiss-dich-Pflanze (Plectranthus caninus). Alternativ können Sie Tropfen ätherischer Öle wie von Eukalyptus und von Minze auf schützenswerte Bereiche träufeln. Viele Tierhalter haben beobachtet, dass Lauchgewächse wie Knoblauch, Zwiebeln und Schnittlauch von Katzen gemieden werden, weshalb die Schnittlaucheinfassung von Kräuter- und Gemüsegärten wirkungsvoll schützt. Manche Gärtner schwören auf Kaffeesatz, Zwiebelscheiben, Pfeffer, Essig oder Trockenfutter auf den Beeten, da die Tiere in der Regel nicht dort ihr Geschäft machen, wo sie Futter finden. Ansonsten helfen brachialere Methoden wie ein Wasserstrahl oder eine mit Steinchen gefüllte Blechdose, die Sie gezielt neben die Tiere werfen – Katzen verabscheuen diesen Lärm, flüchten und merken sich solche Aktionen. Mit der Zeit erspüren die Tiere, wo sie erwünscht sind und wo nicht, und nach solchen Taten gilt es, mit seiner Katze wieder Frieden zu schließen. Mitunter haben sich mit Gartensand gefüllte Kisten als Außentoiletten bewährt, die jedoch regelmäßig gereinigt werden müssen.

Manche Katzenhalter bieten ihren Tieren Kräuter an, die sie magisch anziehen wie einige Katzenminze-Arten (Nepeta-Arten), Muskatellersalbei (Salvia sclarea var. turkestanica), Katzengamander (Teucrium marum) und Baldrian (Valeriana officinalis). Als Futter bietet sich auch die Gartenkresse (Lepidum sativum) rund ums Jahr als gesunder Keimling an: Die Keimlinge stecken voller Vitamine, Mineralien und ätherischer Öle und stärken das Immunsystem auch von Vogel und Hamster.

Wenn Sie streunende Katzen beobachten, sollten Sie den Kontakt mit Tierschutzorganisationen und Katzenschutzvereinen suchen (siehe Anhang). Wilde, unkastrierte Katzen führen einen harten Daseinskampf und vermehren sich

unkontrolliert, was den Druck auf unsere heimischen Wildtiere stark erhöht.

Ein weiterer Konflikt im Garten ist im Grunde vorprogrammiert: Wer ein Herz für Tiere hat, wird nicht tatenlos zusehen, wenn eine Katze Vogelnester und Nistkästen plündert und junge sowie alte, geschwächte Vögel fängt. Angesichts der hohen Katzendichte beispielsweise in vorstädtischen Wohngebieten ist der Druck auf Vögel und kleine Wildtiere enorm hoch. Daher ist es wichtig zu wissen, wie man Vögel wirkungsvoll schützt. Hängen Sie Vogelnisthilfen mindestens 2 m hoch, je nach Vogelart, auch an glatten Hauswänden und Fassaden sowie an den Seitenästen von Bäumen. Achten Sie darauf, dass die Katzen nicht von nahe liegenden Aufstiegshilfen wie dem Dach eines Schuppens auf die Äste klettern. Eine Draht- oder Kunststoffmanschette um Baumstämme vereitelt Neuträubern auch hier den Aufstieg. Die Manschette sollte mindestens 65 cm breit sein, eng um den Stamm anliegen und mindestens in 1,50 m Höhe angebracht sein, damit Katzen nicht einfach darüberspringen. Außerdem bieten Vogelnisthilfen mit glattem, steilem Dach Katzen keinen Halt. Manche Vogelnistkästen besitzen außerdem eine langgezogene Einflugöffnung, die Katzen

BETRETEN VERBOTEN: BEETE UND JUNGBÄUME

- *Ein provisorisch angelegter Kaninchenzaun, den man rund um die Beete aufstellt, hält Katzen fern.*

- *Für kleine Flächen eignen sich auch Holzrahmen aus Dachlatten, die mit Draht bespannt sind und über die Beete gelegt werden.*

- *Über Gemüsebeete lassen sich mit Netzen überzogene Rundbögen spannen.*

- *Da Katzen gern in offenem, trockenem Erdreich scharren, hilft das Befeuchten der Beete mit Wasser.*

- *Sandkästen der Kinder nach dem Spielen immer abdecken.*

- *Da offene Beete gefährdet sind, setzen sie auf Gartenkresse: Von der Aussaat bis zur Ernte braucht der würzige Kreuzblütler gerade mal 2 Wochen. Alternativ bietet sich Mulchen mit Beinwellblättern, mit Rasenschnitt oder ein Abdecken offener Beete mit Tannenzweigen an.*

- *Krallen schärfen ist für Katzen ein Muss. Doch junge Bäume vertragen es nicht, wenn die Tiere an ihrer Rinde regelmäßig ihre Krallen wetzen. Daher den Baum besser mit Drahtgehege ummanteln und eine Kratzmatte bereitstellen.*

das Räubern vereiteln. Sind die Jungvögel geschlüpft, sollte die Katze fur ein paar Tage im Haus bleiben. Mitunter wird empfohlen, Katzen Glöckchen umzuhängen, was jedoch für das feine Gehör der Tiere eine Strapaze ist. Auch sonst können Sie, unabhängig von der Brutzeit der Vögel, im Garten noch einige Vorsichtsmaßnahmen ergreifen. So sollten Vogelbäder nur an freien Flächen aufgestellt werden, damit Räuber wie Katzen sich nicht anschleichen können. Hecken und Sträucher sollten mindestens 1,5 m entfernt sein. Außerdem sind kastrierte Katzen, vor allem Kater, weniger umtriebig und jagen seltener.

Wer Hunde im Garten hält, hat seltener Besuch von unerwünschten Katzen und Mardern, was Vögel sehr zu schätzen wissen. Mitunter ergeben sich zwischen Gärtnern und Vierbeinern aber handfeste Interessenskonflikte: Zerwühlte Beete sowie plattgetretene und totgepinkelte Blumen – solche Szenarien wollen vermieden sein. Wer die Bedürfnisse von Caniden kennt, kann auch auf kleinen Grundstücken für Gartenspaß auf beiden Seiten sorgen:

• Ein Platz zum Wachen und Ruhen: Hunde sind soziale Rudeltiere, die immer die Nähe zu ihren Menschen suchen. Wer daher eine Hundehütte in der hintersten Gartenecke aufstellt, kann davon ausgehen, dass sich dort kein Hund oft und gern aufhält. Beobachten Sie daher zuerst das Verhalten Ihres Tieres im Garten, ehe Sie Ihr Vorhaben umsetzen. Wenn Sie dann wissen, wo im Garten das Tier seine Lieblingsplätze hat, stellen Sie beispielsweise in Terrassennähe das Hunde-Sommerhaus auf. Bieten Sie vor allem an Sommertagen immer ausreichend Wasser an.

• Rundparcours – immer am Zaun lang: Hunde wollen ihr Revier bewachen und beschützen. Ermöglichen Sie den Tieren möglichst einen Rundum-Parcours entlang des Gartenzaunes. Dies gibt ihnen gerade auf kleinen Grundstü-

cken viel Bewegung, die letztlich Ihren Gemüse- und Kräuterbeeten zugute kommt.

• Spielecke: Scharfer Hunde-Urin macht empfindlichen Gartengewächsen den Garaus. Daher ist es besser, Hunden eine Hundeecke anzubieten, an der sie schnüffeln und markieren können: Verschiedene robuste Sträucher entlang der Auffahrt bieten sich an. Wer rund um die Sträucher eine dicke Schicht Rindenmulch packt, hat bei Nässe auch keine Probleme mit schmutzigen Hundepfoten. Außerdem pinkeln viele Hunde gern auf den Mulch, was bei einer Hündin lästige Flecke im Rasen erspart. Wenn die Tiere in diesem Bereich noch buddeln dürfen, schlägt das Hundeherz höher.

• Beete schützen: Schützen Sie Flächen, die Ihnen lieb sind, konsequent und ausnahmslos, indem Sie Tabus setzen: Die Benimmsitten im Garten sollten ebenso streng wie die im Haus durchgesetzt werden. Da Hunde ihr Revier mit Duftmarken abstecken, wissen sie schnell, wo „Betreten verboten" gilt: Mit Barrieren wie Holzpfosten mit Abspannleinen dazwischen setzen sie zunächst optische Grenzen. Verwenden Sie besser keinen Spanndraht, da dieser zu Schnittverletzungen führen kann. Sobald der Hund verstanden hat, kann man diese bald wieder abbauen. Wer Welpen hat, kann sein Gemüse und Kräuter auch in einem Hochbeet anbauen.

• Hunde schützen: Kabel wie die vom Rasenmäher sowie Düngemittel und andere Spritzmittel immer fern von den Tieren aufbewahren. Giftige Garten- und Zimmerpflanzen für Hunde und Katzen sind Eisenhut, Lorbeer-, Nachtschatten-, Agaven-, Wolfsmilch-, Efeu- und Liliengewächse.

VÖGEL, IGEL UND ANDERE SCHEUE GÄSTE – WILDTIERE IM GARTEN

Vögel – Die Top-Sänger locken

Vogelparadiese lassen sich auch auf kleinen Grundstücken verwirklichen. Im Kasten finden Sie eine Übersicht typischer Gartenvögel. Wenn Sie beim Zählen der in Ihrem Garten lebenden Arten auf etwa 20 kommen, dann geht es bei Ihnen vogelfreundlich zu. Oft verbessern kleine Maßnahmen wie einmal weniger Rasen mähen, Laub liegen lassen, eine kleine Wildblumenwiese sowie ein Wildstaudensaum am Gehölzrand das Zusammenleben von Vogel und Mensch im Garten.

In Vogelparadiesen tummeln sich beispielsweise Gartenrotschwanz, Gartengrasmücke, Goldammer, Heckenbraunelle, Grauschnäpper und Distelfink. Doch wie kommt diese Top-Besetzung in den Garten? Die Zauberformel lautet: Sorgen Sie für viele heimische Futterquellen, wie Sämereien, Beeren und Insekten sowie deren Eier, Larven und Puppen. Die Lieferanten sind Wildgehölze und Wildstrauchhecken, Wildpflanzen und Kräuter, die Insekten anlocken, was die Insektenfresser unter den Vögeln freut. Schneiden Sie trockene Staudenstängel erst im Frühjahr zurück und lassen Gehölze möglichst frei oder in Wildstrauchhecken wachsen. Im Gegensatz zu unserer heimischen Pflanzenwelt sind viele Zierpflanzen von vornherein auf Unfruchtbarkeit gezüchtet, werden von Insekten gemieden oder tragen Früchte, mit denen unsere heimische Vogelwelt nichts anzufangen weiß. Auf die Früchte der Vogelbeere (Eberesche) fliegen z.B. 63 Vogelarten, auf dem Weißdorn fanden Biologen über 150 verschiedene Insektenarten.

Je mehr unterschiedliche Strukturen in Ihrem Garten zu finden sind, desto mehr Arten werden

Bachstelzen sind mit ihrem schnellen, trippelnden Gang und ihren ruckartigen Kopfbewegungen kaum zu verwechseln. Als Kulturfolger brüten sie auch in Halbhöhlen-Nistkästen im Garten.

SAMEN UND INSEKTENLIEFERANTEN FÜR VÖGEL

- **Stauden, Einjährige:** Fetthenne (Sedum telephium) (Echium vulgare), Wilde Malve (Malva sylvestris), Moschusmalve (Malva moschata), Nachtkerze (Oenothera biennis), Färberkamille (Anthemis tinctoria), Nickende Distel (Carduus nutans), Wilde Karde (Dipsacus fullonum), Kugeldistel (Echinops sphaerocephalus), Kohlkratzdistel (Cirsium oleraceum), Karthäusernelke (Dianthus carthusianorum), Wiesenflockenblume (Centaurea jacea), Skabiosenflockenblume (Centaurea scabiosa), Bergflockenblume (Centaurea montana), Großblütige Königskerze (Verbascum densiflorum), Roter Fingerhut (Digitalis purpurea), Klatschmohn (Papaver rhoeas), Wiesenmargerite (Chrysanthemum leucanthemum), Wegwarte (Cichorium intybus)

- **Wildkräuter:** Wilder Majoran (Origanum vulgare), Lavendel (Lavandula angustifolia), Johanniskraut (Hypericum perforatum), Sandthymian (Thymus serpyllum), Große Brennnessel (Urtica dioica), Echtes Mädesüß (Filipendula ulmaria), Beinwell (Symphytum officinale), Taubnessel (Lamium album/maculatum), Spitz-/Breitwegerich (Plantago lanceolata/major)

- **Sträucher:** Haselnuss (Corylus avellana), Kornelkirsche (Cornus mas), Pfaffenhütchen (Euonymus europea), Stechpalme (Ilex aquifolium), Eingriffeliger Weißdorn (Crataegus monogyna), Wolliger/Gewöhnlicher Schneeball (Viburnum lantana/opulus), Holunder (Sambucus nigra), Traubenholunder (Sambucus racemosa), Brombeere (Rubus fruticosus), Schlehe (Prunus spinosa), Berberitze (Berberis vulgaris), Rote Heckenkirsche (Lonicera xylosteum), Hundsrose (Rosa canina), Wacholder (Juniperus communis), Stachelbeere (Ribes uva-crispa), Himbeere (Rubus idaeus), Schwarze/Blutrote Johannisbeere (Ribes nigrum/sanguineum)

- **Kleine bis mittelgroße Bäume:** Eibe (Taxus baccata), Holzapfel (Malus silvestris), Speierling (Sorbus aria), Traubenkirsche (Prunus padus), Vogelkirsche/-beere (Prunus avium), Hainbuche (Carpinus betulus), Feldahorn (Acer campestre) in Ihrem Garten nisten, sich verstecken und Nahrung finden. Zum naturnahen Garten gehören auch begrünte Dächer, Natursteinmauern und -plätze, Teiche und grüne Hausfassaden mit Efeu (*Hedera helix*) und Wildem Wein (*Parthenocissus tricuspidata*). Im naturnahen Garten überstehen die meisten Vögel auch die kalte Jahreszeit. Wer das Herbstlaub unter Sträuchern liegen lässt und das unter Bäumen zu niedrigen Haufen recht, bereichert den winterlichen Speiseplan, da sich zwischen Blättern allerlei kleinere und größere Tiere wie Käfer und Würmer verstecken. In Laubhaufen finden sogleich Igel Quartier.

Fliegen Vögel ins Haus, dann sollten Sie alle Türen, Fenster und Dachluken öffnen, da die Tiere nach oben streben. Wenn alles abwarten nicht hilft, dann ein leichtes Baumwolltuch über den Vogel werfen und das verirrte Tier vorsichtig hinaustragen. Wer Silhouetten von Vögeln oder andere Symbole an die Fenster klebt, vermeidet die Todesfalle Fensterscheibe. Durch Sprossen unterteilte Fenster im Landhausstil sind von Vögeln leichter auszumachen.

Auch Kamine sind oft tödliche Vogelfallen. Vermeiden Sie breite Sitzkanten und achten darauf, dass Metallaufsätze am Kamin keine horizontalen Flächen besitzen. Alternativ versehen Sie Kamine mit einem nicht brennbaren Gitter mit einer Maschenweite von 2–2,5 cm, die, in Abstimmung mit dem Kaminkehrer, rings um den Kaminhut festgezurrt werden. Vogelsichere Aufsätze gibt es auch im Fachhandel.

Zur tödlichen Falle können darüber hinaus Wassertonne und Miniteich werden: Decken Sie daher Wasserfässer ab oder legen ein Brett ins Wasser, auf dass sich die Tiere im Ernstfall retten können.

Wer Nisthilfen anbieten möchte, sollte besser die selteneren Arten gezielt fördern und nicht nur die allgemein bekannten Meisen- und Starenkästen aufhängen: Wenn Sie für Höhlen-

Meist sind es mehrere Kennzeichen, die eine Vogelart sicher verraten, wie Größe und Gestalt, Gefiederfärbung sowie Gesang (Anwesenheitsmonate in Klammern):

Amsel (1–12), Bachstelze (3–11), Blaumeise (1–12), Buchfink (1–12), Buntspecht (1–12), Distelfink (1–12), Eichelhäher (1–12), Fitis (4–10), Gartengrasmücke (4–9), Gartenrotschwanz (4–9), Gimpel (1–12), Girlitz (3–10), Goldammer (1–12), Grauschnäpper (4–9), Grünfink (1–12), Haussperling (1–12), Heckenbraunelle (1–12), Kernbeißer (1–12), Kleiber (1–12), Kohlmeise (1–12), Mönchsgrasmücke (3–11), Rotkehlchen (1–12), Seidenschwanz (10–4), Singdrossel (2–11), Star (1–12), Wacholderdrossel (1–12), Zaunkönig (1–12), Zilpzalp (3–10).

brüter einen Nistkasten mit einem etwas größeren Loch (32 mm) wählen, wird der Kasten auch Fliegenschnäppern, Gartenrotschwänzen oder Kleibern zugänglich. Halboffene Höhlen beziehen Nischenbrüter wie Grauschnäpper, Bachstelze und Hausrotschwanz. Kästen, die nicht zum Brüten belegt wurden, dienen Vögeln vor allem im Winter als Schlafhöhlen, werden von Insekten bewohnt oder von Fledermäusen als Unterschlupf genutzt.

links: Wer Blaumeisen mit Meisenkästen gezielt anlockt, achtet auf kleine Einfluglöcher von 26 bis 28 Millimetern.

oben: Der Hausrotschwanz ist ein munterer Insektenfresser, der im Garten als Halbhöhlenbrüter gerne künstliche Nisthilfen annimmt.

Igel – Rascheln im Dickicht

Die stacheligen Sohlengänger kommen gern in unsere Gärten, da naturnahe Wälder, in denen sie zu Hause sind, immer seltener werden. Zwar gelingt es Igeln (Erinaceidae), Gartenbesitzer vor allem nachts zu erschrecken, wenn es aus dem Dickicht schmatzt, raschelt und schnaubt, doch punkten sie mit ihrem possierliches Aussehen, sodass man ihnen ihr unmanierliches Verhalten gern verzeiht. In Gärtners Reich finden die Knopfaugen im Stachelkleid reichlich Leibspeisen wie Schnecken, Regenwürmer, Spinnen und Insekten wie Ohrwürmer, Raupen von Nachtfaltern und Käfer. Sie können Igeln helfen, sich bei ihnen wohl zu fühlen: Sie mögen Haufen aus Laub, Totholz, Reisig sowie dichte Strauchhecken und Staudendickicht, um sich zu verstecken und um Nahrung zu suchen. Da die Stacheltiere auf ihren kurzen Beinchen oft kilometerweit unterwegs sind, ist es zunächst wichtig, ihnen Durchschlupf von etwa 10 × 10 cm durch Zäune und Hecken zu gewähren. Sind diese Voraussetzungen erfüllt, verbringen sie gerne Zeit in ihrem Garten: im Winter zum Schlafen, im Sommer bis zum Spätherbst zum Fressen, Ruhen und um die Kleinen groß zu ziehen.

Sobald es im Herbst kälter wird, beginnt der Wettlauf gegen die Zeit. Ein Winterquartier muss gefunden werden, das möglichst warm, trocken und geschützt ist. Diese Wunschliste erfüllen oft Hohlräume unter Treppen, Gartenschuppen, Holzstapeln, in Kompost- und Laubhaufen sowie unter Hecken. Ist der richtige Ort gefunden, polstern die Tiere ihr Nest mit Gras, Laub und Moos und rollen sich zu einer festen, kleinen Stachelkugel zusammen. Die Männchen schlafen zuerst, da sie meist besser gepolstert sind als die Weibchen, die sich zuvor noch um die Aufzucht der Jungen gekümmert haben. Im August und September geboren, sind die Kleinen zwar etwa sechs Wochen später selbstständig, ziehen sich aber als letzte ins Winterquartier zurück. Wer Jungtiere ab Anfang September, wenn es im Garten weniger zu fressen gibt, füttert, hilft untergewichtigen Kandidaten, ein Speckpolster anzusetzen. Futterschälchen im Garten, die Sie mit folgendem Inhalt füllen und täglich säubern, kommen gut an:

- Katzenfeuchtfutter, vermischt mit Haferflocken und etwa 1 EL Igeltrockenfutter sind Leibspeise. Statt Katzen- wird auch gerne Hundefutter geschmatzt.

LEBEN RETTEN

Wenn sie stachelige Gäste haben, können Sie mit ein wenig Umsicht Igeln das Leben retten und erleichtern:

- *In steilwandigem Gelände wie Baugruben sowie in leeren Schwimmbecken sollten Aufstiegshilfen wie Holzbretter für Igel eingeplant sein.*

- *Holzbretter, die Sie schräg als Aufstiegshilfe in Kellern und Schächten einstellen, werden zur Rettung vor dem sicheren Tod. Schächte decken Sie besser ab. Ziegelsteine, die auf die Treppenabsätze zu hoher Kellerstufen gelegt werden, ermöglichen Igeln den Aufstieg.*

- *Ehe Sie hohe Wiesen mähen oder an Gehölzrändern den Kantenschneider einsetzen, sollten Sie nachsehen, ob ein Tier zu finden ist.*

- *Beim Umsetzen von Kompost sowie von Haufen aus Steinen, Ästen oder Laub darauf achten, ob hier ein weiblicher Stachelgast und seine Jungen Quartier bezogen haben.*

- *Herumstreunende Hunde können Igeln gefährlich werden, seltener werden Igelbabys Opfer von Katzen und Füchsen.*

- *In Gegenden, in denen viele Igel zu Hause sind wie in Wohnsiedlungen mit Gärten, sollten Sie vor allem im Herbst, wenn die Tiere auf Quartiersuche sind, langsam fahren.*

- Gekochte Eier, Rührei, gegartes Hackfleisch, gekochtes Geflügelfleisch sowie lebende Mehlwürmer werden gerne verdrückt.

- Vergessen Sie nicht, ein Schälchen Wasser zum Futter zu reichen.

- Stellen Sie das Essen, damit es geschützt bleibt und keine Mitesser wie Vögel und Katzen anlockt, unter eine Obstkiste oder eine Holzpalette, die mit einem Dach aus Plastik oder Pappe versehen wird und die ein etwa 10 cm großes Eingangsloch besitzt.

Mitunter trifft man auf verwaiste Igeljunge: Meist erkennt man sie daran, dass sie tagsüber Futter suchen, herumlaufen, -torkeln, oder -liegen. Auf sehr jungen, kranken oder verletzten Tieren sitzen oft Schmeißfliegen; kranke Tiere reagieren apathisch, sind oft mager (herausstehende Hüftknochen, Einbuchtung hinter dem Kopf), ihre Augen sind eher schlitzförmig und eingefallen statt kugelig. Dann sollten Sie möglichst eine Igelstation informieren oder den Tierarzt aufsuchen. Er kann Innen- und Außenparasiten entfernen und sehr geschwächten Tieren entsprechend helfen – Unterkunft und Nahrung allein helfen nicht! Ist das Tier wieder gesund oder haben Tierarzt oder Igelstation erkannt, dass das Tier keine weitere Hilfe bedarf, muss der Igel wieder an seinen Fundort oder in die unmittelbare Nähe zurückgebracht werden. Hierzulande ist es generell verboten, Tiere der besonders geschützten Arten, zu denen auch der Igel gehört, aus der Natur zu entnehmen, außer wenn er hilfsbedürftig ist.

Fledermäuse und Schmetterlinge – Luftakrobaten und Naschkatzen im Garten

Wenn die lautlosen Jäger den Abendhimmel bevölkern, sind sie nahezu unbemerkt unterwegs:

Zu klein und zu flink sind die einzigen fliegenden Säugetiere. Allein der große Abendsegler, der als Erster in der Dämmerung aufsteigt, um Käfer, Motten und Raupen zu erbeuten, fällt ins Auge. Von Laien wird er leicht mit dem Mauersegler verwechselt. Doch selbst der große Abendsegler ist gerade einmal 8 cm groß, während die Zwergfledermaus es auf ganze 4 cm bringt. Trotzdem gruseln sich viele Menschen vor Fledermäusen (Microchiroptera): Sind es nicht lautlose Minivampire mit spitzen Zähnen, die dunkle Orte wie Höhlen, Kellergewölbe und Dachstühle bevölkern? Dies stimmt zwar, doch haben es Fledermäuse nicht auf unser Blut abgesehen, vielmehr erbeuten sie nachtaktive Fluginsekten und sie verirren sich auf ihren Beutezügen auch nicht, wie mitunter befürchtet, in unseren Haaren.

Fledermäuse sind selten geworden, da ihnen geeignete Quartiere zum Schlafen und zum Aufziehen ihrer Jungen ebenso fehlen wie ausreichend Futter und Plätze zum Überwintern. Hierzulande sind alle 25 Arten streng geschützt und einige vom Aussterben bedroht. Garten- und Tierfreunde können viel tun, um ihnen beim Überleben zu helfen. Ein naturnaher Garten, in dem sich reichlich Beute tummelt, zieht sie magisch an: In Natursteinmauern, Stein- und Holzhaufen wohnen viele Insekten, ebenso auf Kletterpflanzen (Efeu, Geißblatt), Hecken (Liguster) und Sträuchern (Sommerflieder, Schlehe, Holunder), in Wildblumenwiesen (Nachtkerze, Seifenkraut) und im Kräutergarten (Borretsch, Thymian, Lavendel, Minze und Salbei).

Als Sommerquartier zum Schlafen hängen Sie den Tieren Fledermauskästen mindestens 4 m hoch auf und sorgen für freien Anflug.

Auch andere kleine Flugobjekte besuchen Ihren Garten gern: Wenn wir den ersten Zitronenfalter unverhofft zwischen kahlen Bäumen flattern sehen, beginnt die Vorfreude aufs nächste Gar-

tenjahr. Spätestens wenn Tagfalter wie Kleiner Fuchs, Ochsenauge und Tagpfauenauge im Taumelflug Blüte um Blüte ansteuern, ist klar: Ein Garten ohne Schmetterlinge wäre undenkbar. Doch deren Artenvielfalt ist bedroht, über 60 Prozent der Falter hierzulande stehen auf der Roten Liste. Daher ist es wichtig, Tag- und Nachtfaltern und ihren Raupen im Garten Nahrung und Unterschlupf zu gewähren, da sie diesen draußen, in freier Natur, oft nicht mehr ausreichend finden. Pflanzen Sie statt exotischen Gewächsen, die oft keine Nahrung bieten, heimische Blumen, Gräser, Sträucher und Bäume. Außerdem sollte eine Fläche im Garten für eine Wildblumenwiese reserviert werden. Heutzutage gibt es fertige Schmetterlingsblumenmischungen, die sie auf abgemagerten Boden aussäen.

Die Top-Favoriten in der Sonne sind beispielsweise Distelarten, Natternkopf, Karthäusernelke, Taubenskabiose und Flockenblumen, während im Zier- und Kräutergarten Wilder Majoran, Lavendel, Oregano, Phlox, Rudbeckien und Astern die Meistbesuchten sind.

Über 80 Prozent der Falter sind nachtaktiv. Sie werden oft von Pflanzen angelockt, die erst mit Einbruch der Dämmerung ihr volles Aroma entfalten. Zu den Nachtfalter-Pflanzen zählen Geißblatt, Nachtkerze, das Nickende Leimkraut und die Nachtlichtnelke.

Extrem beliebt bei Schmetterlingen ist der Schmetterlingsflieder *(Buddleja davidii)*, der auch daher seinen Namen hat. An manchen Tagen sind seine Blütenrispen so dicht besetzt, dass kaum Platz an dieser Nektartankstelle zu finden ist. Dann macht es Spaß, alle Tagfalter daran zu zählen und die unterschiedlichen Arten zu bestimmen: Kleiner Fuchs, Admiral und Tagpfauenauge – sie alle sitzen dicht an dicht beieinander. Der Schmetterlingsflieder ist ein Beispiel dafür, dass es auch Exoten gibt, die unseren heimischen Faltern nützlich sind. Oft sind es die Zuwanderer mit ungefüllten Blüten, die Insekten Zugang bieten. Dazu zählen beispielsweise Phlox, Zinnie, Blaukissen und Kapuzinerkresse.

Auch den Raupen, aus denen später die Schmetterlinge werden, sollte Unterschlupf gewährt werden. Lassen Sie kleinere Stellen im Garten verwildern, da sich Raupen vor allem auf Wildkräutern wie Brennnesseln und Disteln wohlfühlen. Heimische Sträucher und Bäume bieten ihnen neben Nahrung auch Schutz vor Regen, Wind und Kälte: Zitronenfalterraupen leben beispielsweise auf dem Faulbaum und Kreuzdorn, die des Baumweißlings auf Schlehe und Weißdorn, während die Raupen des Großen Schillerfalters auf der Grauweide satt werden. Dagegen sind über 90 Prozent der Blätter exotischer Pflanzen für Raupen ungenießbar.

links: Bereits im zeitigen Frühling taumeln die ersten Zitronenfalter durch die Lüfte und erfreuen unsere Herzen, die sich nach Wärme und Sonnenlicht sehnen.

unten links: Dieser Admiral hat es sich auf den Blüten des Feinstrahls gemütlich gemacht. Er ist ein Wanderfalter aus dem Mittelmeerraum, der milde Winter immer öfter hier verbringt.

unten rechts: Wer kennt es nicht, das Tagpfauenauge. Seine Raupen ernähren sich fast ausschließlich von Brennnesseln.

ADRESSEN

LEBEN IM HAUS

UNTERNEHMERVERBAND HISTORISCHE BAUSTOFFE E. V.
Dreihäusle 3
78112 St. Georgen
Tel: +49 (0) 7724 3589
www.historische-baustoffe.de

HISTORISCHE BAUMATERIALIEN
Nackterhof 8
67311 Nackterhof / Tiefenthal
Tel: +49 (0) 6351 125635
www.historische-baumaterialien.de

PETER INTERIOR FARBEN
Isestraße 84
20149 Hamburg
Tel: +49 (0) 40 482509
www.peter-interior-farben.de

KREIDEZEIT NATURFARBEN
Cassemühle 3
31196 Sehlem
Tel: +49 (0) 5060 6080650
www.kreidezeit.de

AURO NATURFARBEN
Alte Frankfurter Straße 211
38122 Braunschweig
Tel: +49 (0) 531 281410
www.auro.de

LEINOS NATURFARBEN
Rudolf-Diesel-Straße 4
21614 Buxtehude
Tel: +49 (0) 4161 87549
www.leinos.de

SEHESTEDTER NATURFARBEN
Alte Dorfstraße 35
24814 Sehestedt
Tel: +49 (0) 4357 1049
www.sehestedter-naturfarben.de

RUBIA-PFLANZENFÄRBEREI
Pölle 56
06484 Quedlinburg
Tel: +49 (0) 3946 629-103
www.rubia-pflanzenfaerberei.de

MITTGARD – HEIDENTUM & MITTELALTER
Turnerstraße 23
69126 Heidelberg
Tel: +49 (0) 1520 4547595
www.mittgard.de

BLAUDRUCKEREI
Kattrepel 3
26441 Jever
Tel: +49 (0) 4461 71388
www.blaudruckerei.de

LEINENWEBEREI HOFFMANN
Zittauer Straße 23
01904 Neukirchen/Lausitz
Tel: +49 (0) 35951 31524
www.leinenweberei-hoffmann.de

HANDWEBEREI MOSER
Säumerweg 2
94110 Wegscheid
Tel: +49 (0) 8592695
www.handweberei-moser.de

HANDWEBEREI FRITZ CHERDRON
Poststraße 10
83093 Bad Endorf
Tel: +49 (0) 8053 9448
www.pach-teppiche.com

TEXTILSHOP GERHARD SÖLLRADL
Bad Haller Straße 24/5
4550 Kremsmünster
Tel: +43 (0) 699 20179797
www.textilshop.at

KERANA KERAMIK- UND NATURSTEIN-HANDEL
Ketziner Straße 39
14476 Potsdam
Tel: +49 (0) 33 2085470
www.kerana.de

COTTO-HOF
Marienstraße 58
41836 Hückelhoven
Tel: +49 (0) 2433 41300
www.cottohof.de

NOSTALGISCHE KÜCHEN & MÖBEL
Jahnstraße 26
17033 Neubrandenburg
Tel: +49 (0) 395 57065903
www.nostalgischemoebel.de

ATELIER SEIDENFAD – KÜCHENEINRICHTUNGEN
Moorenstraße 8
45131 Essen
Tel: +49 (0) 201 777273
www.seidenfad.de

SCHNORR KERAMIK
Neupotzer Straße 5
76764 Rheinzabern
Tel: +49 (0) 7272 972220
www.schnorr-keramik.de

EULERHOF ZÖLLER
Töpferstraße 1
56235 Ransbach
Tel: +49 (0) 2623 2316
www.eulerhof.de

TÖPFERMUSEUM THURNAU
Kirchplatz 12
95349 Thurnau
Tel: +49 (0) 9228 5351
www.toepfermuseum-thurnau.de

THEO HOLTEBRINCK – ANTIKE KACHEL-ÖFEN
Mürnsee 13
83670 Bad Heilbrunn
Tel: +49 (0) 8046 1748
www.antike-kacheloefen.de

LEBEN IM FREIEN / GARTENGLÜCK

PRIVAT COLLECTION
Haus Bockdorf 9
47906 Kempen
Tel: +49 (0) 2152 558747
www.privat-collection.com

CAMPING KUHN
Im Drachenacker 4
77652 Offenburg
Tel: +49 (0) 781 959525
www.grillstudio.de

ZIMMEREI WILHELM KRAUSS
Schönbronn 29
91592 Buch am Wald
Tel: +49 (0) 9868 93734
www.wilhelm-krauss.de

AQUATUS GARTENLAND
Bolandenstraße 66
68753 Waghäusel
Tel. +49 (0) 70045420000
www.aquatus.org

GARTEN&DESIGN
Gartenstraße 5
74427 Fichtenberg
Tel: +49 (0) 7971 22266
www.gartenpavillon-noller.de

BECKMANN
Simoniusstraße 10
88239 Wangen
Tel: +49 (0) 7522 97450
www.beckmann-kg.de

BLÖCHLE TEIGWARENGERÄTE
Oberes Dorf 31
72175 Dornhan
Tel: +49 (0) 7455 9146250
www.teigwarengeraete.de

KSW KACHELOFEN
Hübltteichstraße 7
95666 Mitterteich
Tel: +49 (0) 9633 923010
www.ksw-kachelofen.de

STOLLE
Schalbachstraße 23
74626 Bretzfeld
Tel: +49 (0) 7946 940606
www.stolle-backofen.de

LA BOTTEGA TOSCANA
Gewerbepark Birkenhain 2
63589 Linsengericht/Freigericht
Tel: +49 (0) 6051 61467
www.labottegatoscana.de

HBS-HEGENBARTH
Chausseestraße OT Sandförde 23
17309 Jatznick
Tel: +49 (0) 39741 89951
www.holzbackofenonlineshop.de

FLECHTWERK LANGE & KOBYLINSKI
Sorbenstraße 57
20537 Hamburg
Tel: +49 (0) 40 25492463
www.flechtwerk-hamburg.de

FLECHTHANDWERK REINHOLD BLESS
Oberdorf
8758 Obstalden
Tel: +41 (0) 55 6141816
www.flechthandwerk.ch

FREITAG WEIDENART
Gartenstraße 21
85354 Freising
Tel: +49 (0) 8161 91576
www.freitag-weidenart.com

DRESCHFLEGEL
In der Aue 31
37213 Witzenhausen
Tel: +49 (0) 5542 502744
www.dreschflegel-saatgut.de

ARCHE NOAH
Obere Straße 40
3553 Schloss Schiltern
Tel: +43 (0) 2734 8626
www.arche-noah.at

BAUMSCHULE HERMANN CORDES
Pinneberger Straße 247a
25488 Holm/Holstein
Tel: +49 (0) 4103 93980
www.cordes-apfel.de

BAUMSCHULE SCHWERDTFEGER
Ziegeleiweg 1
25560 Warringholz
Tel: +49 (0) 4892 527
www.schwerdtfeger-obst.de

OSTSEE-BAUMSCHULEN VOLKER HINRICHS
Wismarsche Straße 37
18236 Kröpelin
Tel: +49 (0) 38292 246
www.hinrichs-pflanzenhandel.de

BAUMSCHULE GANTER
Baumweg 2
79369 Whyl/Kaiserstuhl
Tel: +49 (0) 7642 1061
www.baumschule.com

**BIOLAND BAUMSCHULE & OBST-
GARTEN DR. UTE HOFFMANN**
Uepser Heide 1
27330 Asendorf
Tel: +49 (0) 4253 800622
www.hoffmann-obstbaumschule.de

POMOLOGEN-VEREIN E. V.
Deutschherrenstraße 94
53177 Bonn
Tel: +49 (0) 228 3361193
www.pomologen-verein.de

FRUCTUS
Wangenerstrasse 22
8307 Effretikon
Tel: +41 (0) 52 3432436
www.fructus.ch

**LEBENDES MUSEUM FÜR ALTE OBST-
SORTEN**
Dornbergerstraße 157
33615 Bielefeld
Tel: +49 (0) 521 121635

GÄRTNER PÖTSCHKE
Beuthener Straße 4
41561 Kaarst
Tel: +49 (0) 1805 861100
www.poetschke.de

ROSENHOF WALTER SCHULTHEIS
Bad Nauheimer Straße 3–7
61231 Bad Nauheim
Tel: +49 (0) 6032 925280
www.rosenhof-schultheis.de

W. KORDES' SÖHNE
Rosenstraße 54
25365 Klein Offenseth
Tel: +49 (0) 4121 48700
www.kordes-rosen.com

**KRÄUTER- UND WILDPFLANZEN-
GÄRTNEREI STRICKLER**
Lochgasse 1
55232 Alzey-Heimerheim
Tel: +49 (0) 6731 3831
www.gaertnerei-strickler.de

**ARENDS MAUBACH – STAUDEN UND
GARTENKULTUR**
Monschaustraße 76
42369 Wuppertal
Tel: +49 (0) 202 464610
www.arends-maubach.de

**STAUDENGÄRTNEREI DIETER
GAISSMAYER**
Jungviehweide 3
89257 Illertissen
Tel: +49 (0) 7303 7258
www.gaissmayer.de

**STAUDENGÄRTNEREI GRÄFIN VON
ZEPPELIN**
Weinstraße 2
79295 Sulzburg
Tel: +49 (0) 7634 69716
www.graefin-v-zeppelin.com

HOF BERG-GARTEN
Lindenweg 17
79737 Herrischried
Tel: +49 (0) 7764 239
www.hof-berggarten.de

BINGENHEIMER SAATGUT
Kronstraße 24–26
61209 Echzell
Tel: +49 (0) 6035 18990
www.bingenheimersaatgut.de

**VEREIN ZUR ERHALTUNG DER
NUTZPFLANZENVIELFALT E. V.**
Uhlandstraße 57
45468 Mülheim an der Ruhr
Tel: +49 (0) 208 74049925
www.nutzpflanzenvielfalt.de

ELLENBERG'S KARTOFFELVIELFALT
Ebstorfer Straße 1
29576 Barum
Tel: +49 (0) 5806 304
www.kartoffelvielfalt.de

**RÜHLEMANN'S KRÄUTER & DUFT-
PFLANZEN**
Auf dem Berg 2
27367 Horstedt
Tel: +49 (0) 4288 928558
www.kraeuter-und-duftpflanzen.de

**SYRINGA – DUFTPFLANZEN UND
KRÄUTER**
Bachstraße 7 (nur Büroanschrift)
78247 Hilzingen
Tel: +49 (0) 7739 1452
www.syringa-pflanzen.de

DIE BLUMENSCHULE
Augsburger Straße 62
86956 Schongau
Tel: +49 (0) 8861 7373
www.blumenschule.de

HERB'S
Stedinger Weg 16
27801 Dötlingen
Tel: +49(0)4432 94003
www.herb-s.de

TIERE

GESELLSCHAFT ZUR ERHALTUNG
ALTER UND GEFÄHRDETER HAUSTIER-
RASSEN E.V.
Eschenbornrasen 11
37213 Witzenhausen
Tel: +49 (0) 5542 1864
www.g-e-h.de

PROSPECIESRARA
Pfrundweg 14
5000 Aarau
Tel: +41 (0) 628320820
www.prospecierara.ch

ASINELLA ESELFARM
Am Gasteig 4 (Büro)
82396 Pähl
Tel: +41 (0) 8808 924280
www.asinella.com

SCHWEGLER VOGEL- & NATURSCHUTZ-
PRODUKTE
Heinkelstraße 35
73614 Schorndorf
Tel: +49 (0) 7181 977450
www.schwegler-natur.de

NABU NATUR SHOP
Am Eisenwerk 13
30519 Hannover
Tel: +49 (0) 511 2157111
www.nabu-natur-shop.de

HÜHNERHAUS-MOBIL
Waldquellenweg 42
33649 Bielefeld
Tel: +49 (0) 521 9457140
www.huehnerhaus-mobil.de

DANK

Danke an meine Buchpartnerin Jutta Schneider und ihren Mann Michael Will für ihre Inspiration und die wunderschönen Fotos. Dank gebührt auch meinem Mann und meinen beiden halbwüchsigen Söhnen, die mich mit viel Verständnis und tatkräftigem Geschick beim Ausprobieren von alten Handwerkstechniken und Rezepten unterstützten, ebenso meiner Mutter Brigitte Schaarschmidt, deren handwerkliches Können und altes Wissen mit einfloss. Für ihre Unterstützung danke ich auch der Nachbarschaftshilfe Inning, den Kolleginnen und Kollegen von „kraut&rüben" und meiner verständnisvollen Lektorin Daniela Naumann.

Redaktion „kraut&rüben"
dlv Deutscher Landwirtschaftsverlag Gmbh
Lothstraße 29, 80797 München
www.krautundrueben.de

Die Bauanleitung für den vorgestellten Brotbackofen stammt von Petra Bezdek, die diesen Ofen seit Jahren erfolgreich mit Eltern-Kind Gruppen baut (www.ekp.de) – vielen Dank.

Wir danken auch allen, bei denen die wunderschönen Aufnahmen entstanden sind; danke, dass wir Ihr Landleben fotografieren durften:

- Schreinerei Trefzer (Malsburg), www.schreinerei-trefzer.de
- Landhaus Ettenbuehl (Bad Bellingen), www.landhaus-ettenbuehl.de
- Botanischer Obstgarten Heilbronn, www.botanischer-obstgarten.de
- Schweizerisches Freilichtmuseum Ballenberg (Brienz), www.ballenberg.ch
- Schwarzwälder Freilichtmuseum Vogtsbauernhof (Gutach), www.vogtsbauernhof.org
- L'Écomusée d'Alsace (Ungersheim, Elsass), www.ecomusee-alsace.fr
- Parc de Wesserling – Écomusée Textile (Husseren, Lothringen),
  www.parc-wesserling.fr
- Tier-Natur-Erlebnispark Mundenhof (Freiburg), www.mundenhof.de
- Kräuterdorf Irschen, Mandler's Landhaus, www.irschen.com
- Gewollt Filzkunst (Karlsruhe), www.gewollt.de
- Ökostation Freiburg, www.oekostation.de
- Rolf Lachmit, Kunstschmiede (Malsburg), Tel. +49 (0) 7626 7114
- Anita Gibon, (Garten in Uttenhofen, Elsass), Tel. +33 (0) 388 729534
- Haldenhof Böttcher (Hagnau), www.boettcher-haldenhof.de
- Kunstatelier Christine Maria Harff (Schliengen), www.galeria-piccola.de
- Bauernhausmuseum Schneiderhof (Steinen),
  www.bauernhausmuseum-schneiderhof.de
- Kirnacher Bäuerinnenladen (Unterkirnach), Gerda Jäckle, www.baeuerinnen-laden.de
- Künstlergarten (Birlenbach, Elsass), Hans Amolsch, Lisa Krautheim,
  www.rosenfreunde.de/ein-kuenstlergarten-in-drachenbronn-birlenbach-elsass.phtm

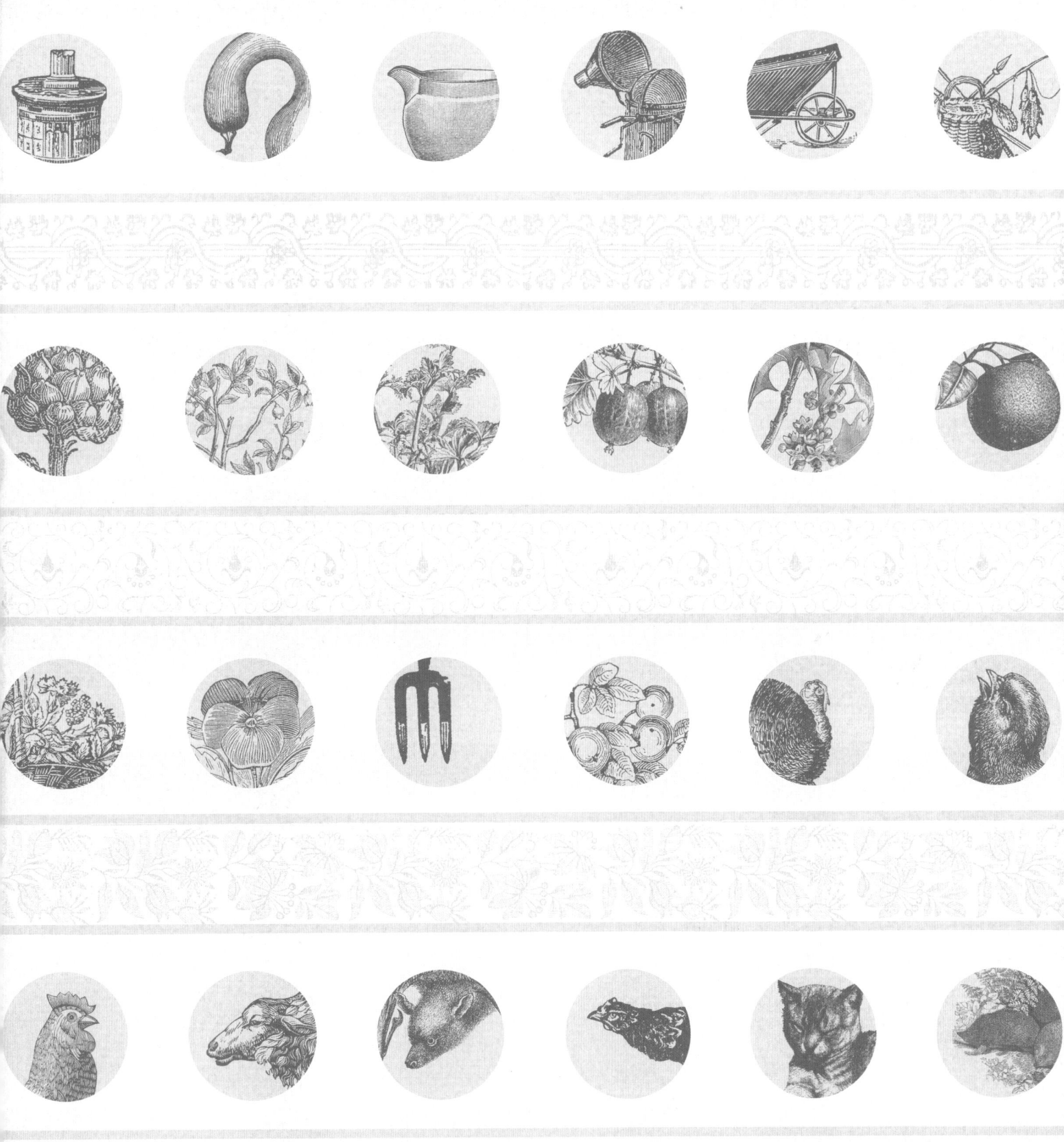

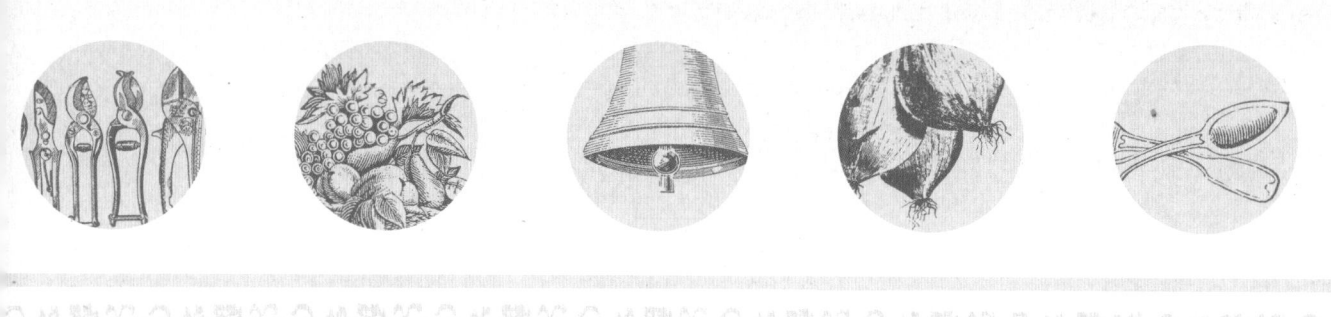
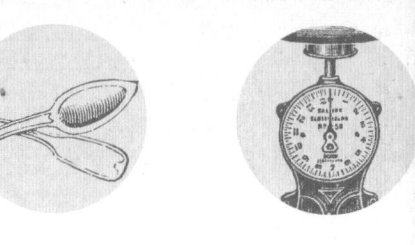
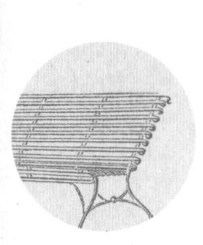